陕西师范大学优秀学术著作出版资助
陕西师范大学教师教育协同创新中心系列成果

新时代教师教育改革与发展

龙宝新 著

陕西师范大学出版总社 西安

图书代号　ZZ24N2089

图书在版编目(CIP)数据

新时代教师教育改革与发展 / 龙宝新著. —西安：陕西师范大学出版总社有限公司, 2024.11
ISBN 978-7-5695-4306-3

Ⅰ.①新… Ⅱ.①龙… Ⅲ.①教师教育—教育改革—研究 Ⅳ.①G652

中国国家版本馆 CIP 数据核字(2024)第 057259 号

新时代教师教育改革与发展
XINSHIDAI JIAOSHI JIAOYU GAIGE YU FAZHAN

龙宝新　著

策划编辑	古　洁
责任编辑	胡选宏
责任校对	刘金茹
封面设计	鼎新设计
出版发行	陕西师范大学出版总社 (西安市长安南路 199 号　邮编 710062)
网　　址	http://www.snupg.com
印　　刷	西安报业传媒集团
开　　本	720 mm×1020 mm　1/16
印　　张	19
字　　数	292 千
版　　次	2024 年 11 月第 1 版
印　　次	2024 年 11 月第 1 次印刷
书　　号	ISBN 978-7-5695-4306-3
定　　价	68.00 元

读者购书、书店添货或发现印装质量问题，请与本社高等教育出版中心联系。
电话:(029)85303622(传真)　85307864

目 录

第一章　新时代教师教育变革 ·· 001
　第一节　走向新师范：职前教师教育的新走向 ·················· 001
　第二节　有效教师培训：职后教师教育的时代诉求 ············· 019
　第三节　核心素养时代的教师教育目标定位 ······················ 038

第二章　新时代我国教师队伍建设 ···································· 053
　第一节　中国特色社会主义教师队伍建设观的基本框架 ······ 053
　第二节　中国式教师队伍现代化建设的理念与特征 ············ 068
　第三节　中国式教育现代化背景下的乡村教师队伍建设 ······ 086

第三章　教师素养建构 ··· 105
　第一节　ECK：教师专业知识的新构成 ···························· 105
　第二节　教育观念重塑 ·· 121
　第三节　教学能力提升 ·· 139
　第四节　育人能力建设 ·· 153

第四章　教师学习方式转变 ··· 162
　第一节　教师具身学习 ·· 162
　第二节　教师学习进阶 ·· 177

第三节　数字化时代的教师专业自主学习 …………………… 196

第五章　教师工作负担应对 …………………………………… 216
　　第一节　教师工作负担问题研究的现状分析 …………………… 217
　　第二节　教师工作负担问题的理论检视 ………………………… 221
　　第三节　教师工作负担的现实构成分析 ………………………… 237
　　第四节　教师工作负担监测的工具开发 ………………………… 245
　　第五节　教师工作负担的纾解之道 ……………………………… 264

第六章　新时代中国特色教师教育体系建设 ………………… 274
　　第一节　新时代中国特色教师教育体系的意义蕴涵 …………… 275
　　第二节　中国特色教师教育体系的建设逻辑 …………………… 279
　　第三节　面向教育家造就的中国特色教师教育体系建设行动 … 285

参考文献 …………………………………………………………… 293

后记 ………………………………………………………………… 299

第一章　新时代教师教育变革

教师教育事业的两大构成是职前教师教育（师范教育）与职后教师教育（教师培训）。进入新时代，教师教育系统正在发生微妙的变动："新师范"成为职前教师教育的新走势、新话题，"有效教师培训"成为职后教师教育关注的焦点。

第一节　走向新师范：职前教师教育的新走向

当今教育面临师范精神危机，师范教育功利化、知识化、泛大学化，原初意义上的师范教育悄然被边缘化，师范教育的灵魂日渐被耗散：对中师消逝的"乡愁"好似一个幽灵在中华大地上回荡，"深圳中学招教"现象将当代师范教育打下神坛，师范大学"综合化"办学倾向蚕食着中国师范教育的根基，独立"教师教育学院"的设立降低着师范大学中师范性的份额，以至国家被迫启动"师范专业认证"、限制师范院校更名等手段，强力出招，迫使师范教育守住办学底线。

正是在这种背景下，"新师范"呼之欲出，成为当代中国教师教育改革的新命题，试图借助师范精神的时代重建来重振师范专业、师范院校、师范教育的雄风。2022年，教育部等八部门联合印发的《新时代基础教育强师计划》中指出：在未来一个时期，我国要"强化师范院校在教师教育体系中的主体地位""引导广大师范生、教师树立和坚持正确的国家观、历史观、民族观、文化观、宗教观",复兴师范精神已成为新时代教师教育改革的鲜亮主题。无疑,"新师范"绝不是传统师范精神的再现与翻版,更不是对当今教师教育体系的否定,而是在新时代、新理念框架下重新定位师范教育的方位,觅回师范教育的初心,使其激流勇进、与时俱变,力争成为实现中国人民福祉、塑造中国时代精神、助推中国迈向世界的教育引擎。

一、"新师范"定义的三维锁定

1897年盛宣怀在上海南洋公学特设师范院,1902年京师大学堂设立师范馆,同年教育家张謇怀揣"教育救国""师范为教育之母"的信念创办通州师范学校,标志着中国师范教育的诞生,师范院校由此成为中小学教师的摇篮,成为承载中国基础教育的一艘航母。1926年,陶行知针对民国师范教育的弊端,首倡以"自新""常新""全新"为精髓的"新师范"概念[①],意味着中国旧师范进入被改造升级的新阶段。这一师范教育形态一直延续到21世纪之初,直到2001年国务院颁布《关于基础教育改革与发展的决定》之后才被"教师教育"概念部分取代。回顾这一发展历程,我们相信:师范教育精神是一种历久弥新的精神,是师范教育保持昂扬生命力的源头,阐明师范教育的时代蕴涵与现实使命,是科学定义中国特色"新师范"概念的必由之路。

在新时代,面向"新师范"的改革行动一定是新理念引领、新目标追求、新体系建构的三位一体,对其科学的定义方式是历史定义、本质定义与时代定义的有机耦合。其中,历史定义旨在立足历史流变及其必然性来锁定师范教育的情境性蕴涵,本质定义旨在阐明当下师范教育的实质性蕴涵,时代定义旨在厘清当代师范教育的应然性蕴涵。三重定义方式叠加耦

---

① 陶行知.师范教育之新趋势[M]//陶行知全集:第1卷.成都:四川教育出版社,1991:374-378.

合,才能赋予"新师范"以稳健而又充实的恰切定义蕴涵。

(一)历史定义:教师教育新体系中的"后师范"

"新师范"绝不应该成为一种表述形式的简单翻新,而是有其特定的历史蕴涵。站在师范教育进程与链条上来探寻其历史定义,在历史与现实的交接点上诠释"新师范"的质变点,无疑是实事求是地定义"新师范"内涵,捕捉"新师范"特质的一种最佳思路。在当前,师范教育已经走过了"传统师范"与"教师教育"两个重要历史阶段:在传统师范阶段,师范教育解决了教师培养的专门化、国家化问题,而在教师教育阶段,师范教育解决了教师培养工作的开放化、一体化问题。与之相应,"新师范"诞生的历史使命是实现对传统师范与教师教育的双重超越:其一,在弘扬传统师范的"师范精神"优势基础上,实现对其视野狭小、单打独斗、"阶段性终结模式"等缺陷的超越;其二,在弘扬教师教育的"开放精神""持续性终身模式"优势基础上,实现对其精度不够、高度有限等缺陷的超越。一句话,传统师范教育解决的是"专门设置"问题,教师教育解决的是大教师教育"系统搭建"问题,而新师范教育解决的是教师教育"性能升级"问题,其实质是着生在陶行知"新师范"改革延长线上的"后师范"。

我们清楚地看到,进入教师教育时代,师范教育精神内核正面临被耗散的风险:中等师范学校的停办让师范教育失去了学校精神家园,教师选聘社会化取消了师范院校的特权,师范大学综合化削弱了师范教育的纯度,师范办学市场化弱化了"人生楷模"型教师的培养力,教师教育大学化加剧了"学科"与"教育"间的双专业性冲突……为此,当代师范教育面临着精神重聚、内核重建、体系重塑的历史挑战,"新师范"应声落地,宣告"后教师教育"时代的启幕。可以说,在"后教师教育"时代,我国面临的师范教育现状是:师范院校不再具有独霸性、纯粹性、专属性,而将有一个教师教育新体系,"以国家教师教育示范基地为引领、师范院校为主体、高水平综合大学参与、教师发展中心为纽带、优质中小学为实践基地的开放、协同、联动的现代教师教育体系"[1] 取而代之,由此面临与中小学联手、与综合大学联合、与区县教师发展中心联动的新形势、新要求。

"后教师教育"时代期待以新师范精神的重建来克服大教师教育体系的精神缺陷。如何在开放化、一体化、多样化教师教育格局中汇聚师范教育的精魂,提升师范教育的精度,夯实师范教育对整个教师教育体系的主导力、主体性与话语权,就成为师范院校"新师范"建设肩负的历史使命。站在师范教育变迁的历史接口上,我们清晰地看到,"新师范"的历史功能定位一定是重温"爱国、育师、强教、树人"的师范精神,彰显师范教育的主导功能,升级师范教育的专业性能,真正肩负起"造就人格楷范式教师""创建其他育师机构范本"两大使命,敦促师范教育实现从"造就专职教师"向"造就人格之师"、从"普通教师教育机构"向"教师教育示范型机构"的升级再造。这就是"新师范"的第一新生点。

(二) 本质定义:面向卓越教师培育的专业化师范教育

历史定义只能赋予"新师范"的自然内涵、功能蕴涵,而不能阐明其实质内涵、本真蕴涵。本质定义是实现其历史定义的手段与路径。在当下,要肩负起师范教育的历史责任,师范院校教育行动的直接入手点无疑是造就卓越教师。能否出色地完成这一使命,事关"新师范"建设的成败与存亡。从这一角度看,"新师范"的实质定义理应是:面向卓越教师培育的改革行动,致力于创造更专业化的师范教育。教育部《关于实施卓越教师培养计划2.0的意见》指出,卓越教师是"教育情怀深厚、专业基础扎实、勇于创新教学、善于综合育人和具有终身学习发展能力的高素质专业化创新型中小学教师",其关键素养构成是:教育情怀、专业功底、教学创新、综合育人与自我发展能力。与之相应,"新师范"是以造就具备这五项关键教师素质为根本职责的新型师范教育形态。为此,其本质蕴涵是:将高尚师德与教育精神放在首位,视为教师职业的灵魂,真正将弘扬

---

[1] 靳晓燕.教师队伍建设取得突出成就[N].光明日报,2017-09-02(4).

"身正为范"的传统师范精神放在尤其重要的位置上来；将教书育人的知识能力培育视为师范教育的立命之基、立根之本，真正体现"学高为师"的师范精神与"能力为本"的专业精神；将专业生命力经营维系视为教师职业的命脉，用持续发展、终身学习、反思创新缔造更强大的"教师专业自我"。

从这一角度看，"新师范"建设的重点是：大力提升师范教育的师德教育力、师能发展力与自我创新力。这些内涵是时代赋予的新期待。站在历史的角度看，教师培养工作的内核始终处于演进之中：在师范教育始建时期，学科知识基础是工作重心；在师范教育专业化时代，教育专业知识成为工作重心；在"新师范"教育时代，精神塑造、追求卓越、创新发展成为师范教育的新支点、新内核。正如学者所言，在"新师范"培养目标制定上，理应实现"从强调'学科基础'转为重视'综合素养'及'追求卓越'"[1]的转变，这一转变是教师培养逻辑使然。与之相应，当代"新师范"的本质定义必然是造就卓越的"人师"、创新发展的"经师"与自我升级的"自师"，其要造就的新型教师一定是适于"为人之师"、善于"教人之师"与精于"以我为师"的真正良师。

（三）时代定义：高质量发展背景下的创新型师范教育

历史是"新师范"的情景定义者，时代是"新师范"的未来定义者，在历史态与未来态的中间地带来探求"新师范"的时代定义具有其内在合理性。党的十九大正式宣告，中国特色社会主义进入"新时代"，"新师范"是与这一时代相适应的师范教育形态，其肩负的时代使命是：致力攻克人民日益增长的优质教育需要与不发达、不均衡的教育现状之间的矛盾，为基础教育高质量发展提供最先进的师范教育服务，充分发挥"新师范"作为优质基础教育的"工作母机"功能。当代中国正处于迈向全面现代化、高质量发展的时代，也是全力赶超世界一流国家的时代。与之相

---

[1] 张伟坤,熊建文,林天伦.新时代与新师范:背景、理念及举措[J].高教探索,2019(1):32-36.

应，它需要的是基于"原始创新、协同创新、开放创新"的师范教育，需要的是基于"知识、技术、信息、数据"等高级生产要素支持的师范教育，需要的是基于教育发展"新动能、新增长极"①的师范教育，需要的是"牢记人民幸福福祉、心系人民生活质量"的师范教育。由此可以推知，"新师范"的时代定义是立足于智能驱动、创新驱动、人民中心的高端师范教育，其时代使命是致力探寻师范教育发展的新动能、新方位与新增长极，努力创建当代中国人民期待的师范教育新形态。

进言之，这一全新师范教育形态具有三个新生点，其一是与互联网、人工智能技术深度耦合，努力实现师范教育的智能化、信息化；其二是将观念、制度、模式、思维等发展要素创新视为师范教育的核心动能与发展命脉，在推陈出新中促使最优质、最适合、最先进的师范教育形态形成；其三是牢记人民中心的教育质量标准，始终秉承"以人民为中心来办师范教育"的原则，努力实现当代师范教育的中国化、民本化。在这一意义上，"新师范"不是传统师范与教师教育的外延扩展、重组再构。它更注重丰富的时代蕴涵与时代特质，高理念牵引、高技术支持、高价值观引领是"新师范"最具个性化的"三高"蕴涵。诚如学者所言，"新师范"的时代意蕴是"将做人的教育贯穿师范教育全过程"，就是"积极培育具有中国特色的师范教育新文化"，就是"探索'师范教育+'的复合专业建设以及学科专业课程的融合"。② 如若褪去了时代使命、时代精神、时代主题，当代中国师范教育的蕴涵不仅是抽象、乏味、干瘪的，更是缺乏感召力、变革力与创新力的，由此将"新"字的意义理解局限在"形变而神不变"的浅层水平上，最终只会加深当代师范教育发展的内卷化态势，偏离了重振"新师范"的原本意图。

二、"新师范"建设的理论架构

在后教师教育时代，"新师范"承担着统整教师教育系统、造就卓越

---

① 任保平,赵通.高质量发展的核心要义与政策取向[J].红旗文稿,2019(13):23-25.
② 魏饴.师范类专业认证视域下新师范建设七评[J].湖南社会科学,2019(5):141-145.

教师、创新师范教育内涵的艰巨使命。与之相应，内核重构、动能重整、系统重塑是"新师范"不辱使命的行动方向。有学者指出，"教师教育呈现出既具有内部性又具有外部性的显著特征"[①]。对"新师范"而言，其内部性特指由其内部结构构成的属性，尤其是其理念与架构的先进性、专业化水平；其外部性特指其对基础教育以及整个社会对教师需求的响应水平与满足程度，以及其对师范教育服务对象所产生的能动作用大小。在当代宏大教师教育体系中，师范教育是通联所有教师教育机构的立交桥、连心桥，是助推整个教师教育高质量发展的引桥、拱桥，是构建理想教师教育体系的天桥、彩虹桥，其神经中枢与引领范导功能异常明显。基于这一全新功能定位，我们相信，建设"新师范"的理论架构是：以弘扬"中华师范精神"为理念支点，以教师教育系统内能统整与信息科技赋能为手段，致力打造高性能的师范生成长立交桥。

（一）内核重构："中华师范精神"的强势回归

师范教育重振的基点是师范精神的进化升级，师范精神重建是"新师范"建设的灵魂工程。在教师教育一体化、开放化、大学化时代，我国过于关注教师教育体量的扩张，过度重视教师教育理论的供给，却遗忘了现代师范教育中最为关键、重要的特质构成——师范精神，即在师范生身上造就"可以师法的模范"[②]品性。中国师范教育之所以生命延绵、持续生长、撼动世界，其根本原因就是师范教育、师者品性中承载的中华师范精神。能否让中华传统师范精神强势回归、应势重建，决定着当前我国"新师范"生命力的强弱。西汉扬雄在《法言·学行》中言道："师者，人之模范也。"从这一意义上看，师范精神是指"可以为人楷范"的教师培养质量标准，其蕴含的精神内核是：师范院校应该造就出堪为国人、世人的做人范本或标杆的旗帜型教师，应该面向这种教师"新范型"而调整培养目标、思维与线路。显然，这一新范型聚合了现代优秀教师的核心品质，

---

① 赵明仁.培养反思性与研究型卓越教师：新师范教育的内涵与体系建构[J].西北师大学报（社会科学版），2018，55（5）：79-86.

② 张苏."新师范"：教育现代化的动力之源[N].中国教师报，2019-03-13（13）.

它是最理想教师人格形象的具体体现,是综合性教育影响力最优的教师新类型,是能够引领时代、文化与潮流的教育先驱者,是韦伯所言的"伦理先知"与"楷模先知"的共同化身。在历史上,国人对"师范"的经典诠释是"学高为师、身正为范",它意味着真正教师的两大核心素养构成是知识水平与道德修养,博学通达、为人师表是师范精神的原初意义蕴涵。

进言之,在当代中国,"师范"一词承载的人格形象首先是"中国人"形象,是"世界中、历史中的先进中国人"形象,其次是掌握通达文化知识、学科专业知识、教育技术专业知识的"现代中国人"形象,最后是新生一代生活圈子中的"人生导师"形象。更通俗地讲,"师范"的本土化表达就是"教师的'范儿'",身上有无教师的"范儿"、教师的"样儿"、教师的"气质",是评判一名教师本真品质含量的最直观标准。在这一意义上,师范教育的目标是培养出一批具有家国情怀、卓越人格、专门知能、尚真求美的"真教师",一批可以"行为世范""堪为师表""范导社会"的优秀教育人物,是能够肩负起"为党育人、为国育才"使命、担当起"民族复兴、教育强国"大任的"四有"好教师。概言之,当代中国师范精神的内涵是家国情怀、职业使命与师德品性,将之融入师范教育的机体与细胞,使之成为凝聚师范教育事业的魂魄,成为师范院校改革发展的指针,正是"新师范"建设的全新理念之基。

在当前教师教育改革背景下,师范精神与国家精神、大学精神、专业精神紧紧交织在了一起,进一步厘清其内部关联是凸显师范精神的客观要求。首先,在教师教育大学化、综合化进程中,师范精神被大学精神所遮蔽,学者似乎认为大学精神是高于师范精神一筹的一种教育精神,甚至认为师范精神只是大学精神、大师精神的附属品或次生品。其实,师范精神才是大学精神的源头。从大学演进史来看,多数大学的前身是师范大学,正是其治学理念造就了精神楷模、范导了整个社会,而追求至高真理、研究高深学问的大学精神只是师范精神的产儿罢了。其次,在教师教育国际化中,我国师范教育的国家精神受到了冲击,学以报国、教以济世的教育精神被弱化，师范教育实践中对"通用专业知识技能的追求"压过了对"国家民族身份意识的关注"，为此，重提教育报国精神，唤醒民族意识自觉，强化教师作为"国家公职人员"的身份教育，夯实师范生的国家责任、政治责任和社会责任教育，是"新师范"建设的精神旨归。最后，在教师教育专业化改革中，专业精神、专业态度、专业理想教育部分取代了师范精神教育，导致师范精神内涵的虚化。教师的专业精神、专业态度、专业理想都只是师范精神的碎片或片段，如若缺乏在"人格示范"层面的统合，师范精神终将会在教师教育专业化进程中被拆解。基于这一分析，统整国家精神、大学精神与专业精神，促使新时代中国师范精神的内涵重构与强势回归，是"新师范"教育康庄前行的全新精神基石。

(二) 内向聚合：教师教育中枢系统的整体提质

"新师范"建设最需要的两大支撑是精神导航与动能激发，前者确保了建设的方向，后者提供了建设的动力。"新师范"建设的"新动能"主要有两个：一个是内能聚合，一个是科技赋能，二者合力叠加，就能够保证"新师范"建设的快速发力。当代我国教师教育是一个以师范教育为主体、为统领、为心脏的宏大系统，如何增强师范教育在整个教师教育系统中的主体性与统摄力，将分散在各个教师教育机构与环节中的教师教育力量聚合起来，就显得颇为重要。为此，在"新师范"建设中，师范教育不仅要发挥其在各类教师教育机构、师范生终身专业成长中的立交桥作用，更要扮演好其作为教师教育机体中枢神经的整流器、聚能环角色，全力提升整个教师教育系统"造就大国良师"的育师功能。

一方面，师范教育要在教师教育内系统中发挥内力聚合作用。对师范院校而言，教师教育系统其实包括两个子系统：其一是内系统，即由直接参与教师培养的机构，如综合大学、教师培训/教育学院、县区教师发展中心等构成的教师教育子系统，师范院校本身就归属其中并位于统领地位，该系统性能优化所面临的主要是培养责任分工与一体化联动问题；其二是外系统，即由那些支持师范院校教师培养工作的相关机构，如政府教育行政部门、基础教育学校、校外培训机构等企事业单位构成的教师教育子系统，该系统性能优化要解决的是教师培养工作环境优化问题。在"新师范"建设中，针对内系统建设，师范院校要以先进教育理念、教师发展理念、教师培育模式研发为切入点，大力提升自身在教师教育联合体中的话语权、领导权、专业权，深化与其他教师教育机构间的分工合作与专业协作，持续增强自己对教师教育机构全局的把控力与主导力；针对外系统建设，师范院校必须善于争取相关机构的认同与支持，向他们表达自己的专业倡议，为其提供先进科学的服务建议，引导外部教师教育资源的持续注入与社会舆论的正向建构，为整个教师教育事业营造健康、积极、有力的发展环境，防止各种非专业观念与文化阻滞教师教育事业的健康发展。

另一方面，师范教育要在师范生职业人生成长中发挥内力凝练作用。在教师教育终身化背景下，师范生一生都要接受各种形态的教师教育，师范教育仅仅是"其一"而已。在师范生职业人生中，师范教育发挥着奠基培元、储备潜能的独特作用，脆弱、肤浅、内卷的师范教育只会让师范生职业生涯迷失方向、不堪一击、失去光彩。进言之，师范教育发挥着将师范生的人生选择导向教育事业，为其专业素养提供系统训练，为师范生职后发展提供坚实胚基的特殊功能，用四年师范教育来牵引师范生的职业生涯，是师范教育担负的专门职能。为此，"新师范"建设中必须考虑三点：其一，帮助师范生做出理性而又审慎的从教选择，帮助其确立终身从教、矢志不渝的教育信念，为其一生从教提供永恒的动能之源；其二，为师范生提供精心、精专、精准的专业训练，夯实其终生从教的专业航母，培养其终生有用的专业核心素养，如专业批判力、创造力、想象力、学习力、人格力等，使之成为职后成长的"专业基因"；其三，帮助师范生规划职业人生，夯实职业理想，培植职业品格，弘扬师范精神，毋庸置疑，就是将师范生顺利带入职后发展的快车道，缩短其职业成熟成功的周期。

（三）科技赋能：教师教育形态的功能升级

"新师范"与新工科、新医科、新农科、新文科一样，都有其共同的时代属性，这就是信息化时代、智能化时代，将信息科技、人工智能技术融入师范教育的各个环节，构筑师范教育与信息科技间的深度耦合之势，是科技赋能师范教育的时代内容。所谓"人工智能",就是"人类通过基于网络或程序研发的能模拟或超越人类智能(包含高级情感),通过借助人类操作或独立工作而胜任复杂工作的一类机器或程序"①。在当前,人工智能对人的自然智能的模拟已经达到相当先进的水平,师范教育的许多简单工作都可能部分或全部被人工智能所取代,如专业技能训练、课程管理编制、虚拟训练环境创设、学情分析诊断、教学效果评价等,甚至这些领域中人工智能的表现要优于普通教师教育者。例如,人工智能可以借助对学生面部表情、神态动作、心理变化、课堂行为等的分析,来判断学生课堂学习状态,进而将师范教育服务的形成与师范生学习需要、知能水平匹配起来,搭建出具有个性化、自适应性师范生学习系统,达到对师范生精准培养、精细指导的目的。同时,更先进的基于人工智能的师范生学习系统将具备自我学习功能、表情互动功能,尤其是"语音识别、人脸识别、机器翻译"等技术会大大提升人机会话的效能,持续更新升级师范生学习辅助系统,增加"机器代替教师教育者"的概率,迅速超越教师教育者自然智能的局限。当然,在师范教育实践中,人类的某些高级机能,尤其是"人类在情感、精神、激励、知识创造等方面具有明显优势"②,在很长一个时期内不可能被人工智能所取代,在这一形势下,科技赋能师范教育的基本形态仍将是人机耦合式、"人工智能+"自然智能式。

基于这一分析,"人工智能+"师范教育与"师范教育+"人工智能理应是当代"新师范"建设的重要内容。就前者而言,"'人工智能+'师范教育"的核心内容是:依托人工智能技术平台,将师范教育建设作为重要领域,凸显信息科技的强势功能,促使师范教育领域中的人工智能产品技术研发与新业态形成;就后者而言,"'师范教育+'人工智能"的重要内容是在师范教育的母体中植入人工智能思想,嵌入人工智能技术,实现师范教育部分环节的智能化、自动化,提高"人机协同

---

① 姜志坚,赵兴民,卢德生.人工智能背景下职业教育发展的策略[J].中国职业技术教育,2017(30):54-59.

② 同①.

的黏合度",创造人机耦合的最佳状态。借助这两种思路,"新师范"将突破教师教育者的自然身体、自然智能、自然环境对师范教育的三重制约,全方位拓展师范教育的发展空间与功能域限,深刻改变师范教育的存在样态。

(四)外能培育:高性能教师成长立交桥的全力打造

"新师范"之"新"不仅是指其教育目标、教育方式、教育形式之"新",更在于其教育性能之"新",即能够对优秀教师成长产生有真效、有特效、有优效的影响,能够成为师范生迈向卓越的高性能立交桥,能够在师范生人生发展与职业成长中铭刻下深深的烙印。这就要求"新师范"建设要改变其参与师范生专业发展的方式,落实师范生在师范教育中的主体地位,为师范生专业发展提供全方位的教育教学服务。为此,师范教育必须在两个方面下功夫,实质性参与师范生专业素养的培育。

一方面,师范教育必须促进师范生专业增值效应的发生,努力打造对师范生来说有触动、有影响、有深度的师范教育。师范教育服务的"有效"源自两个方面:其一是师范教育服务的品质,即师范教育活动是契合师范生专业成长需要且处于其专业最近发展区内的教育服务,是富含教育性资源与营养的教育服务;其二是师范生参与师范教育的深度,即师范生全身心参与其中,形成了人与服务间的互动互摄关系,切实引发了师范生专业认知结构与专业行为方式的质变与升级。可以说,有效的师范教育服务对师范生来说一定是切身、切心、切合需要的服务形态,是助推师范生专业持续增值的服务形态,打造这种低重心教育服务是师范教育的性能提升之道,是师范教育的蜕变升级之道。

另一方面,师范教育必须是师范生入职后持续发酵并撬动其职业人生的杠杆型教育。真正优质的师范教育既是师范生职业人生的压舱石,又是托起其职业人生高度的拱心石,更是延长师范生职业青春期、创造期的一枚珍宝石,创建高效能师范教育的意图在于增强其对师范生职业人生的导航力与辐射力。其实,师范教育效能的体现主要是"外能",即大学师范教育向师范生整个职场人生的扩延力与绵延力,是师范生日后可能给整个基础教育事业带来的贡献力与变革力。从这个角度来看，师范教育是师范生专业精神的种子教育、专业知能的奠基教育、专业人格的启蒙教育、专业品质的基因教育，在师范生心田里播种下一颗职业理想的良种正是师范教育的天职所在。为此，"新师范"建设意在夯实师范生的专业成长力，培育师范生的专业潜能，增强师范教育对师范生未来职场、职业成功的贡献力。从这一角度看，"新师范"建设的基本思路是：从师范生一生专业成长中的"种子素质""基因品质"培育入手，全力提升师范生赢获未来职场、引领基础教育改革的实力，最终达成促成师范教育"外能"倍增的建设目的。

三、当代中国"新师范"建设的行动路向

应该说，最好的师范教育是最适合国情需要、最适合教师成长、最具备历史高度的师范教育，"新师范"建设的目标就是要打造出这种师范教育形态。由上述分析可知，在当代中国语境中，"新师范"建设的关键含义是中国性、师范性、创新性与效能性。其中"中国性"要求"新师范"建设要关注中国国情、彰显中国优势、服务中国腾飞，让中华师范精神发扬光大；"师范性"要求"新师范"建设要提升师范教育的专业性、示范性与独特性，建设彰显"师范本色"的师范教育，努力提升师范教育的专业品质；"创新性"要求"新师范"建设必须借力科技、突破陈规、培育新质，真正实现所有教育环节细节上的新质培育；"效能性"要求"新师范"建设要着力提升其实质性要素——"教师教育力"[1]，努力打造性能最优、辐射力最强的教师教育内核，使之成为师范生终身发展的强磁场。为此，当代教师教育改革者，包括教师教育行政部门、师范院校、教师教育者等，要在"新师范"精神统领下群策群力、齐心协力，努力打开"新师范"建设的新局面。

---

[1] 龙宝新.中国教师教育综合化研究[M].北京：中国社会科学出版社，2022：14.

(一) 打造"中国版"师范教育改革蓝本

在当前,中国师范教育正处在东西方交流、传统与未来交汇的节点上,尤其是在西方文化强大攻势面前,中国师范教育最需要的是文化自信、文化自强、文化自主精神的支撑与统领,深入推进师范教育改革的中国化进程,打造"中国版"师范教育范本,就成为"新师范"建设的首要行动基点。在西方,师范教育已经完全被大学化,"通识教育+教师教育项目"成为定式,师范独特性已经不复存在;在我国,师范教育体系依然存在,中国师范精神的历史记忆再次被唤醒,构筑以中国师范精神为内核的中国师范教育品牌尤为迫切。为此,"新师范"建设必须"积极探索中国教育智慧,发展具有中国特色社会主义特点的教师教育形态,为主动在全球教育发展议题上提出中国主张、中国倡议和中国方案贡献智慧"[1]。

可以想象,"中国版新师范"的基本框架是:其一,牢记立德树人精神,倡导"大课程思政"理念,在师范教育的所有环节、细节中都嵌入国家精神、国家意志、家国情怀,让"造就大国良师"成为师范教育的首要目标;其二,强化中华传统师德美德,让"爱国爱生""学以报国,教以济世""以身作则,言传身教""爱护学生,无私无隐"等优秀中华师德传统发扬光大,让优秀师范文化这一传统再放异彩;其三,建立师范教育品质的"中国标准",借助师范专业认证、教师专业标准落实、教师教育课程标准化建设等途径,凸显中国师范教育的特质特色与文化传统,深掘封闭型师范教育的优势,四年持续一贯地开展师德精神、职业精神、教师人格等柔性品质教育,发挥师范文化熏染、师范精神陶冶的独特育师优势。

如果说西方师范教育是散落在综合大学中的技能偏重型教育形态,那么,中国师范教育一定是以专门师范教育体系为主体、以师范精神文化陶冶为优势的素养为重型教育形态。在这一意义上,中国"新师范"建设首先要积极构建符合中国国情、中国意志、中国师范精神的师范教育,是专

---

[1] 胡钦太."新师范"建设的时代定位与路径选择[J].华南师范大学学报(社会科学版),2018(6):60-65.

注培育师范生中国历史底蕴的师范教育,其最终意图是要构建出一种对新时代中国而言量身定制的师范教育模态,真正让师范教育担负起中华民族伟大复兴、中国教育强国战略、中华优秀传统文化弘扬的历史重任,真正发挥其在中国基础教育改革发展中的"教育母机"功能。一句话,"中国版新师范"建设的目标就是要用中国师范传统、中国师范教育优势来缔造最具现代感、历史感的传统师范教育,努力在传统师范教育与现代教师教育之间寻求最佳的结合点与平衡点。

（二）构建"师范本色"的师范教育

"新师范"建设的核心意图之一是缔造最本真、最正宗的师范教育,让师范院校回归师范主业、师范初心、师范原意,真正发挥其在造就卓越教师链环中不可替代的功能。由此,"师范"本色本意的求索与回归就显得至关重要,抓住"师范"的精髓开展师范教育就成为导正"新师范"建设的有力行动。师范教育首先是一种职业教育,其次是一种以育师为目标的特殊职业教育,更是一种堪为其他高等教育范例的优质教育,职业性、育师性、范例性是其师范性的独特蕴涵。我们相信:"师范"教育的初心是要造就出堪为人范、能为师表、心系民族、勇挑重任的优秀教师,是造就堪为其他教育形态之"范本"的师范教育形态,是严格按照"职业性、育师性、范例性"的标准来构建师范教育的新形态。从职业性角度看,师范教育必须关注教师职业的属性、特征与要求,瞄准教师专业的关键特征设计师范教育样态。

应该说,教师职业的关键属性是高尚性、示范性与国家性,高尚德行、示范人格、国家代言是其关键属性,因此,"新师范"建设必须从这三个方面来设计师范教育的质量标准与培育体系。从育师性角度来看,师者是人格塑造、人才培育之母,师范教育必须关注育师与育人、育才间的差异,它需要更多的资质要求、实践磨砺与宽广训练,这就要求"新师范"建设中必须将"人师培育"置于历史高度并赋予教师培养以"更高标准"。从范例性角度来看,师范教育要坚持"高理念、高质量、高标准"的办学思路,力争使自身的教育理念、办学思路、治理模式走在其他高校的前列，成为其他院校办学的样板与范本，使之成为引领基础教育与高等教育的航母，真正彰显"师范作为高校之母""师范作为中小学之母"的教育初心。

所以，在"新师范"建设中，国家要继续倡导"优秀考生报考师范院校""优秀学者进师范院校从教"的办学理念，公共财政优先支持师范教育发展，让师范教育成为优秀人才、优质资源、优等理论的集成体与汇聚地，让师范教育真正站在国家高等教育的第一方阵。

（三）建设具备"新"质的师范教育

"新师范"的关键限定词、独特内涵构成是"新"字，赋予"新"字以全新的内涵，赋予当代师范教育以新质，是"新师范"建设的关节点。如前所言，"新师范"的"新"质主要体现在三个方面：在大教师教育体系中的主体性、面向卓越教师培养的卓越性与高质量发展背景中的创新驱动性，这三个点位是当代"新师范"建设的全新立基点。与之相应，"新师范"教育的具体含义是：首先是可以辐射、牵连、引领所有教师教育机构的"精师范"，其次是可以培育出更优质师范生、更卓越未来教师的"优师范"，最后是立基新发展动能的"强师范"。基于这一分析，在"新师范"建设中，师范院校应该重点推进三项工程：

其一是师范教育品质提升工程。这就需要大力推进"精品师范"建设，善于从教育理念、办学思维、课程体系、教学方式、培养模式等方面升级师范教育系统，增强师范教育性能，提升其对其他教师教育机构的辐射力、示范力与领航力，真正将师范院校建设成为国家教师教育体系的硬核与中枢。

其二是卓越教师成长助力工程。师范教育实力不仅体现在师范教育自身的品质上，更体现在其在卓越教师培养中的特殊重要性与不可替代性上。作为教师职业人生立交桥的重要教育阶段，师范教育对师范生发挥着信念塑造、专业夯实、理想播种的关键作用，如何将成就名师的勇气、专业创新的精神、立德树人的秉性、为人师表的意识等植入师范生心魂，使之成为师范生后续职业发展的"胚基"，这是检验"新师范"建设成效的关键指标。师范教育的实质是为师范生专业成长营造一种环境与氛围，提供一种助力与点拨，因之，将师范精神、师范气质融入师范院校课堂与文化中去，让师范生得到高营养师范教育的熏陶与润泽，正是"新师范"建设的切入点之一。

其三是师范教育发展动能转换工程。在高质量发展背景下，师范教育发展动能正在悄然发生转换，人工智能辅助师范教育发展成为大势所趋，"新师范"建设必将获得全新增长极的支撑。在传统师范教育与教师教育时代，师范教育发展的主要动能源自师范教育文化与教师教育体系扩充；而在"新师范"建设时代，创新驱动、人工智能、知识"应用中生产"等成为其全新动能，将之与师范教育深度融合，成为"新师范"建设的全新增长极。在"新师范"的发展动能转换工程中，人才培养模式创新是"新师范"建设的先驱，人工智能、信息科技赋能是"新师范"建设的新工具。

在上述"三大工程"的驱动下，"新师范"建设将在"精""优""强"理念的导引下，努力创造"新概念师范""新构架师范""新动能师范"，将师范教育提升到历史新水平、新高度上来，真正实现师范教育的质变与升级。

（四）构筑"高效能"的师范教育

在当代，"新师范"建设的推进意味着两重升级：其一是中国师范教育文化自信的升级，创造"中国特色、世界一流"的师范教育形态成为师范教育发展的新目标；其二是师范教育性能效能的升级，意味着中国师范教育将真正实现由"教育知能授受型"向"教育实践创生型"的历史性转变，中国师范教育效能观的变革，在某种意义上成为"新师范"建设的重要聚结点。所谓"效能"，就是某一事物、工作、人员所具有的引发外部世界发生定向变化的能量与能力，是可视化效果的产生与隐性影响力释放的合而为一。对"新师范"而言，其可视化的效果或作品是优秀师范生的培育，其潜在影响力或社会变革效力则体现为师范生卓异的教育教学能力，而非其在职前学习期间所获得的"死知识""死技能"。因此，将知识技能学习结果与鲜活教育教学实践关联打通，促使教育知识功能实现"习得—应用—创造"的三级跳，才是"新师范"教育效能提升的必由之路。学者指出："学生在讲授式的课堂教学中获得了关于教育学、心理学和学科教学法的知识，但所学习的知识大多为'惰性知识'，不具有很高的生产力。"[1] 换个角度看，"新师范"的教育效能观是"三生效能"观，即与师范生教育生活世界改观同步的生活效能观、与师范生终生专业持续发展同步的生态效能观，以及与师范生教育知识技能发明生产同步的生产效能观，是关注师范生所学教育知识技能的后续变革力、生命力与衍生力的立体教育效能观。在这一意义上，"新师范"是在教育知识技能习得之后做文章，堪称"后知能"形态的师范教育。

为了实现教育知识技能习得的"新三效"，"新师范"建设的重点是培养师范生的教育知识生产能力，重点解决的是如何让基础教育知识、基本教育技能在真实教育生活实践中持续增值与生长的能力，它就需要教师教育者做好教育理论知识与教育实践间的深度对接工作。"从知识生产的角度说，知识不再是'闲逸的好奇'，而是在应用下生产"[2]，这是知识生产模式Ⅱ，即多学科协同解决实践问题中生产知识的新模式。对教师教育的重要启示，是敦促师范教育效能观升级重构的内在动因。在传统师范观念体系中，教育知识借助实习见习走向实践的目的是增强师范生对教育知识的理解力与理解度，而在"新师范"实践中，教育知识成为师范生变革教育实践常规、催生教师实践方式质变的引子；在传统师范世界中，教师教育者关注的是教育事物、教育事件认知的效果，而在"新师范"世界中，教育知识的首要功能是催生新教育、新实践，教育知识的外部影响力，即催生教育实践观念方式变革的功能，才是教师教育效能判定的首要标准。

---

[1] 赵明仁.培养反思性与研究型卓越教师:新师范教育的内涵与体系建构[J].西北师大学报(社会科学版),2018,55(5):79-86.
[2] 黄启兵,田晓明."新文科"的来源、特性及建设路径[J].苏州大学学报(教育科学版),2020,8(2):75-83.

在全新的教育效能标准体系中,"实践至上""实践为本""实践创生"成为其核心内涵与关键词,"新师范"建设的终极目的就是要创造出一种最具实践说服力、实践影响力、实践撬动力的职前教师教育新形态。更具体地讲,在师范生培养中,这一实践效能的直接体现正是:师范生摆脱了死知识、死技能的捆绑,学会了如何在教育实践中去创造人民满意的教育形态,学会了如何在教育实践中去呈现自己的卓美教育人格,实现自己的美妙教育理想,成就自己的幸福教育人生,学会了用审美、专业、独创的眼光去创造理想的教育生活世界!

第二节 有效教师培训:职后教师教育的时代诉求

毋庸置疑,当代社会需要的是专家型教师、学者型教师、探索型教师、成长型教师,这些教师新类型的塑造与培育,主要依靠的不是职前教师教育、专业理论修习、专业技能训练、教师教育者的指导,而是教师在教育实践中的经验积累、实践摸索与自我成长。因此,作为职后教师教育的根本形式——教师职后培训绝不能简单地搬用职前教师教育的形式、思路与策略,它必须采用一些独到的、特有的教师培训方式、策略与模式。正是在此意义上,教师培训必然有其独一无二的内涵,必须遵循其内在的发展规律,否则,教师培训的效能、效果就难以实现。符合教师职后成长规律、能够融入教师个体的经验结构、主体意识、教育哲学、生活方式的教师培训,才是有效的教师培训。

一、有效教师培训的三个关键特征

目前,尽管学术界还没有对有效教师培训的根本特征形成相对集中的探讨结论,但并不能说明学者对该问题的探讨毫无必要。实际上,从教师培训发展的新近趋势来看,抓住有效教师培训的关键特征开展培训,是根治当前职后教师教育领域中存在的效能低下、不受欢迎等顽疾的一剂良药。

（一）经验核心性

如果说教师职前教育更为关注的是新教育理念的形成与传授，是新教师对最新教育知识、教育理论的掌握，那么，该阶段的完成只是"万里长征走完了第一步"，教师成长的关键阶段是从教师入职之后展开的，因为教师在教书育人实践中主要依托的是现成的教育经验，依靠的是他在种种教育生活中形成的各种感受、印象和经验。当然，这并不是说教育理论对教师的教育实践活动就没有用，而是说教育知识、教育理论只是改变教师的教育经验结构、最终引发教师教育活动方式转变的一个因素或酵素。在教育实践中，教育理论对教师专业发展始终具有间接性，它不可能成为推动教师专业发展的直接动力，不可能直接融入教师的专业素养结构，成为教师应对现实教育实践问题的智慧与行动。一句话，相对于教育经验而言，教育理论对教师现实教育活动方式的影响力是有限的，教师培训如果仅仅停留在教育新理论灌输这一层面，有效能的教师培训就始终难以实现。

正是如此，我们认为：教师培训的立基点理应是教育经验而非教育理论，改造教师的教育经验结构才是教师培训的直接目的，有效的教师培训必然是"以教育经验为本，通过教育经验的方式，面向教育经验结构转变"而实现的。在教师培训中，以教师的教育经验为本，会彻底改变我们教师培训的观念与实践。

"以教育经验为本"的教师培训，要求我们把一切教师培训活动建立在教师已有教育经验的基础上，让教师培训与教师自身的教育经验密切关联起来。教师的一切发展始于教育经验的积累与更新，建构主义理论告诉我们：教师学习活动实际上是在已有教育经验基础上建构新教育经验的一种教育图式转换活动。如果教师培训没有充分依靠、利用、引出教师的现有经验模式、经验结构，那么，教师培训的内容、方式是难以切入教师的教育生活世界的，也是难以沉入教师的心底中去的。可以说，教师培训的一切效能就来自它与教师已有教育经验之间的关联,这种关联度越大,培训效能就越高。

"通过教育经验的方式"意指在教师培训中,我们要善于利用教师的教育经验的形成方式来组织教师培训。无疑,教师培训的直接目的不是形成教育理论,而是形成教师可以"即插即用"的教育经验,显然,教育理论的形成方式,如教育理论宣讲、教育知识讲授等是不适合教师培训的,只有教育经验的形成方式,如教育叙事、案例观摩、共同研修、研训一体等,才是适合教师培训活动的。通过这些方式,教师在案例、课例、叙事的载体中获得的是大量的教育智慧,是实践中用得着的教育对策,而教育理论无形、无声地渗透其中,教师理论修养的提高与专业能力水平的增长实现了同步化与一体化。

"面向教育经验结构转变"是教师培训的直接目的。教师对教育问题的反应方式主要取决于他的专业自我,而专业自我的根本构成是教师的个体教育哲学和教育经验。而在这两者之中,教师个体教育哲学的根本转变是由其教育经验结构的转变引起的,只有在亲历的教育经验中,教师才能真正放弃已有的教育哲学,重建新的教育哲学。在这一意义上,我们认为:转变教育经验就是彻底转变教师的专业自我。真正的教师转变发生在教师的教育经验层面。正是由于确立了转变教师教育经验的目的,教师培训效能的实现才会在更高水平上实现。

(二) 实践为本性

显然,教育经验在实践中形成,而不是在教师教育课堂中形成,直接"说"出来、"讲出来"的教育经验不再是教育经验,而是一种教育理论、教育知识了。所谓教育经验,它一定是教育实践中原生的,一定是在教师的亲身参与中与教育环境发生关联、互动、交融的结果。就如杜威所言,教育经验是"主动尝试与承受结果"的合一,是教师在试探性应对教育环境、处理从中引申出来的教育问题中获得的直接结果。在这一意义上,教育经验的前身是教育实践,以教育经验为核心的有效教师培训必然是以教育实践为本的教师培训。

在实践中,"基于教育实践"的教师培训有三重含义:

首先,教师培训活动的主要实施者是教育实践,实践之师是教师专业成长中的第一导师。如果是在职前教师教育中,教师的主要学习对象是教师教育者,是大学教师,那么,教师职后培训活动的主要学习对象是教育实践,在教育实践中蕴含着最为丰富的教育经验、最为深刻的教育至理、最为渊博的教育学问。不过,与教师教育者不同,教育实践无法把其中蕴藏的知识、道理、智慧直接语言化地展示给教师,它需要教师去试探、去发现、去揭示。因此,在教育实践中,教师面向教育实践的探究就是教育智慧、学问、知识呈现出来的"刺激",教育实践针对教师探索性行为的反应就是教育智慧、学问、知识得以表达的"语言",而教师面对教育实践所体现的敏锐的"发现"眼光,则是这些教育智慧、学问、知识得以收集、储存的"师者"。因之,教育实践是记载着教育大智慧、大学问的一本"大书",是教师培训活动的第一教师。

其次,教师培训活动的主阵地是课堂。教师的教育实践主要是在课堂中进行的,课堂就是教育实践阵营的缩影与全貌,真正的教师培训活动要求教师必须把发展的主要精力集中在自己的课堂教学上,把发展的主阵地放在自己日常的课堂教学活动上。课堂是师生共同体在互动中共同完成教学任务,达成预定教学目标的时空场所,是教师专业成长发生的场所与舞台,教师的每一点进步都是在课堂中开始、在课堂中进行、在课堂中实现的。离开了上课、评课、说课,教师的专业水平无从谈起。与其把教师培训放在大学讲堂去进行,倒不如将之放在平时的一节节课堂上去进行。在课堂中,教师教育教学活动中的微妙缺陷得以暴露,其专业成长的优势得以显现,其专业发展的方向一览无遗。优秀同行、教育专家完全可以通过听课、评课活动,为之提出量身定做的专业发展方案,为其提供营养价值最高的教育建议,这样有效的教师培训才可能实现。

最后,教师培训的基本素材是教师创意的教学行为。最能代表教师教育实践水平的不是他的教育惯例、教育常识、教育常规,而是他在教育实践中展示出来的一些创新,如在教学设计中体现出来的创意,在教学实践中体现出来的创举,在教学媒体使用中体现出来的创新,等等。所有有创意的教学行为,都承载着教师改变教育实践的热望与努力,都展示着教师专业发展的状态,也体现出教师之间教育实践方式的差异与区分度。教师在教学行为上的创意举止,集中表达着教师看待教育活动的态度、应对教育实践难题的智慧以及教师专业发展的方向。因此,以教育实践为本的教师培训,要求我们必须善于抓住教师的教学创意行为进行认真审视,给予科学指导,提供有见地的改进建议。无疑,只有在教师教学发展水平的制高点——教学创意行为上使力,教师培训才可能真正达到一种高屋建瓴、力挽狂澜的水平,才可能真正成为帮助教师实现自我超越、专业更新的利器。

(三) 教师为主性

教育实践的主角是教师自身而非教师教育者,教育教学活动是教师教育者无法代理的,过于强调教师教育者在教师培训活动中的主体性,弱化教师的主体性地位,教师培训只会走进死胡同。教师培训的根本目的是让教师学会教学,教师培训的实质是教师自身的一种专业发展实践,教师培训中须臾都不能离开教师身与心的在场与参与,任何时候都不能脱离教师自身的积极配合与热情回应。可以说,没有教师就没有教师培训,就没有教师教育的一切。进言之,教师愿学、爱学、乐学、自学、自研是教师培训的根本,教师教育者在这个过程中仅仅扮演着辅助者、促进者、配合者、服务者的角色。心中有教师,时刻心系教师,是教师培训活动彰显效能的基本要求。

在有效教师培训中,教师教育活动的开展必须认真落实、体现教师为主性的特征,即必须从三个方面考虑:从教师的需要出发,用教师喜欢的方式,全心全意服务于教师的专业成熟。

首先,从教师的需要出发就是从教师专业发展的要求出发,为教师教育需要的满足创造条件。有效教师培训的入手点与其说是培训活动的开幕仪式,倒不如说是教师培训需要、成长需求的激发。很难想象,没有基于教师真切成长需求的教师培训活动能够持续并博得教师的厚爱。激发教师的培训要求,让教师以"渴望成长"的心态介入培训活动,让每一个教师培训活动的设计落实到教师的心坎上去,教师培训活动才可能真正收到"入脑""入心"的奇效。

其次,喜闻乐见的培训形式是教师在培训中获得迅速发展的重要条件。长期以来,教师培训活动注重内容、不讲形式,久而久之,听讲座、理论研讨、名师经验介绍等成了教师培训的主要形式,似乎这是一种层次最高、最具权威性的教师培训形式。实际上,教师真正喜欢的培训形式是自我叙事,是名课研磨,是教艺比拼,是精品课例展示,是校本研修,是工作式学习,而非专家的理论叙事、名师经验、理念荟萃。当然,教师需要教育理论的学习与更新,但教师更需要以叙事、案例、经验、实例等形式呈现出来的教育理论,是未经完全提纯、未经高度精加工的教育知识。相反,他们期待在欣赏精品课例中自己去提纯理论、抽取知识,期待在这个过程中展示自己的睿智与专业眼光。因此,上述形式才是教师最喜欢的培训形式,是最能激起教师学习兴趣与热情的有效培训。

最后,全心全意为教师服务的培训才是最关切教师、理解教师、走近教师的有效培训。教师培训的服务对象是教师,教师的专业发展与成熟水平是一切教师培训活动效能的最终衡量尺度。从这一意义上看,教师培训的实质是一种服务,一种智慧的支援,一种教师成长的加速器。全心全意为教师服务,急教师之所急,想教师之所想,让教师再多一个头脑、多一种眼光、多一种选择,是教师培训者的职责与使命。最有效的培训是能够给每一位教师的专业发展送去精神温暖、教育智库、细节关怀的培训,是能够从生活的每一个角落切入教师的教育生活世界的培训。我们相信:这种无孔不入、无时不在、无处不在的培训服务,才是对教师发展最具影响力、辐射力与变革力的教师培训。

二、"师德+"培训:有效教师培训的另一种形态

当下,中国中小学教师培训正处在"突变期":格式化、指令式、理论型培训在培训市场每况愈下,而基于供给侧理念的菜单化、体验式、服

务型培训服务供给数量剧增，一种全新的职后教师培训形态正处在孕育之中。其实，无论教师培训花样如何翻新，它都必须面对一道培训难题——教师培训市场"一头热"的问题，即真正解决好教师培训活动在一线教师中"遇冷"的问题。优质培训让教师终身发展受益，而劣质培训则使教师深受其苦；好培训不一定是教师真心需要的培训，而是对教师发展最有营养的培训。而在当代，我国教师培训正面临着"技术主导、灵魂缺位、符应市场、自我迷失"的风险，真正让教师"情感上动心、精神上向望、专业上有效"的教师培训服务供给尚显不足，用师德教育渗透的利器来重振教师培训活动就显得尤为迫切。基于这一信念预设，笔者在实践中着力创造一种新概念培训——"师德+"培训，意图从根子上攻克培训双方的"隔膜"，让教师培训活动真正融入教师的职业发展进程与职业生命体中去。

（一）师德教育蕴涵：有效教师培训的营养剂

为什么许多一线教师对教师培训活动并不待见？究其原因，大致有三：其一是培训者水平问题，其二是培训课程与教师需求不对称问题，其三是参训教师对教师培训的抵制心态。其实，前两个问题完全可以借助教师培训服务供给的市场机制来解决，而后一问题则难以轻易找到真正有效的破解之策，由此成为制约教师培训效能显现的心结问题。无疑，任何教师培训活动的发生都需要三个条件，即培训服务、培训需要与参训条件。在国家从制度层面破解了培训服务供给、教师参训时间等问题之后，教师参训需求随之成为决定教师培训效能的关键因素，当前我国教师培训正是在这一问题上遇到了最大瓶颈。可以想象，如果教师参训热情度不够、意义感不强，一切围绕教师培训活动举办而做出的努力都是白费，提振教师参训热情自然成为从源头上提高教师培训质量，优化教师培训活动的关键问题。

其实，每一位教师都心知肚明：有营养的教师培训必将为其终身职业成功产生强大助推效能，教师内心期待的正是一种真正能够让他们的专业自我变得更加坚挺的高营养培训，一种能够唤醒他们职业生命意识的高活性培训。显然,这种高营养培训、高活性培训不仅仅是有高智慧、高技术、高知识含量的教师培训,更是一种高师德营养的教师培训,毕竟教师是一个鲜活立体的"教育人",而不是一个机械运转的"教育机器人"。要让一架机器运转,只需要加油充电即可;而要让一个人运转,就既要营养物质的摄入,又要精神能量的充盈。后者就是师德教育,师德培养是让教师"全人"参与培训的必需条件。师德教育是激发教师成长要求、发展内在需要、自我实现愿望的点火器,是深度激活教师参训热情的动力源,"师德+"培训,即师德教育有机融入的教师培训才是教师培训活动的理想样态。如果说一场教师培训的营养成分主要有三个——知识见识、智慧启迪与精神动能,那么,高营养性教师培训一定是师德教育渗透、植入与内蕴的培训,一定是能够激活教师参训热情、发展期热望、职业追求的培训。如果说教师培训动机的形成主要来源于教师在培训中被激发出来的学习意义感、学习获得感与学习成就感,那么,"师德+"培训是帮助教师从培训中领略到学习意义感的必需条件。

可以说,师德教育含量是判断一场教师培训活动品质的重要指标,是决定教师参训中的吸收度与参训后的收获量的关键指标,是创建高营养教师培训的重要关注点。可以推知,在一场教师培训中,教师始终不明白教育事业的价值与意义,始终不清楚培训对教师师德完善的意义,由此抱着应付差事、完成任务、追求功利的平庸心态对待培训,其经历教师培训后的收获自然小得多,整个教师培训工作的效能与品质自然会大大缩水。

(二)走向"师德+"培训:教师培训活动的"还魂术"

高尚师德不仅是教师工作中追求的一种境界、一种意义、一种梦想,更是教师提升育人资本、增进人格魅力、增强教育感染力的重要资源。没有师德融入的培训是没有灵魂的培训,是缺乏灵性的培训,是纯技术性的培训,是把参训教师不当"人"看的培训。教师培训的完整形态应是"师德+"培训,是师德与培训水乳交融的培训,是生命教化与专业训练交相辉映的培训,是将师德教育贯穿于教师培训全程、全域、全景的培训。

所谓"师德+"培训,就是把师德教育像毛细血管一样植入整个教师培训活动细节中的一种培训活动，就是用师德教育之魂来统摄全部教师培训活动的培训形态。在教师培训中，专业教育与师德教育之间互为表里关系、枝干关系，是盐溶于水的关系。师德教育是教师培训活动的精神、灵魂与根本，专业教育是教师培训活动的表象、载体与内容；师德教育是教师培训活动的价值与意义所系，专业教育是教师培训活动的实现形式与实存形态；师德教育能够让参训教师心灵敞开、脑洞大开、身体运转，面向教师专业教育活动敞开大门，而专业教育能够交给教师实现职业意义、人生价值的路径与凭借；师德教育目标的达成需要借助教师专业教育途径来实现，则专业教育需要师德教育为教师提供动力支撑、意义寄托与方向导航。如果说教师培训活动是一个矢量，那么，其发展方向取决于师德教育，其效能大小取决于专业教育，师德教育与专业教育二者有机结合，才可能构成完整的教师培训活动——"师德+"培训。

长期以来，在我国教师培训活动中，师德教育主要以专题讲座、专门体验、集中研讨等独立形式展开，美其名曰"凸显"或"重视"，实则无形中误导人们将教师培训活动视为由师德教育与专业教育两个相对独立的部分构成，误导他们以为师德教育是独立于专业教育的一个孤立领域，由此坚信师德教育必须通过专门师德教育课程来落实，日渐与师德教育的实践渗透性规律渐行渐远。其实，师德是教师教育生活的重要一维，师德始终是与教师的教育生活融为一体的，师德教育始终是与教师培训服务、教师实践活动融为一体的，完全孤立于教师专业培训活动的师德教育是空泛而又乏力的。一句话，师德是弥散在教师生活世界、工作实践之中的，师德教育也应该像空气一样弥散在教师的教育世界之中，融渗在教师培训活动之中，这样才可能真正生效。

换个角度看，师德教育与专业教育在教师培训中是相互支撑、连为一体的关系：没有师德教育，尤其是缺乏教师职业意义感、使命感、责任感的教育，教师参与专业培训的热情度、专注度、投入度自然会下降，甚至可能激不起教师参训的意愿与动机；没有专业教育，尤其是专业认知、专业能力、专业思维、专业决策等方面的培训，师德教育便失去了物质依托、实体依托、工作依托，随时可能陷入抽象化、虚浮化、玄学化的危机，有血有肉、有生命质感的师德教育形态便难以形成。在任何一场教师培训活动中，教师都是"全人"浸入的，是教师的心灵、大脑、身体同时投入的过程，缺乏职业精神引领的教师培训一定是畸形干瘪的培训，是难以唤醒教师生命投入的心灵缺场式培训。正是基于这一理解，我们相信：倡导"师德+"培训是赋予教师培训活动以灵魂的重要行动，堪称传统教师培训活动的"还魂术"。

（三）迈向"师德+"培训的行动路径

如上所言，"师德+"培训反对孤立式、专场式、专业隔离式师德培训，反对师德教育缺场、师德精神教育无涉的专业培训，而是力主构建师德教育与专业培训融为一体的有灵魂、高营养型培训。为了践行这一培训理念，笔者在教师培训实践中探索出了一系列有效做法与优质经验，在此与广大教师及培训工作者分享。应该说，迈向"师德+"培训的行动路径是多样化的，大致可以归结为三条，即职业意义导入、职业精神嵌入、职业自我融入。无疑，师德是教师处理教育关系时所体现出来的职业品性、专业操守与情意品质，这些教育关系主要包括：教师与社会的关系，其师德表达的关键词是"职业意义"，内核是教师树立起了为社会、民族、国家而从教的职业使命感；教师与事业的关系，教师与自我的关系，其师德表达的关键词是"职业精神"，内核是教师对待教育工作的专注、专心与专业态度的形成；教师与自我的关系，其师德表达的关键词是"职业自我"，内核是教师健全职业自我意识的形成。从这一角度看，"师德+"培训是在教师专业培训中有机融入上述三种师德教育内涵的现实途径。

1. 职业意义向专业培训的导入

教师是一个追求意义的精神物种，而非一架程序驱动的智能机器，领悟职场培训的社会意义与专业价值，是教师投身培训、专注培训的首要动因，相对而言，职业意义感稀薄或缺失的教师培训始终难以启动教师专业学习的行程，也很难转动教师职业更新机制的旋钮。"师德+"培训首先是教师职业意义向教师培训活动的加入、导入与注入，是培训活动启动前对教师职业意义感的激活与激励。所谓职业意义，就是教师对职业价值、职业使命、职业追求的认知与体验，就是教师对从教理由的追问与职业存在社会意义的省视。每一个职业都有其独特的存在价值，但这种价值的社会意义含量有多寡之分，相对而言，教师职业存在的社会价值远远大于其个体发展价值，大于其功利性价值，它要求从业者必须具备崇高的思想境界与奉献的热忱。与之相应，教师职业使命是为国家、民族、社会、人类而传承知识、赓续文化、再生传统、培育新人，关注社会整体利益，关注社会长远发展，是教师职业从业者肩负的历史担当与特殊使命。显然，不具有高尚情操、纯洁品格的普通人是难以胜任教师职业的。不仅如此，教师职业的意义更隐藏在从业者的崇高职业追求中，隐藏在教师职业的意义追求、精神追求之中，它构成了教师投身教育工作的精神内能，成为教师从业的安身之基、立根之本。

正是如此，教师在真正领悟其职业价值、职业意义、职业追求之前，其参训的根本动力尚未调动，在培训中的学习投入度势必受到限制，深度的专业学习活动难以展开。为此，将教师职业意义的揭示、发现、导入、凸显等师德教育内容有机嵌入教师培训的全程与机体中去，让教师从中获得培训的意义感、使命感与价值感，这是驱动教师参训引擎的入手点。

2. 职业精神向专业培训的植入

教师职业发展的第二驱动器是职业精神，其核心构成是敬业精神、专注精神、创新精神，是对教师职业保持的专业态度、专业意志、专业品格与专业胸怀。如果说教师职业的意义感主要来自外部世界的召唤，那么，教师职业的成就感主要来自其专业实践的水准与成功。相对职前学习而言，教师培训是一种发展性培育、改革性培训与研究性培训，绝非简单教育常识、成果教育技能、机械教育经验的授受与扩充。这就决定了每一次职后培训对教师来说，都应当是一次教师专业的自我升级与深层优化，都伴随着教师职业自我的创构环节，都是教师职业发生质变的一个关节点。如果教师培训中缺失了教师职业精神的加入、植入，就失去了最能体现培训魅力的重要因子。倡导"师德+"培训的意图就是要让教师培训成为教师专业升级的链环，而不单单是一次对高手教师的模仿或对专家教育观念的输入。所以，要让培训内容入脑入心，真正将培训效果融化于心，教师培训就必须建基于教师职业精神激活之上才有可能，必须将教师职业精神激励融入培训全程中才有可能。在培训活动中，培训者要善于利用教师的敬业精神引发其对工作问题的思考与探究，促使他们用专业的眼光、乐业的态度、事业的精神参与工作问题的讨论，在专业学习共同体框架中共同探求解决工作问题的最优化方案，把参训过程转变成为一次专业的工作研讨过程，将教师真正卷入专业学习活动中来。

不仅如此，教师培训不应该成为现成教育经验、教育观念、教育技术的推广平台，而要将之视为教师在创新精神、研究精神、科学精神指引下，在工作研讨与琢磨中走向工作经验"裂变"、工作方式"变轨"、工作观念"转型"的职业发展旅程。换言之，教师培训是技术性培训与精神性升华的结合点，构筑教育实践改进与职业精神升华间的良性循环，是延伸教师培训生命，创建高端教师培训形态的理想轨道：用教师的职业精神诱导教师参与工作培训，在工作培训获得中滋养教师精益求精的职业精神，再度诱发下一轮参训的动机……这才是教师培训工作的"增循环"，才是最具延伸力、生命力与教育力的教师培训样态。

3. 职业自我向专业培训的融入

有效力、有营养、有灵魂的培训是教师职业自我在场的培训，是教师职业自我深度投入的培训，任何不顾及教师自我经验、情感、诉求、状况的培训都是教师自我游离、人格缺位的培训，都是难以从根子上生效的培训，构筑以教师职业自我唤醒与更新为内核的培训是"师德+"培训的建设方向。所谓职业自我，就是教师个体对自我从事教育教学工作的感受、接纳和肯定的心理状态，就是教师对自我在教育教学工作中的生存处境、适应状态、发展前景的总体感知。职业自我是统摄一切教师专业经验、专业意识、专业精神、专业情感、专业态度、专业知能、专业人格的一个硬核，职业自我更新是教师专业成长、职业发展的内核与实质。任何教师培训都是培训者与参训教师共同演绎出的一场教师发展助推大戏，没有彼此间的配合、理解与互动，没有两个心灵世界间的相互进入、交互影响与同频共振，教师培训效能就始终难以发生。进言之，教师培训是助推教师职业更新的实践，而教师职业自我的在场是培训生效的前提，教师职业自我的卷入是培训效能取得的路径，教师职业自我的升华是高端教师培训的特征，教师职业自我与教师培训者之间的深层互动与心心相系是优质教师培训的重要构成。

为此，在教师培训中唤醒教师职业自我的存在意识、发展意识与重构意识，确立教师职业自我在培训活动中的主体地位，积极响应教师职业自我更新的要求，善于借力参训教师的自我经验、自我智慧、自我理解，是创建优质教师培训的必由之路。也只有这样，培训者才能把教师培训转变成为教师自我负责、自我更新、自我进取的一项实践，致力为教师构筑出一种以教师职业自我为中心的专业发展服务体系，适应当代中国教师观念转型的内在需要。总之，在"师德+"培训理念的指引下，将教师职业自我更新与专业培训合而为一，努力创建一种以教师职业自我发展为内核的新概念培训，是当代中国教师培训冲破效能困境的行动方向。

三、关于有效教师培训的一场对话

对话，作为一种原始的学术表达形式，其独特表现方式更有助于我们抓住问题的实质。以下是笔者受访的一段对话，用以阐述笔者对有效教师培训的现实性认知与理解。

问题1：在您看来，过去及当前教师培训中存在哪些不合理现象？

【笔者】在过去，我们笃信：教师天性渴求培训，"高、大、上"教育理论含量就是培训的质量，教师认为"合胃口"是检验教师培训品质的首要标尺，而对教师真正的培训需求了解甚少、置若罔闻，对教师在参训中的实际收获与真实成长极少问津，导致了教师培训"两重天"现象——两种极端尴尬培训景象的出现：要么，培训课程成了职前教师教育课程的翻版，擢升为高不可攀的培训"贵族"；要么，培训活动成了教师的工作需求菜单，沦为俗不可耐的培训"小丑"……教师培训渐渐游离出了教师专业成长的链条，无法在基础教育事业中回归自己的本然位置。

其实，这一切教师培训"怪相"都有一个共同归因——供给侧结构性品质性不良的症候，教师培训服务供给与培训需求间的良性互动机制难以形成。笔者相信：当代教师不稀罕培训，甚至教师培训时常陷入过度、过量、失度的漩涡，教师最缺乏的是与其个性化专业成长要求及其卓越教师成长要求相称的培训。因此，要回归真正有尊严、有效力、有品位、有市场的教师培训，我国必须积极推进创新驱动型发展战略，努力实现教师专业发展要求与教师培训服务研发间的良性循环与同频共振。

问题2：怎样区分教师专业发展要求与教师培训服务之间的关系是良性还是非良性？

【笔者】回顾我国教师培训发展史，大致出现了三种教师培训形态：任务型培训、订单式培训与服务引领型培训。其中，任务型培训以"政府提供培训服务，教师被动参训"为特征，属于一种原始的指令供给型培训。它与我国计划经济时代相同步，教师培训成为教师工作的附属品。订单式培训在市场经济时代出现，它一味强调满足教师的培训需求与胃口，将参训教师的"需求调研结果"视为圭臬，教师培训被教师主观需求所控制，教师培训服务的供给端——教育专家、培训者却失去了创建更优质教师培训服务的发言权。服务引领型培训在关注教师培训需求基础上，更加强调教师培训服务结构性改革，试图以教师培训服务供给环节优化为抓手，及时满足教师的合理专业发展需要，引导教师专业发展的高层次需要，催生教师的专业成就动机与专业成功期盼，借助培训服务改进来助推教师专业持续、快速发展，这就是目前我们要倡导的"关注供给侧改革的教师培训"或"供给侧改革型教师培训"，简称"供给侧培训"。

问题3：什么是"供给侧培训"，您能详细解释一下吗？

【笔者】所谓"供给侧培训"，其两大内涵是：一、它是一种更高级形态的服务供给创新型培训，这种"高"就体现在它超越了原始的任务型教师培训服务供给，克服了附应经验、流于平庸的订单式培训供给，努力创造一种"基于教师培训需求，引领培训需求，创造高级培训需求"的高级需求驱动型教师培训服务；二、它是一种关注"侧"的培训，即尤其关注教师培训服务"两侧"——培训服务供需关系中的一侧——供给侧，从而超越了任务型培训与订单式培训的"单极化"缺陷——要么单重服务供给筹划，要么单重服务需求满足的弊端，实现了对教师培训服务两侧的同时兼顾、有所侧重与双侧同驱。

教师培训供给侧改革强调的是：在深度关注、大力激励教师有效发展需求、高级发展需求的基础上，对教师培训服务加以更新、改进与升级，让教师培训服务更适合卓越教师成长的规律，充分满足教师自我更新、自我提升的内在要求。从形态上看，教师培训服务的供给侧主要表现为三种形态：理念形态、制度形态与操作形态。

在理念形态上，教师培训服务供给侧改革关注的是主导教师培训服务的观念、思想、理论、价值与思维，它是决定教师培训服务形成的理念之基、观念之源，是决定教师培训服务面貌的神经中枢。进言之，是将教师视为自主发展的教育智慧建构者还是将其视为随波逐流的经验吸附者，是将教师培训视为教师工作的附属品还是视为教育专家的洗脑工程，直接决定着教师培训服务的样式与品质。

在制度形态上，教师培训服务供给主要指实施教师培训的相关制度，如教师专业发展制度、教师培训管理制度、国家教师培训政策、教师培训课程制度等，它是介于培训理念与培训模式间的中间地带，是教师培训理念走向实践、走近教师的桥梁。从供给侧角度看，合理的教师培训制度能够给教师专业发展提供一个平台、一种框架、一枚基石，在其中，合理的教师专业发展需求能够得到认可、尊重、鼓励与支持，成为教师专业发展的保护神与加速器。由此，培训制度的设计与研发是教师培训供给侧改革的重要内容。

在操作形态上，教师培训服务供给主要指教师培训活动的具体实施流程、模式、做法等，它是最具可变性、丰富性、灵活性的教师培训服务，是教师培训服务供给侧改革的直接对象。教师培训服务具有多种表现形式，如手把手的师徒指导、系统化的专家指导、教师共同体的校本研修、问题解决型的实践指导等等。多样化的培训操作形式为教师提供了丰富多彩的培训选项，有利于满足教师个性化的培训需求。

教师培训服务供给侧改革的实质是转变教师培训理念，创新教师培训制度，努力创造多样化、高质量、多层次、个性化的教师培训服务，以此充分满足教师专业发展需求，助推卓越教师的迅速成长与大量涌现。

问题4：那么，当前教师培训服务的"供给侧"到底是"良"还是"不良"？

【笔者】应该说，教师培训需求是中性的，没有好坏之分，只有社会需求意义上的合理与不合理之分，任何真正培训需求都是教师对其未来专业发展的期待。在教师培训供需关系中，如若教师培训服务出现了质量下降、效能不彰、前景暗淡、声誉不佳等问题，首先应该追责的是培训服务的供给侧，而非问责教师培训需求侧，责怪教师专业成长需求的"怪异"。

由于我国长期实行教师培训服务计划供给制，市场机制介入有限，教师培训服务供给要么严格按照专家"想当然"的设计来开发，如教育行政部门主导的方案设计型培训，要么纯粹按照中小学教师的要求来配置，如浙江等地推行的教师"自主点菜"式培训等，其结果，我国教师培训服务供给侧的牵引力与创造力下降，大量无效培训、劣质培训、花样培训充斥，"培训"变成了"陪训""赔训"，形成了令人瞩目的"教师培训症候群"，成为广大教师诟病的对象。这些问题的产生无不源自教师培训服务的供给侧不良。显然，如果我们能在考虑教师专业成长需要、专业发展规律的基础上构思出优质培训方案，提高培训服务供给侧的品质，进而诱导教师更高级的专业发展要求出现，那么，教师培训就可能成为引导教师专业持续、快速、健康成长的一把利器。

一方面是优质培训资源紧缺，大多数教师享受不到；另一方面是平庸培训密集扎堆，而培训效果很不尽人意。这是当前中小学教师培训服务中常见的现象。对此，我们认为，要改变教师培训服务在教师心目中的"亲近感"差、"获得感"不强等现象，一条有力的路径就是"大力倡导供给侧培训"。

问题5：在长期的研究和指导中，您发现的教师培训服务供给侧不良问题主要有哪些？

【笔者】我认为，突出问题有四个：

一是产能过剩。教师培训服务是一种随时可以"临时组阁"的服务型产品，即教师培训服务要素散布在教育活动领域中，只要有培训任务，这些培训要素随时可以组合成为现实形态的培训服务。在这种情况下，我国教师培训服务"产能过剩"的出现是自然现象。

二是过度培训。随着中小学教师参训任务的猛增，偶有教师将参训看成一项"负担"，以至被曝"花钱买（继续教育）学分"的怪闻，非常值得我们警惕。

三是满意度低。烟台市的一项调研表明：中小学教师对培训服务不满意度高达45%。究其根源，主要有三个：一是大多数教师培训活动存在"重通识、轻学科""重骨干、轻新手""重理论、轻实操""重普适、轻个性化""重讲授、轻体验""重任务、轻服务"等缺陷；二是培训服务两极化，即"纯理论培训"与"纯实践培训"较为普遍；三是教师培训服务缺乏市场调配机制，导致"培训信息反馈链开始断裂"，教师培训服务缺乏自我更新机制。

四是服务同质化。当前教师培训服务的通病是：培训服务整齐划一、批量生产、缺乏变通、特色模糊，无视参训者的个性化特点；教师培训活动方案一般都按照"理论讲授＋课堂观摩（如同课异构、示范课观课等）＋合作研讨"的模式来设计，教师培训活动陷入大同小异、"千训一面"的窘境，真正原创性、有创意、重特色的教师培训服务亟待增加，符合教师各个发展阶段与学校类型的培训服务体系难以形成，无法充分满足特定教师的具体培训需求。

问题6：在您看来，解决这些问题，需要突破什么障碍呢？

【笔者】在市场化视野下，建立高位供求关系均衡是教师培训服务改革的抓手与目标，如何超越单纯的需求满足式培训或供给计划式培训机制，是当代我国教师培训体制机制创新的焦点。

世纪之交，随着市场机制的尝试性介入，我国教师培训服务走上了一条"需求管理""服务定制"式道路，教师培训服务成为教师客户控制的对象，教师培训服务开发被一线教师所挟制，成为最优化教师培训服务形成的新壁垒。应该说，只有符合教师专业成长规律并处在教师专业发展"最近发展区"内的教师培训需求，才是教师培训服务供给方需要满足的培训需求。教师培训服务毕竟不是教师培训需求的"应声虫"，而是能够诱导、控制、抬升教师培训需求的主动方。因此，从"需求管理"走向"供给侧管理"，努力通过教师培训服务方式的转型与创新，助推教师培训需求的健康生发，是当代我国教师培训服务供给侧改革的关键点。

问题7：那么，如何科学、具体地构建"丰富多样、质量更优、富有个性、可供选择的教师培训服务体系"呢？

【笔者】我认为主要有五点具体措施可供实施。

一是培优：质量提升。在过去，我们将培训服务质量等同为教师的"用户体验"、专家的"理论水平"，导致了教师培训服务质量意识的异化与弱化。无疑，决定教师培训服务品质的最关键因素，是教师在参训后的"专业获得感"以及培训服务对教师教学效能增长的贡献率。在供给侧改革中，我们要持续提高教师培训服务供给质量，做好教师培训服务的培优工程，教师培训机构就必须立足培训理论前沿，密切关注世界培训改革实践走向，深度精准把握教师培训服务合理需要，努力构建出理念先进、方式优选、对接合理需求且具有示范引领功能的教师培训服务形态，让教师培训服务成为教师能力、风格、气质生成的沃土，成为教师的教育眼光、教育理念、教育方式更新的摇篮。

二是变构：结构优化。构建"开放的、全方位的、服务式的培训体系"，增进教师培训服务对各级各类各层教师的吸引力，是消化教师培训服务过剩"产能"、克服教师培训服务供需错位病症、防止过度教师培训服务发生的良方。教师培训服务结构调整的基本策略是"加""减""乘""除"，即增加优质有效教师培训服务，减少无效低劣教师培训服务，实施教师培训服务创新，破除制约优质教师培训服务供给的体制机制屏障，努力"构建丰富多元、可选择的新供给侧结构",最大化地挤压掉教师培训服务中的"水分"与无效成分,实现教师培训服务供需间的有机匹配。

三是入市:培育市场。针对我国教师培训服务单一、老化、趋同化、无特色等问题,我们必须推进教师培训服务的多样化、结构性改革。为此,政府必须建立教师培训服务第三方评估制度,严格按照培训质量评估信息来配置培训经费,将培训经费主要花在购买优质、有效的教师培训服务上,以此不断完善教师培训服务供求间的动态匹配关系,鼓励专业教师培训机构的涌现,利用市场力量去培育优质教师培训服务,逐渐带动教师培训服务市场的形成。

四是创新:服务创新。教师培训服务创新是一个立体式、全过程、各要素的创新,其中既包括教师培训课程资源(如微课、慕课、案例、专家讲座等)的创新、教师培训方案的创意、教师培训手段的创造、教师培训途径的新辟、教师培训思维的转换,又包括教师培训理念、培训服务类型、培训服务管理、培训服务评价、培训课程实施等方面的创新。简言之,教师培训服务创新是培训理念创意、培训手段创造与培训管理创举的"三位一体",每一点创造都会给教师培训服务供给增加新的亮点,注入新的活力,增添新的景观。教师培训服务供给侧的创新就是点燃教师参训热情,激励教师参训动机,改进教师培训方式,优化培训服务结构的秘密武器。现在,亲临课改现场,如山东省杜郎口中学等课改名校的体验式培训开始流行,基于微课的翻转课堂培训开始走俏,中小学教师专业协会的培训服务初见端倪,基于行政部门支撑的正统教师培训服务渐显逊色……在这种情况下,政府提供的教师培训服务只有通过创新才可能获得持续生存的机会,发挥对整个教师培训市场的主导功能,所以,新理念、新资源、新工具、新模态的创新将成为教师培训服务增长的主要方式。

五是改制:推广 PPP 模式。作为一种公共服务,教师培训为广大教师提供的主要是一种公共服务产品,因此,培训服务供给侧创新也适用"PPP 模式"。在教师培训服务改革中,教育行政部门在培育教师培训服务市场主体——培训服务机构或公司的同时,应该通过各种形式,如股份合作、项目启动资金支持、建立合作组织、共同研发前瞻性培训服务、签订购买培训服务预购协议等方式,在"平等互利、风险共担、科学分工"的原则指导下,与培训服务公司之间建立合作开发教师培训服务的经济实体,借此改变公共经费资助教师培训服务的方式,实现"小投入撬动大市场"的合作意图,助推教师培训服务迅速走上健康、快速、高效的发展轨道。

第三节　核心素养时代的教师教育目标定位

无疑,核心素养观念正在彻底重塑当代中国教育的内核与景观,其对中国教育事业全局的冲击波日渐显现,新一轮课程改革、教学改革与评价改革悄然启动。与以往基础教育改革不同,本轮改革试图撼动的是中国教育的"内芯"——人才培养目标问题,试图改造的是我国国民教育的"关键DNA",改革的深度、广度与难度自然史无前例。其实,改革再难也比不过教师培养之"难"。面向育人新目标的教师素养培养工程才是决定改革目标能否最终落地的关键因素,教师观念转变、能力提升、智慧启迪永远是事关一场教改成败的关节点!

如果说发展素养是学生终生发展、一生成功的根本,那么,教师素养是这一"根本"的"根本",是催生学生发展素养的母体与命根;一旦脱离了高素养教师的造就,学生发展轨迹的转变都将是空中画瓢的游戏。正是在此意义上,我们坚信:面向核心素养培育的教师教育改革是当下教育改革的当务之急,对学生发展素养目标在教师培养工作中落地具有重要现实意义。

一、教师:核心素养落地的关节点

所谓核心素养,就是学生终生受用、持续生长、多向迁移的关键人性素养,是学生健康成长、幸福生活、事业成功的必备人生品质。在林崇德教授团队研发的"中国学生发展核心素养体系"中，无论是文化基础、自主发展还是社会参与，都有一个共同点：这些素养都是学生在优秀文化环境中自主建构的结果，都是难以借助文本化、知识化形态加以传递的。以课堂为阵地，以教学为抓手，积极创造有利于良好学生素养建构的文化环境、活动体系与教育生态，是教师在学生身心上催发出核心素养的科学思路。显然，真正能够有效改变学龄儿童发展环境的是教师，真正能够有力干预学生核心素养生成的还是教师。正如有学者所言，"教师是21世纪核心素养能否在课程、学与教、评价中得到真正落实的关键影响因素"[①]，教师是将学生核心素养目标付诸实践的关键人物，是将之在学生人群中落地生根的重要行动者。如果说课堂、教学、课改是我国教育事业的地平线与扎根地，那么，核心素养培育其实就是借助教师专业提升的"助推器"，将核心素养观的"种子"植入课堂教学的沃土之中。

（一）核心素养观是教师重筑新课堂的种子

核心素养观的提出首先改变的是教师的课堂及其实践，它是教师新课堂创建行动的创始者。课堂是师生共同活动、立体交往的时空，其肩负的任务直接决定着教学活动的本质与内涵：在过去，课堂是知识授受的主场，即便师生间也有互动与交流，它也只服务于学生知识的授受——知识好似一个物品，可以借助语言的搭载来转交他人；在当前，核心素养培育将成为课堂存在的目的，由于素养是"在个体与情境的有效互动中生成的"[②]，是学生在解决问题、亲自实践、自我创造中形成的，由此，知识及其探究活动成了课堂活动的素材与副产品，课堂具有了全新的内涵。德国著名教育家第斯多惠指出："发展与培养不能给予人或传播给人。谁要享有发展与培养，必须用自己内部的活动和努力来获得。"[③] 一句话，发展

---

① 魏锐,刘晟,师曼,等.21世纪核心素养教育的支持体系[J].华东师范大学学报(教育科学版),2016,34(3):46-51.

② 柳夕浪.从"素质"到"核心素养"：关于"培养什么样的人"的进一步追问[J].教育科学研究,2014(3):5-11.

③ 第斯多惠.德国教师培养指南[M].袁一安,译.上海:华东师范大学出版社,2006:81.

素养只有可育性，而不具有可教性，"育"的含义正是：为学生创造一种自主发展、自我成长的教育环境或问题情境，让他们在与教师的平等交往、共同探究、价值协商中实现素养的自主建构与健康发育。有学者指出，素养是"个体在特定的情境下能成功地满足情境的复杂要求与挑战，并能顺利地执行生活任务的内在先决条件"[①]。无疑，素养的培育要求课堂教学必须具备用问题、情境、挑战来催生学生核心素养的功能，必须具备"超知识"的特性。在核心素养视野下，课堂的主导内涵是氛围、活动与自主，课堂的主画面是借助知识开展针对现实问题的探究与交流，这就是面向学生核心素养培育的新课堂。教师是新课堂的缔造者与灵魂人物，教师能否深入理解学生核心素养的内涵及其生成之道，能否在科学核心素养观下构筑出有利于学生核心素养发育的新课堂，事关我国学生核心素养目标的最终实现。

（二）专业能力是教师创造核心素养教学的基石

面向学生核心素养的教学具有其特质，它是知识核心时代的教学形态所难以取代的，这种新型教学形态就是"核心素养教学"。相对传统知识教学而言，它具有三大明显特征：

其一，它是一种"通过知识的教学"而非"为了知识"的教学。教学的主题与素材尽管还是知识，但教学的过程与结构却发生了质变，其追求的终端成果是"超知识"的学生发展素养。换言之，核心素养教学的核心关注点是学生打开知识、经历知识、探究知识、运用知识后的边际效应或衍生物，而非可测、可见、可量化的成绩与分数。

其二，它是一种学生全身心参与式教学，而非仅有部分视听感官介入的离身式参与教学。毕竟素养具有生成性与潜在性，学生身在、心在、脑在，是素养教学生效的基本条件，学生亲身、全身、全人地参与与深度卷入是其吸附教学影响，生成发展素养的必需条件。

---

① 柳夕浪.从"素质"到"核心素养"：关于"培养什么样的人"的进一步追问[J].教育科学研究,2014(3):5-11.

其三，它是一种"服务学生人生成功的大教学"，而非仅仅关注阶段性考试成功的"小教学"。核心素养教学不仅关注知识教学对学生当下成长状态的改变，更关注当下教学对学生终生生活成功的意义与价值，这就是面向学生人生全局而展开的一场"大教学"。故教学活动必须对学生发展中的那些具有长效性、迁移性、通用性的关键素养加以强化与凸显。

正如有学者所言："传统教学往往忽视甚至拒绝给学生素养的发展提供实践的机会，误以为这是在浪费时间，一味强调通过传递间接经验为学生打下认识基础。"[①] 为此，核心素养教学的时代使命是把教学中的一切学生素养发展机会与资源都释放出来，有效抵制应试教育、知识中心型教学对学生素养发育空间的压制。基于这些认识，要实现传统知识教学向核心素养教学的转变，教师必须具有全新的专业能力体系，这就是：开发知识中蕴藏的素养培育资源的能力，引导学生开展"具身"学习的能力，以及关怀学生终身发展的能力等。应该说，这些专业能力都是传统教师所不具有的"超能力"，应该成为新教师培养的重点。

（三）课改思维是教师升级核心素养教育的利器

如果说课堂、教学是核心素养教育落地的双轮，那么，课改则是驱动"双轮"的引擎，课改型教师及其课改行动是教师持续升级核心素养教育，使之日臻完善、走向成熟的坚强支撑。有学者指出，新一轮课改的实质是"探寻课程与学生的深度交互关系，而学生核心素养是嫁接这一关系的重要纽带"[②]。显然，课改不仅包括课程改革，更包括课堂改革，它是集教学、学习、环境与评价为一体的课改单元与课改集成体。课堂改革才是课程改革的心脏，面向核心素养培育的课堂改革无疑是新一轮课改的聚焦点与集结点。普通教师是课改的主体，改课是核心素养落地的环节，教师课改素养，即以课改思维为内核的课改意识、课改态度、课改勇气、课改能力、课改观念等的系统提升，是真正将核心素养教育落到实处的有力举措。

---

① 张建桥.培养学生核心素养亟待教学转型[J].中国教育学刊,2017(2):6-12.
② 张铭凯,靳玉乐.基于核心素养的课程创新动因、本质与路向[J].中国教育学刊,2016(5):71-75.

当前，教师最需要的课改思维是：人本思维、跨界思维、过程思维、大课堂思维。其中，人本思维要求课改坚定立德树人的方向，将关心人、理解人、发展人、成就人作为课改的基本立场，让学生的人格、人性、个性真正在学校环境中得到精心培育；跨界思维要求教师以学生生活、社会实践为中心来链接学科知识，在社会现象问题研讨中深度融合各科知识，有效发展学生的跨学科素养；过程思维要求教师致力凸显"教学过程"的素养培育潜能，善于引导学生走进知识的幕后与知识形成的过程中去，彰显教学过程的素养培育潜力；大课堂思维要求教师将课堂与社会及生活世界打通关联，坚持基于课堂而又超越课堂、基于学科而又超越学科、基于知识而又超越知识的"大课改"理念，真正把课堂改装为学生发展素养孕育的母体，让大课堂、大教学、大学科统摄当前支离破碎的学科教学、知识单元教学，用核心素养培育成为新课堂的真魂。为此，在核心素养教育时代，"教师文化要从重视'教'，转向强调激发学生自主'学'；从游离社会生活，转向积极社会参与；从科学与人文偏离，到二者之间有机融合"①。在这一理念指导下，要在教师身上建立起这些课改新思维，教师培养工作任重而道远，教师教育的目标、方式与理念必须发生相应改变，才可能适应当前改革形势。

二、核心素养培育对教师专业职能的重新定位

随着核心素养时代的到来，教师专业职能面临着转型升级、重新定位的新形势，教师专业的使命与内涵随之发生改变。如果说教师专业的核心内涵涉及育人思维、教育视野、工作方式与课堂角色四个方面，那么，核心素养目标的提出对教师专业职能转变的影响无疑是全方位的、深刻的。应该说，教师是学生核心素养培育的首要责任人，教师专业发展的品位与水准决定着学生核心素养培育的程度与效果。面向学生核心素养培育要求，丰富教师专业内涵，优化教师专业职能，是当代教师教育变革的时代

---

① 张保淑.构建核心素养的"中国路径"[N].人民日报(海外版),2017-06-07(11).

诉求。

(一) 育人思维的转变：从"分工思维"走向"全人立场"

教育是一门立德树人的事业，育人是教育事业的内核。但在历史发展中，尤其是在近代，随着科学地位的日益显赫，科学知识的集合体——学科成为课堂教学的知识单元，知识育人飙升为教育工作育人的主体手段，各学科分科施教，德育学科专门育德，成为现代育人工作的基本格局，由此决定了教师分科培养的教师教育格局。随着核心素养观的形成，这种"分工育人"思维将被打破，核心素养将被作为一条主线把各学科教学紧紧联络在一起，"全人育人""真人教育""协同育人"将成为教师的全新育人思维。正如有学者所言，"关键能力和必备品格是人终身发展、可持续发展的基因、种子和树根。抓住了核心素养也就抓住了教育的根本。"[1]

所谓核心素养，是学生作为"个体人"在社会中生存必须具备的核心品质，是学生作为"人"的一切生命力、发展力、竞争力的母体与始源，也是学生成人的资质、成才的潜资、成功的资源。简言之，核心素养将人发展的各方面、各阶段、各要素有机整合在一起，它要求教师按照"人本"的立场、"育人"的目标来统筹学科、链接知识、经营课堂、重构教学，要求教师站在学生作为"人"的持续、健康、全面发展的立场上来重构教育世界。"素养完全属于人，是人内在的秉性，素养使人成其为人，素养决定人的发展取向。"[2] 基于核心素养的育人思维的确立，无疑有助于教师从根本上扭转学科本位、知识本位、应试本位的畸形教育价值观，促使整个教育事业真正走上一条"尊重人""发展人""成就人"的路子，确保学生身上的人性素养、生存素养与发展素养得到有效的培育。

(二) 教育视野的转变：从"学校视野"走向"终身关怀"

核心素养目标的确立不仅凸显了教师的育人立场、育人焦点，更重要的，它还要求拓宽教师的教育视野，突破狭隘的学校时空、学校教育时段

---

[1] 余文森.从三维目标走向核心素养[J].华东师范大学学报(教育科学版),2016,34(1):11-13.

[2] 同[1].

对教师教育眼光的限制。如果说中国以往教育关注的是学生考场成功、学业成功与升学成功，那么，核心素养时代的教育将更为关注学生的职场成功、事业成功与一生成功，它表达的是对学生终身发展的一种未来关怀与一生关切。有学者指出："相对于三维目标，素养更具有内在性和终极性的意义。"[①] 尽管人的发展具有阶段性，但人的素养的习得具有持续性，学段划分的教育理念具有某种人为性与主观性；尽管人的发展具有关键期，如学前期、语言关键期等，但学龄期的教育安排不仅服务于儿童当下的生活、生存，更服务于儿童日后的社会发展。在这一意义上，学生核心素养的发展必须超越"铁路警察，各管一段"的学校教育思维，而应在持续性、终身性理念的指导下，将学生的整个未来生活时空都置于当下学生素养培育的实践体系之中。

这对教师提出了全新的挑战：如何把当下课堂生活与学生终身发展关联起来，如何把学生现实素养培育与潜在素养孕育结合起来，如何构筑起"学生素养—'社会人'素养"的素养生长连续体？这些问题都成为教师教育视野转变的焦点。进言之，在核心素养时代，教师必须具有教育的"大视野"，即将学生整个人生纳入学校教育世界的视野。性格决定命运，素养决定未来；培养关键素养，收获成功人生。用发展的眼光、人生的视野，在学生身上培植起一生发展的素养良种，正是当代中国教师应有的一种战略思维。

（三）工作方式的转变：从"知识转手"走向"过程参与"

随着核心素养目标的确立，"双基"将会被取而代之，教学活动的方式随之发生改变。相对过去，基本知识、基本技能仍旧是课堂教学的"主材""主题"，但其在课堂中的地位、功能、存在方式将悄然被改变："双基"将由教学活动的主目标降格为次目标，由教学活动的终端目标转变成为教学的过程目标。进言之，核心素养时代的教学不是"为了知识而教

---

① 余文森.从三维目标走向核心素养[J].华东师范大学学报（教育科学版），2016,34(1):11-13.

学",而是"通过知识来育人",是"通过知识来催生素养"。有学者指出,知识教学与素养教学之间具有一个根本差异,即"人的素养可教不可授"①,而知识技能却具有"可传性""可视化"的特点,素养是弥散在人的行事方式之中的一种人格品性。进言之,素养的获得必须是学生在文化环境、问题情境中自主表现,在亲身实践中实现的。

为此,要发展学生核心素养,教师无法借助"知识转手"的方式来实现,必须求助于"活动过程参与"的方式来达成。在核心素养教学中,仅有知识的结论、命题是难以在学生身上培育出相应素养的,必须围绕知识的原生背景、所涉经验、问题情境、诞生情节、故事资料等来展开,必须深入到知识的背后、机体与生产环节中去。把教材知识还原为一种知识生产活动(如探究性学习),再现知识生产的过程与情节,为学生进入教材知识的全景、背后、故事、创生过程与应用实践创造条件,这就是知识教学素养化的路径。正如有学者所言,"学科知识只是形成学科素养的载体,学科活动才是形成学科素养的渠道"②。还原教材知识的经验前身,回归课程知识生发的原初情景,让学生借助课堂教学复原书本知识的活体,进入知识的体内与生长链,这就是"过程为本式教学"的基本思维。杜威指出:"需要把各门学科的教材或知识各部分恢复到原来的经验,它必须恢复到它所被抽象出来的原来的经验。"③ 只有回归过程为本、过程参与的教学范式,核心素养培育的目标才可能实现。

(四)课堂角色的转变:从"学科专家"走向"问题专家"

在过去,学科是教师活动的疆界,学科教师是每一位教师的专属称谓;教师是学科专家、学科知识权威,分学科、分专业、分学院培养是教师教育的基本特点。随着核心素养时代的到来,这一学科身份将会被改写,这是因为:核心素养的培育得益于多学科在现实问题解决环节的联手

---

① 张建桥.培养学生核心素养亟待教学转型[J].中国教育学刊,2017(2):6-12.
② 余文森.从三维目标走向核心素养[J].华东师范大学学报(教育科学版),2016,34(1):11-13.
③ 杜威.杜威教育名篇[M].赵祥麟,王承绪,编译.北京:教育科学出版社,2006:75.

与协同,生成于学生在个体发展与社会发展环节上的多学科综合运用。因之,教师的全新课堂角色是"现实问题"专家而非"学科专家",是"学科群专家""学科知识整合专家"而非"单一学科专家""学科知识权威"。引导学生冲破学科的阈限与藩篱,面向学生真实社会生活问题与课堂学习问题进行生存智慧的建构,是核心素养教学向教师提出的全新使命。从这一角度看,核心素养是学科壁垒的穿越者,是后学科时代赋予人的全新品质,只有"当跨越'疆界'的教育改革行动不断发生"[1],学生核心素养的培育才会变得更加有力。在以学生核心素养培育为旨归的新课堂中,学科核心素养也被赋予全新的内涵:它是学生核心素养在本学科学习中的特殊表现,是本学科学习中最有利于学生发展的那部分核心素养构成,是学生核心素养的学科化体现,而非本学科学习对人的素养要求,或本学科的人才素养培养目标。

换言之,学科知识能力与核心素养项目之间不是一一对应关系,而是"多"对"一"的关系。用核心素养统领、贯通各学科,让各学科教学活动服务于学生核心素养的培育,是学科教学与学生核心素养间的新型关系。学科单元是知识逻辑划分的结果,而人的素养不具有可拆分性,它是与人的生存实践高度一体化的,学科教学必须服务于育人的整体目标达成。与之相应,学科核心素养只能是学生核心素养的学科化、领域化表现,学科核心素养培育必须在学生核心素养的大视野下,并在应对学生生活问题、社会现实问题中彰显其特有功能与存在样态。一句话,从"学科专家"向"问题专家"的角色转变标志着教师功能史上的一次深刻转变。

由上可见,在以核心素养为轴心的新教育时代,教师素养势必发生一场历史性变革:那种仅仅关注某一时段、时空的教育观念,那种仅仅强调学生某一素养维度、某一学科领域发展的教育,终将被超越。教师教育者将在育人工作的大目标下统领一切学校教育的要素,如课堂、教学、环

---

[1] 柳夕浪.从"素质"到"核心素养":关于"培养什么样的人"的进一步追问[J].教育科学研究,2014(3):5-11.

境、资源、评价等，优化教师专业的知识、能力、观念与思维等"素养原子"，致力于造就一种能胜任学生核心素养培育工作需要的学生发展关怀型教师。

三、面向核心素养培育的教师教育目标调适

在核心素养时代，教师培养的观念与方式将面临一场革命：知识本位、分科培养、分段历练的教师教育模式将会被扬弃，那种对学生全人发展、人生关怀、全面负责的教师教育理念将会受到高度关注，一种视野宽广、贴近课堂、跨越学科边界的学生发展关怀型教师将会出现。我们相信：新教师教育体系的原生点是教师培养目标，厘清核心素养时代教师教育新目标就是迎接这场教师教育系统变革的行动起点。可以想象，未来教师教育改革的目标就是从以下四个维度重塑教师的形象，重构教师教育的体系。

（一）造就"真人之师"

在核心素养时代，"人师"重于"经师"、"育人"重于"授知"的思维再度被强调，教师作为"真人之师""人格之师"的定位变得尤为重要。教育活动的首要任务是"成人"，是把学生培养成为"真人""完人"，培养成为"公民""国民"，而非"科学家""知识权威""造分机器"。正如陶西平所言："学生核心素养和综合素质的提高，首先要求教师以价值观为核心的综合能力的提高。"[①] 人的最大特点是发展性、可塑性、人文性，形成人、造就人，提升人的自主发展、自我塑造的能力，是教育实践的本然使命。如何让学生在教育环境中生成人的核心素养，并借助这种核心素养实现创造"成功的生活"，构建"健全社会"的目标，正是当代教育事业的使命。因此，教师教育应该致力于培养出一大批能够造就真人的"真人之师"，这一目标的达成度是判断教师教育效能与品质的首要

[①] 参看董鲁、皖龙《教师专业化：培养核心素养的起点——中国教育学会第28次学术年会综述》，载《中国教育报》2016年1月4日第7版。

标准。

笔者认为,"真人之师"的三个关键品质是关怀、民主、领导力。所谓关怀,就是关怀学生全面发展、人生发展与终生成功的素质,这种素质能够促使教师超越应试教育的功利化视野,站在"为学生终生发展奠基"的立场上,筹划教育事业,设计学科教学活动,力促学生在学校时空中获得最优化、最长效的发展;所谓民主,就是为学生创造民主的教育生活空间,让学生自主探究问题、开展辩论、进行实践、生成素养、建构价值,"唤醒孩子内在的思想力量"[1],借助真实的社会现象研究活动,形成人生成功的必备素养,克服课堂定向培养学生素养的缺陷;所谓领导力,就是对学生价值、能力、素养等方面形成过程的主导力与引控力,就是善于利用核心价值观、社会发展观、科学人生观来干预学生素养生成方向,帮助学生聚焦核心素养,彰显教师在学生共同体发展中的精神领导力与素养干预力。在核心素养时代,学生作为"真人",意指他是现实生活世界中的"人"而非生活在虚拟学科天地中的"人",是脚踏社会生活大地的"人"而非悬挂在书本知识苍穹中的"人"。"真人"发展靠的是自己的生活实践,而教师正是通过参与学生生活世界来引领其成长发育的导师。因此,上述三项素养是教师成就学生"真人"的关键品质。

(二)造就"人生生涯导师"

核心素养培养是对学生一生筹划能力的关注,是对学生终生事业成功的保障,能够胜任学生核心素养培育重任的教师一定是瞄准学生一生发展,关怀学生人生末端成功的"生涯导师",而非机械的知识技能传递者、精神成长引导者。在知识核心时代,教师的职业胜任力高于一切,教师应对课堂教学环境与育人工作实践的必备素养高于一切;在核心素养时代,教师仅仅具备这些职业胜任力是不够的,他还必须具备关怀学生一生,为学生终身发展提供素养之基的意识与能力。在此意义上,当代教师不仅是学生当下发展的咨询师、服务者与促进者,更是学生一生发展的责任者、

---

[1] 赖配根.找到核心素养落地的"力量"[J].人民教育,2016(Z1):116-117.

谋划者与经营者。只教给孩子应试知识技能、当下生活技能的教师只能帮助孩子适应现实生存，却不能帮助孩子适应未来、创造未来，让自己的"后学校教育"生活变得更加精彩，更加成功。相比知识技能，素养的根本特点是内在性、终极性与再生性，素养就好比在学生身心中培植的一粒种子，一旦这粒种子在学生人生沃土中培植成功，那么，它将不断发酵、持续生长，最终会点亮学生人生，改变学生人生的整个画面。可以说，关键素养才是真正给学生一生添彩增能的元素，才是"一枚改变教育内涵的'楔子'"[1]，核心素养改变的是学生整个人生的内涵与高度。

所以，好教师必须是学生人生的重要规划师、设计师、咨询师，必须是能站在学生全人生角度来思考核心素养培育问题的人生生涯导师。进言之，当代教师教育要想培养出这种教师，就必须深入推进教师教育理念的三重转变：在培养目标上，突破知识型教师、学段型教师的形象误区，积极培育人生导师型教师，培养跨越学校教育时空的全人生导师；在专业发展上，加大教师的学生人生指导能力，尤其是对学生人生意义与人生发展的干预力；在培养方式上，善于通过人生反思、生涯设计、事业规划等方式，提高教师对学生人生发展全程的关注度，真正将核心素养培育与学生终生事业成功关联起来。应该说，人生导师不是学生的知识传媒、技能教练，其对教育对象的关注具有长远性与精细性的特点，体现着教师培养工作的新高度、新境界。因此，"人生生涯导师"这一新角色的提出，承载着教师对学生浓浓的人文关怀，高度的成长关注，必将刷新"教师教育"概念的内涵与景象。

（三）造就"超能型教师"

时下，能力本位型教师风靡一时，造就能力强、水平高的教师成为当代教师教育改革的方向。所谓教师能力，就是教师在学科教育教学实践中表现出来的应对教育问题、生成教育策略、做出有力行动反应的显性心理品质。教师能力是教师胜任教育工作、设计教学流程、解决实践难题的专

---

[1] 李帆.核心素养，一枚改变教育内涵的"楔子"[J].人民教育,2015(24):18-20.

业资质、娴熟才艺与实践表现力构成的优越品质综合体，造就具备超强、卓异与高超教师能力的专家型教师，是当代教师教育的旨趣与目标。其实，任何教师能力都是专业领域、学科范畴的概念，一旦走出相应学科领域，这种优势能力不复存在。日常所言卓越教师大都是"学科教学能手""学科教育精英"的代名词，其对学生核心素养培育的贡献力是有限的，或者说，这些教学能手、教育精英最多只会在培养学生学科核心素养方面有着非凡表现，而在培育学生跨学科核心素养方面则可能表现平平。不仅如此，教师能力源自教师在教育工作中的卓异表现与实践磨砺，是教师在参与同行竞争中脱颖而出的结果，外显性、可量化、相对性是其显著特征。如若这些能力背后缺乏深厚专业素养、理念精神与人格品性的支撑，其在学生核心素养培育方面可能尤为乏力，难以胜任时代赋予中国教师的特殊使命。

在核心素养时代，学生发展需要的教师是能本型教师的升级版——超能型教师，是具备核心素养教育能力的内涵型教师、高素养教师。传统意义上的教师能力具有专门性、学科性，而核心素养时代需要的是具备跨学科素养，能够胜任学科群教育工作的超能型教师；传统意义上的教师能力具有外显性、表层性，核心素养时代需要的是外在表现与内在涵养兼优的素养型教师。可以说，素养是一切能力之母，是人的所有外现能力生成的"根目录"：一个具有自主发展、人文精神、科技素养、实践担当与创新意识的教师，一定是一名高素养型教师；不仅他的卓异素养能够给学生发展提供范本与实例，而且一旦这些素养与教师工作相结合，他身上就可能涌现出卓异的超学科教学能力与深邃的关键人生品质教育力。如果说能力的生成方式是涌现，即人的素养在具体工作情景中的才能涌现，那么，高素养教师的培养绝非是技能训练、观念灌输的结果，而是生活修炼、工作磨砺、文化熏染而成的结晶体。在这一意义上，当代教师教育必须走向"大教师教育"，即将教师的一切时空都纳入教师教育的课堂与空间，努力构筑大学教师教育与社会教师教育双轨并驱、有机融合的教育格局，助推超能型高素养教师形成。

(四) 造就"贴地型教师"

在核心素养时代，一切教师素养都不可能在悬空实践的理论界与四面围墙的师范大学中诞生，俯身实践、融入实践、贴地生长是高素养教师培育的根本途径。显然，核心素养是知识贴地生长的结果，与之相应，教师的高素养是教育专业知识贴地应用的产物。"知识是学校教育活动得以展开的一个'阿基米德点'，教学活动离不开知识，教学活动对知识具有绝对的依赖性"[①]，对知识的态度、认识与应用才是真正决定教育品位的要素。课堂离不开知识，获得知识的最终目的是在具体生活情景中应用知识、解决生活现实中形成素养，"素养 = 情景 + 知识 + 问题"。正如有学者所言，核心素养是"学生适应信息时代和知识社会的需要，解决复杂问题和适应不可预测情境的能力和道德"[②]。与知识不同，素养具有向人性、情境性、实践依附性，学生素养形成需要的是真实的情境、真实的问题与真实的行动，素养的真实面貌是"知识、能力、态度之整合与情境间的因应互动体系"[③]；知识只是素养形成中的中间产品，知识的行动化、情境化、具身化才是素养。基于这一理念，与知识授受活动对应的教师是悬空实践情境，热衷于引导学生学会在大脑世界中去思维、去推理、去想象的悬空型教师；与素养培育活动对应的教师是脚踏实践大地，置身真实教育场景，善于利用现实问题来链接大脑世界与生活世界的贴地型教师。"比起知识的学习和复现，知识应用能力更重要"[④]。只有这种教师才可能在知识教学与素养形成之间搭起一座桥梁，助推知识技能融入生活实践，形成学生人生成功的关键素养。

---

① 余文森.从三维目标走向核心素养[J].华东师范大学学报(教育科学版),2016,34(1):11-13.

② 张华.核心素养与我国基础教育课程改革"再出发"[J].华东师范大学学报(教育科学版),2016,34(1):7-9.

③ 柳夕浪.从"素质"到"核心素养":关于"培养什么样的人"的进一步追问[J].教育科学研究,2014(3):5-11.

④ 樊丽萍.随着教育全面升级到追求核心素养的"2.0版",专家热议:我们的教师培养如何转型[N].文汇报,2017-04-02(3).

贴地型教师的核心素养是关怀实践、关注生活、关心学生有效能力形成的素养。在"双基"教学时代，基础知识被视为学生生存的"元知识"，基本技能被视为学生发展的"元能力"，教师进而以为：只要让学生在课堂中掌握了这些知识技能，学生日后的生活就可能发生自然改变，发展能力就可能自然生成。可惜的是，在这种思维助长下，知识技能教学有恃无恐，甚至成为课堂教学的唯一主题，纯粹知识技能教学隔断了学生知识技能向素养生成的通道。在核心素养时代，教师的任务是打通这一"断头路"，借助"知识学习情境化、问题化"这一利器，让学生素养在教育生态中得以存活、延续与生长。这就需要贴地型教师。这一新型教师的职业特征是：善于从"学生发展""未来成功"需要的角度来选择知识、开展教学；善于用"实践摄入""生活体验"的方式来引导学生掌握知识；善于用"聚焦问题""知识联合"的策略来引导学生活化知识、用活知识、创生知识。一句话，贴地型教师是一种紧贴实践、紧贴生活、紧贴学生世界开展知识技能教学的教师，是真正将"人的真实成长"看得高于一切的新教师。

第二章　新时代我国教师队伍建设

社会主义教育事业的价值主体是人民群众，这一事业的直接承担者则是广大教师。教师是振兴中华民族的希望所在，是教育改革与发展的中坚力量。持续提高教师培养质量，造就大批高素质教师，是社会主义教育事业蓬勃发展、走向兴旺的立根之基。正是在这一意义上，在新时代党和国家时刻关注教师发展与师范教育，关注中国式教师队伍建设问题，将教师培养视为国家教育事业的重中之重。

第一节　中国特色社会主义教师队伍建设观的基本框架

在中国共产党人前赴后继的探索中，中国特色的社会主义教师队伍建设观初具框架与形貌，成为新时代我国教师教育制度体系完善的重要参考与依据。在本书中，笔者以原始文献为依托，尝试对这一框架进行梳理，以期帮助广大教育工作者把握这一新型教师观的大致轮廓。

一、振兴教育的希望在教师

民族大计，系于教育；教育大计，系于教师。中国教育的希望在教师，民族振兴的希望在教师，教师就是社会主义教育事业的坚实依靠力量，是实现民族振兴、国家富强、社会文明的一支重要力量。在不同时期，党和国家对这一点的具体理解尽管稍有差异，但其核心精神却是一脉相承的。

（一）国家翻身的希望在教师

在社会主义革命和建设初期，毛泽东看到了教师在实现国家翻身中的重要作用，他相信：要实现"两个转变"，即旧民主主义国家向新民主主义国家、新民主主义国家向社会主义国家的转变，都离不开教师的积极参与与努力。在前一个"转变"上，毛泽东认为："为着扫除民族压迫和封建压迫，为着建立新民主主义的国家，需要大批的人民的教育家和教师，人民的科学家、工程师、技师、医生、新闻工作者、著作家、文学家、艺术家和普通文化工作者。"① 因为民众觉悟的提高、思想的转变力、新民主主义意识的形成等都离不开教师创造性的工作；在后一"转变"上，"为了建成社会主义，工人阶级必须有自己的技术干部，必须有自己的教授、教员、科学家、新闻记者、文学家、艺术家和马克思主义理论家的队伍"②，教师是社会主义建设事业的主力军与先遣队，是社会主义思想与文化的启蒙者。

应该说，国家翻身不仅仅是经济指标排名的提高，还在于人民群众思想觉悟的深刻转变，在于民主观念的普及与更新。应该说，后一意义上的"转变"才是根本性的，教育事业在这一转变中无疑发挥着其他事业难以取代的作用。正是如此，1958年毛泽东指出："端正方向，争取一切可能争取的教授、讲师、助教、研究人员为无产阶级的教育事业和文化科学事业服务。"③ 这一指向的历史意义重大，它成为新中国迅速崛起、摆脱困境的重要力量。

---

① 毛泽东.论联合政府[M]//毛泽东选集:第三卷.北京:人民出版社,1991:1082.
② 毛泽东.一九五七年夏季的形势[M]//中共中央党校.马列著作毛泽东著作选读:科学社会主义部分.北京:人民出版社,1978:585.
③ 毛泽东.致陆定一[M]//中共中央文献研究室.毛泽东书信选集.北京:人民出版社,1983:554.

(二) 教育振兴的希望在教师

改革开放和社会主义现代化建设新时期是我国教育事业突飞猛进的黄金时期，教育改革事业披荆斩棘、所向披靡，创造了历史上前所未有的教育繁荣景象，原因之一就在于邓小平摆正了教育工作的地位，看到了教育工作给社会改革事业全局带来的希望。1978年4月，邓小平在全国教育工作会议上指出："一个学校能不能为社会主义建设培养合格的人才，培养德智体全面发展、有社会主义觉悟的有文化的劳动者，关键在教师。"[①] 这一论述为后续中国改革者更进一步认清教育事业的重要性奠定了基石。基于上述论断，1994年6月江泽民在全国教育工作会议上讲话指出："落实教育优先发展的战略地位，要求在全党全社会形成和保持尊师重教的良好风气。振兴民族的希望在教育，振兴教育的希望在教师。"[②] 这一论断成为新世纪统领我国教师教育事业的轴心。

在这一方针的指导下，党和国家应该关心教师、尊重教师、培养教师，为其教育工作、学习活动的顺利开展以及物质精神生活的丰富提供力所能及的支持与保障。党和国家对教育重要地位的理解不断深刻，可以说，胡锦涛在全国优秀教师代表座谈会上的讲话，为这一论断提供了深刻的论据，这就是："教师是人类文明的传承者。推动教育事业又好又快发展，培养高素质人才，教师是关键。没有高水平的教师队伍，就没有高质量的教育。"[③] 教师正是以其高质量的教育服务，推动着各级各类教育事业的迅速、健康发展，间接带动了我国社会、经济、政治生活的全面复兴与持续繁荣。可以说，教育事业参与社会各行各业的发展，抓住了教师培养与教育事业，就等于抓住了国家各项事业发展的根本。正是在这一意义上，江泽民才断言，"振兴民族的希望在教育"。

---

① 邓小平.在全国教育工作会议上的讲话[M]//邓小平文选:第二卷.北京:人民出版社,1994:108.

② 江泽民.振兴民族的希望在教育[M]//江泽民文选:第一卷.北京:人民出版社,2006:371.

③ 胡锦涛.在全国优秀教师代表座谈会上的讲话[M].北京:人民出版社,2007:4.

（三）教育的大计在教师

正是因为教育改革、教师培养能给中华民族的发展带来新的希望，所以，民族复兴的大计在教育，教育振兴的大计在教师，把重视教育的焦点更准确地聚焦在教师身上，标志着社会主义教育事业领导者对教师内蕴的社会促进功能认识的新高度。在与北京师范大学师生代表座谈时，习近平再次重申"百年大计，教育为本；教育大计，教师为本"[1] 这一论断，更加坚定了"教育强国、教师强教"的兴国方略，让全国一线教师执守教育事业，给深化教育改革吃了一颗定心丸。从这一角度来看，教师在国家教育事业重振中发挥着中流砥柱功能，注重高素质教师培养是国家加快教育发展，创造美好教育明天的现实要求。

二、高素质教师是高质量教育的条件

高质量、高品位教育事业是当代中国民众的核心利益诉求，创办高质量教育服务是社会主义教育事业发展的终端目标。显然，高质量教育的构成要素是多样化的，例如高质量的教育硬件设施、高质量的教育环境、高质量的教师队伍等，但相对而言，高质量教师队伍才是高质量教育的第一要素与关键构成，它是凝聚、吸附、聚合其他优质教育资源的最有力要素。国家只要拥有一支高素质的教师队伍，其他教育要素的聚集就显得轻而易举。正是基于这一考虑，在改革开放和社会主义现代化建设新时期，党和国家尤为重视高素质教师这一决定教育质量的关键要素。江泽民 1999 年 6 月在第三次全国教育工作会议上讲话指出："高素质的教师队伍，是高质量教育的一个基本条件。"[2] 胡锦涛也在 2007 年 8 月与全国优秀教师代表座谈时强调："尊重教师是重视教育的必然要求，是社会文明进步的

---

[1] 习近平.做党和人民满意的好老师:同北京师范大学师生代表座谈时的讲话[M].北京:人民出版社,2014:13.

[2] 江泽民.教育必须以提高国民素质为根本宗旨[M]//江泽民文选:第二卷.北京:人民出版社,2006:337.

重要标志,是尊重劳动、尊重知识、尊重人才、尊重创造的具体体现。"[1] 总而言之,教育人才是高质量教育的第一资源与要素,是稀缺性教育资源,是创办优质教育中需要给予特殊关注的对象。

进言之,高素质教师应该具有以下五个鲜明特征:

(一) 敢教、善教

高素质教师的首要资质要求是敢教、善教,是其勇为人师、擅长教学的专业资质。正如邓小平所言,"前几年教师不敢教,责任不在他们。现在要敢于教,还要善于教"[2]。在这一意义上,冲破庸人之见与世俗偏见,勇于为师、敢于担当、热心从教,是历史上优秀教师的重要特征。教师工作是一件苦差事,是需要从业者付出更多辛劳与汗水的一门职业,勇为人师的人本来就值得世人敬仰与钦佩。这就是"敢教",它能折射出一般教师身上具有的难能可贵的教学勇气。同时,"善教"才是有能力的教师所具备的一项真功夫,善教的教师身上有两个明显特征:其一是讲授得法,即善于钻研教学艺术,提高教师的业务工作能力;其二是善待学生,即把学生当作自己的朋友与服务对象来对待。1964 年,毛泽东指出学校教育中的三大弊端——"课程太多,对学生压力太大""讲授又不甚得法""考试方法以学生为敌人,举行突然袭击"[3],其根本原因就在于教师教学理念落后,教学方法机械呆板,不懂得教学艺术。为从根本上解决这一问题,江泽民 2002 年 9 月在庆祝北京师范大学建校一百周年大会上讲话,向全国教师发出不断推进教学改革的号召,即"改革教学的内容、方法、手段,完善人才培养模式""建立符合受教育者全面发展规律、激发受教育者创造性的新型教育教学模式""形成相互激励、教学相长的师生关系,努力创造有利于创新人才成长的良好教育环境和社会环境,使每一个受教育者

---

[1] 胡锦涛.在全国优秀教师代表座谈会上的讲话[M].北京:人民出版社,2007:4.
[2] 邓小平.关于科学和教育工作的几点意见[M]//邓小平文选:第二卷[M].北京:人民出版社,1994:55.
[3] 毛泽东.改革学校课程设置和讲授方法[M]//毛泽东文集:第八卷[M].北京:人民出版社,1999:376.

都能充分发挥自身潜能，激发学习成长的主动性"①，等等。这些教学改革要求的提出，有助于广大教师从根本上解决"不善教"的问题，适应了教学理念与方法现代化的时代要求。

（二）不断学习

当代社会发展日新月异，新知识的膨胀与爆炸接踵而来，加强知识的学习与更新是人适应社会化生存方式的要求。对教师而言，更是如此，毕竟教师是人类知识的传授者，不断更新知识结构是胜任教育工作的现实要求。文献研究表明：中国共产党人非常重视教师学习活动，将之视为高素质教师的核心品质。早在1939年，毛泽东就曾指出：教师必须向身边的人学习，向学生、老百姓学习，从工作、实践中学习。正如毛泽东所言："你们在乡下，除向学生学习外，还要向老百姓学习，跟他们谈话，把他们的话总结起来，作为你们的经验。"② 通过这些学习，教师不仅可以获得广博的文化知识，还可以获得专业知识，如儿童学习的知识、如何教学的知识等。

在改革开放和社会主义现代化建设新时期，中国共产党人一直高度重视教师专业发展问题。1978年，邓小平强调：各级教育行政部门要为教师学习创造条件，"要采取切实有效的措施，比如充分利用广播、电视，举办各种训练班、进修班，编印教学参考资料等，大力培训师资"③，为教师业务、政治、思想方面的全面进步提供多种多样的教育服务。2002年，江泽民号召广大教师"严谨笃学、与时俱进"，要"不断以新的知识充实自己，成为热爱学习、学会学习、终身学习的楷模"。④ 在这一意义上，终身

---

① 江泽民.不断推进教育创新[M]//江泽民文选：第三卷.北京：人民出版社，2006：500.
② 参看毛泽东《抗战教育与小学教员——1939年8月29日在陕甘宁边区小学教员暑期训练班毕业典礼上的演讲（摘要）》，转引自黄克《上下60年，教育有遗篇》一文附录，载北京育才学校、《中华之魂》编委会编《中华之魂：养教篇》，中国民主法制出版社，1997，第9—14页。
③ 邓小平.在全国教育工作会议上的讲话[M]//邓小平文选：第二卷.北京：人民出版社，1994：109-110.
④ 江泽民.不断推进教育创新[M]//江泽民文选：第三卷.北京：人民出版社，2006：502.

学习、终身成长是教师专业持续更新的根本要求。在具体学习方式上，在江泽民看来，教师学习的根本途径是教学相长与同行交流。就前者来看，"教师和学生要相互学习、相互切磋、相互启发、相互激励。这也是我们中华民族古已有之的教学相长的优良传统"①。借助这种学习方式，教师可以从学生身上发现潜在的创造性品质，掌握育人的重要规律。就后者来看，教师作为知识分子容易犯文人相轻、学科相轻、学派相轻的毛病，致使其学科专业发展陷入故步自封的泥潭，因此，"教师之间、系科之间、学校之间应该加强交流和学习；不同的学派和学术观点，可以自由讨论和争论，目的都是取长补短、共同提高"②。

党的十六大以后，以胡锦涛为代表的中国共产党人同样重视教师学习工作。2007年8月，在全国优秀教师代表座谈会上，胡锦涛向广大教师提出四点希望，其中第二点就是"刻苦钻研、严谨笃学"[3]；2008年5月，在与北京大学师生代表座谈时，胡锦涛再次强调：教师要"不断更新教学理念，丰富教学内涵，改进教学方法，提高教学质量"[4]。这些论述为新时期党和国家加强教师教育，造就更多高素质教师，做大做强社会主义教育事业提供了理论依据。

（三）注重创新

高素质教师的核心素养有两条，即创新精神与实践能力。在社会主义革命和建设时期，我国尤为关注教师的教育创新精神与创新能力培养，将之视为加强教育事业内涵建设的重要依托。教师具备创新精神是造就创新型人才的需要，是产出创造性研究成果的需要，是更好地做好教书育人工作的需要。在毛泽东教育思想中，教师的教育创新精神受到重视。在陕甘宁边区小学教员暑期训练班毕业典礼上的讲话中，毛泽东指出：教师"可

---

① 江泽民.教育必须以提高国民素质为根本宗旨[M]//江泽民文选：第二卷.北京：人民出版社，2006：334-335.
② 同①338.
③ 胡锦涛.在全国优秀教师代表座谈会上的讲话[M].北京：人民出版社，2007：5-7.
④ 胡锦涛.在北京大学师生代表座谈会上的讲话[M].北京：人民出版社，2008：5.

以研究教育方法，可以创造道理，创造出新的教育法，变成教育专家"①。联系教育实践的教育创新是教师的教学方式推陈出新的良策。

改革开放和社会主义现代化建设新时期，中国共产党人对教师的创新精神日益关注。教师的专业创新更加受人关注。2002 年，江泽民向全国教师发出倡议："教师富有创新精神，才能培养出创新人才。教师应该具备求真务实、勇于创新、严谨自律的治学态度和学术精神，努力发扬优良的学术风气和学术道德。"② 教师的原创力与纯洁的创新精神成为社会主义教育事业走向繁荣昌盛的必需条件。党的十六大以后，以胡锦涛为代表的中国共产党人继续秉承这一教育理念，2007 年 8 月，胡锦涛在全国优秀教师代表座谈会上讲话，殷切希望广大教师"勇于创新、奋发进取"③，努力成长为引领教育改革、推进社会文化，受学生爱戴、让人民满意的教师。

（四）志存高远、师德高尚

教师既是经师，更是人师，优秀师德是卓越教师的首要条件，教师从教的根本资质要求是：具有醇美、高尚、高洁的师德。改革开放和社会主义现代化建设新时期，党和国家对师德建设工作尤为重视，师德成为社会主义教师观的重要组成部分。在不同历史时期，我国对教师师德关注的侧重点略有差异。

党的十一届三中全会以后，以邓小平同志为主要代表的中国共产党人将"又红又专"视为高素质教师的时代特征，其中"红"意指教师的政治修养、思想道德与社会觉悟。1978 年 4 月，邓小平在全国教育工作会议上讲话指出："各级党委和学校的党组织，应该热情地关心和帮助教师思想政治上的进步，帮助他们认真学习马克思列宁主义、毛泽东思想，使更多的人牢固地树立起无产阶级的共产主义的世界观。"④ 因此，国家要组织

---

① 参看《抗战教育与小学教员——毛泽东 1939 年 8 月 29 日在陕甘宁边区小学教员暑期训练班毕业典礼上的演讲（摘要）》，第 13 页。
② 江泽民.不断推进教育创新[M]//江泽民文选:第三卷.北京:人民出版社,2006:502.
③ 胡锦涛.在全国优秀教师代表座谈会上的讲话[M].北京:人民出版社,2007:6.
④ 邓小平.在全国教育工作会议上的讲话[M]//邓小平文选:第二卷.北京:人民出版社,1994:109.

各种各样的教师培训,促使教师在思想与业务上同步提高,引导广大教师"努力在政治上、业务上不断提高,沿着又红又专的道路前进"①。

党的十三届四中全会以后,以江泽民同志为主要代表的中国共产党人指出,教师师德的核心内容是:志存高远、爱国敬业,忠诚于人民教育事业,为人师表、教书育人,率先垂范,注重言教身教,脚踏实地、乐于奉献,淡泊明志、甘为人梯,严谨笃学、与时俱进,严谨治学、求真务实,勇于创新、严谨自律,等等。对这些师德品质的强调,都体现在江泽民 2002 年 9 月在庆祝北京师范大学建校一百周年大会上的讲话之中。② 在社会主义教育事业中,作为一支中坚力量,教师"要始终牢记自己的神圣职责,并在深刻的社会变革和丰富的教育实践中履行自己的职责,百折不挠,奋勇直前"③,为社会主义教育事业的振兴做出自己应有的贡献。

党的十六大以后,以胡锦涛同志为主要代表的中国共产党人所关注的师德品质是:爱岗敬业、关爱学生,刻苦钻研、严谨笃学,勇于创新、奋发进取,淡泊名利、志存高远等。这些师德要求集中体现在 2007 年 8 月胡锦涛在全国优秀教师代表座谈会上的讲话之中,他希望教师"关爱每一名学生,关心每一名学生的成长进步,以真情、真心、真诚教育和影响学生,努力成为学生的良师益友,成为学生健康成长的指导者和引路人"④。因此,教师只有加强自身的职业道德修养,完善自己的教育人格形象,才可能成为学生成长的楷模与范例,赢得广大人民群众的认可与尊重。

---

① 邓小平.在全国教育工作会议上的讲话[M]//邓小平文选:第二卷.北京:人民出版社,1994:110.

② 江泽民.不断推进教育创新[M]//江泽民文选:第三卷.北京:人民出版社,2006:499-503.

③ 同②502.

④ 胡锦涛.在全国优秀教师代表座谈会上的讲话[M].北京:人民出版社,2007:6.

（五）做教育改革的奋进者、教育扶贫的先行者、学生成长的引导者

在中国特色社会主义新时代，以习近平同志为核心的党中央同样对教师素质尤为关注，他在2015年9月9日给"国培计划（2014）"北京师范大学贵州研修班参训教师回信，殷切希望教师"牢记使命、不忘初衷，扎根西部、服务学生，努力做教育改革的奋进者、教育扶贫的先行者、学生成长的引导者"①。在当代社会，教师的神圣使命是教书育人、全面提高教育质量，造福人民群众，就是服务学生成长，积极投身国家社会精神文明建设。牢记使命，扎根基层，磨砺教艺，奉献教育事业，到祖国最需要的地方去，为学生成长贡献自己的力量，正是当代高素质教师的全新内涵。

三、建立一支高素质专业化教师队伍

一花独放不是春，万紫千红春满园。社会主义教育事业的繁盛需要一支强有力的教师队伍来支撑，单凭少数教师的力量是难以实现的。基于这一考虑，党和国家尤为重视专业化教师队伍的建设，提出了许多提升教师队伍整体素质的举措与思路。

（一）必须重视教师队伍建设

在不同历史时期，党和国家从不同角度提出了我国重视教师队伍建设的重要性。1999年6月，江泽民从"高质量建设"要求的角度指出加强教师队伍建设的重要意义。他认为，"高素质的教师队伍，是高质量教育的一个基本条件"，因此，各级领导与政府必须"大力加强教师队伍建设，不断优化队伍结构和提高队伍素质"。② 这一决策显然是科学、英明而又务实的。引入教师人事制度改革，推进教师队伍整体结构优化，提高全国教师队伍的专业化水平，是创建人民满意教育事业的根本入手点。党的十六

---

① 新华网.习近平总书记给"国培计划(2014)"北京师范大学贵州研修班参训教师的回信[EB/OL].(2015-09-09)[2023-12-25]. http://www.xinhuanet.com/politics/2015-09/09/c_1116512910.htm.

② 江泽民.教育必须以提高国民素质为根本宗旨[M]//江泽民文选:第二卷.北京:人民出版社,2006:337-338.

大以后，以胡锦涛同志为主要代表的中国共产党人从"教育大计，教师为本"的理论高度出发，从推动东西部、城乡教育质量均衡的现实要求角度，提出了教师队伍建设的重要性，正如2010年7月他在全国教育工作会议上讲话所言，"要把加强教师队伍建设作为教育事业发展最重要的基础工作来抓"①。进入中国特色社会主义新时代，习近平在给北京师范大学"国培计划（2014）"贵州研修班参训教师的回信中，再次强调了这一思想。在当代中国，教师队伍的整体素质、结构状况、专业水平是决定社会主义教育事业品质高低的关键因素，加大教师队伍建设的力度是深化教育改革、提升教育品质的必由之路。

（二）教师队伍建设的目标方向

我国的基本国情——人口众多、正处在初级发展阶段，这一事实决定了我国需要数以万计、高素质、高水平、专业化的教师投身教育事业，形成一支具有创造力、战斗力与教育力的强大教师队伍。为此，在2010年全国教育工作会议上，胡锦涛提出了我国教师队伍建设的方向与目标，这就是："造就一支师德高尚、业务精湛、结构合理、充满活力的高素质专业化教师队伍。"② 这一论述从师德水平、业务能力、结构组织与精神状态等方面，对我国新时期教师队伍建设的未来做出了规划，成为国家加大教师培养培训力度的理论依据之一。2017年，习近平在党的十九大报告中指出，"加强师德师风建设，培养高素质教师队伍，倡导全社会尊师重教"③。2022年，习近平在党的二十大报告中再次强调，"加强师德师风建设，培养高素质教师队伍，弘扬尊师重教社会风尚"④。可见，新时代我国教师队伍建设目标方向的关键词是高素质，《中国教育现代化2035》中对其含义做了更为清晰的阐释，这就是"高素质专业化创新型"，这一表述成为新

---

① 胡锦涛.在全国教育工作会议上的讲话[M].北京：人民出版社，2010：21.
② 同①.
③ 习近平.决胜全面建成小康社会，夺取新时代中国特色社会主义伟大胜利[M]//习近平著作选读：第二卷.北京：人民出版社，2023：38.
④ 习近平.高举中国特色社会主义伟大旗帜，为全面建设社会主义现代化国家而团结奋斗[M]//习近平著作选读：第一卷.北京：人民出版社，2023：28.

时代指导我国教师队伍建设工作的总目标。

(三) 教师队伍建设的主要手段

为了实现高素质、专业化教师队伍建设的目标,我国各代领导人都提出了一些符合实际、合理可行的手段与举措,为我国教师队伍建设工作积累了丰富经验。社会主义革命和建设时期,由于民众知识文化水平普遍偏低,尽可能吸收一切知识分子投身教育事业成为教师队伍建设的基本思想。毛泽东曾经指出:"没有知识分子,我们的事情就不能做好,所以我们要好好地团结他们。"① 无疑,团结知识分子的方式之一就是利用教育事业将他们融入无产阶级革命事业的洪流之中去。

党的十一届三中全会以后,党和国家非常重视完善教师职称制度与工资制度,提高教师的社会待遇,这是扩大教师队伍数量、提高教师队伍质量、增强教师行业吸引力的现实举措。邓小平指出,一方面,我国要扩大教师队伍的基数,解决教师队伍不足的问题,即"增加办学校的人才,增加教师。我们中小学教师也不够,很多教师负担太重,影响到教学水平"②;另一方面,要求教育行政部门"研究教师,首先是中小学教师的工资制度。要采取适当的措施,鼓励人们终身从事教育事业"③。针对高校教师缺乏问题,邓小平还提出让部分科研人员流动到教师岗位的举措,这一做法不仅可以促使人才合理流动,还能保证高校教师队伍建设的需要。在谈到教育战线拨乱反正问题时,他说,"要加强学校的教师队伍,科研系统有的人可以调出来搞教育,支援教育",以此解决人员流动的机制问题,即"很好地研究科研和教育如何协调、人员如何经常交流的问题"。④ 这些规范性管理制度与人员流动机制的建立,无疑对于教师队伍质量提升意义

---

① 毛泽东.在中国共产党全国宣传工作会议上的讲话[M]//毛泽东文集:第七卷.北京:人民出版社,1999:270.

② 邓小平.目前的形势和任务[M]//邓小平文选:第二卷.北京:人民出版社,1994:263.

③ 邓小平.在全国教育工作会议上的讲话[M]//邓小平文选:第二卷.北京:人民出版社,1994:109.

④ 邓小平.教育战线的拨乱反正问题[M]//邓小平文选:第二卷.北京:人民出版社,1994:70.

重大。

党的十六大以后,党和国家采取的教师队伍提质新举措是"吸引和鼓励优秀人才从事教育工作",建立免费师范生教育制度,重视乡村教师队伍建设。要求教育行政部门"制定切实可行的政策措施,注重吸引优秀人才当教师,鼓励优秀人才长期从教、终身从教,鼓励有志青年到农村、到边远地区、到祖国最需要的地方为国家教育事业发展建功立业"[①]。这一举措无疑有利于全国教育质量均衡发展,有利于老、少、边、穷地区教育事业的发展,让全国各族人民共享教育繁荣的硕果。可以说,以胡锦涛为主要代表的中国共产党人尤其关注乡村教师队伍建设问题。党的十七大报告提出,"加强教师队伍建设,重点提高农村教师素质"[②],这一真知灼见对于根本解决我国城乡教育质量不均衡问题具有重要意义。与此同时,胡锦涛还重视教师队伍的专业化建设,"加强中青年教师和创新团队建设"促进教师人才资源的流动制度建设。在2007年全国优秀教师代表座谈会上,他明确要求,"改革和完善教师管理制度,严格教师资格准入制度,健全教师考核评价机制,合理配置教师资源"[③],努力建设一种有利于教师队伍结构动态调整、质量持续上升的教师专业发展制度。

党的十八大召开后,2019年2月中共中央、国务院印发了《中国教育现代化2035》,要求"建设高素质专业化创新型教师队伍",并提出了一系列重要建设举措与手段,如大力加强师德师风建设,加大教职工统筹配置和跨区域调整力度,切实解决教师结构性、阶段性、区域性短缺问题,完善教师资格体系和准入制度,健全教师职称、岗位和考核评价制度,健全以师范院校为主体、高水平非师范院校参与、优质中小学(幼儿园)为实践基地的开放、协同、联动的中国特色教师教育体系,等等。这些举措让当代我国教师队伍建设的目标落地有声,有力支撑了各级各类教育事业

---

① 胡锦涛.在全国优秀教师代表座谈会上的讲话[M].北京:人民出版社,2007:5.
② 胡锦涛.高举中国特色社会主义伟大旗帜为夺取全面建设小康社会新胜利而奋斗:在中国共产党第十七次全国代表大会上的报告[M].北京:人民出版社,2007:38.
③ 同①.

快速发展的需要。

四、办好师范教育，优化教师教育体系，培养出一批教育家型教师

师范教育是教师培养的母体，教师教育体系建设是确保优秀教师供给源源不断的出路。正因如此，党和国家非常重视教师教育体系的建设与完善问题，不断扩大优秀教师人才的供给与源头，为教育家型教师的诞生创造社会条件。

党的十一届三中全会以后，高考制度刚刚恢复，建立并完善师范教育，培养大量社会急需的中小学教师，成为一项历史性社会重任。为此，邓小平非常重视师范大学建设问题，明确强调："师范大学要办好。省、市管的师范院校，教育部也要经常派人去检查。"道理很简单，"不办好师范教育，教师就没有来源"[①]。显然，有好教师才可能办出好教育，而好教师的培养是师范大学的职责，教师培养工作是确保教育工作持续深入发展的关键环节。邓小平曾经谈到，提高教师的政治、文化与业务素养至关重要，而"要做到这一点，就要加强师资培训工作。要请一些好的教师当教师的教师"，并强调要把师资培训列入规划，列入任务，因为"只有老师教得好，学生才能学得好"[②]。这一认识为师范大学与师范教育体系的建立提供了重要思想支撑点。

党的十三届四中全会以后，我国师范教育体系初步形成，整个教育体系的改革问题显得尤为迫切。如何使教师教育体系的建设更加符合现代社会的要求，满足社会对大批高素质教师的期待，就成为该时期教师教育改革的重点。针对这一现实，2002年江泽民提出，"进一步建立和完善适应我国教育发展需要的、开放灵活的教师教育体系"，这一改革方向是务实

[①] 邓小平.教育战线的拨乱反正问题[M]//邓小平文选:第二卷.北京:人民出版社,1994:69.

[②] 邓小平.关于科学和教育工作的几点意见[M]//邓小平文选:第二卷.北京:人民出版社,1994:55.

的选择,它有效克服了我国以师范教育为主体的封闭教师教育的弊端,激活了教师培养工作的活力。在这一改革指针的引领下,江泽民要求各级各类师范院校"都要适应新形势新任务的要求,深化改革,锐意进取,为建设有中国特色教师教育体系做出新的贡献",使之在教师教育体系改革工程中扮演起主体、主导的角色,促使国家教师教育体系向着更加科学化的方向迈进。①

党的十六大以后,以胡锦涛同志为主要代表的中国共产党人同样非常重视师范教育。这一时期,教师教育一体化,即职前、入职、职后教育一体化的态势日益强劲,如何让师范教育在教师教育一体化中发挥更大作用这一问题凸显出来。为此,2007年在全国优秀教师代表座谈会上,胡锦涛要求教育行政部门"要高度重视教师培养和培训,加大对师范教育支持力度,积极推进教师教育创新,提高教师整体素质和业务水平"②。这一论述的提出,客观上要求师范大学在教师教育开放化、一体化的时代承担起主体角色,主动肩负起教师教育模式、教师教育课程、教师教育体系改革的重任,使师范大学在教师教育改革进程中始终永葆青春、彰显优势。

进入中国特色社会主义新时代,党和国家延续上述教师教育政策,继续支持师范大学开展改革创新,着力深化教师教育体制机制改革,以之作为整个教师教育体系的突破口。在同北京师范大学师生代表座谈时,习近平指出:"要加强教师教育体系建设,加大对师范院校的支持力度,找准教师教育中存在的主要问题,寻求深化教师教育改革的突破口和着力点,不断提高教师培养培训的质量。"③ 鼓励师范大学继续做好教师教育体系改革的领头雁,在整个改革中扮演示范者与引领者角色。

由上可见,党和国家对新时期教师队伍建设工作的战略地位、建设目标方向、具体建设思路等问题给出了清晰的回答。一个重视教育事业、教

---

① 江泽民.不断推进教育创新[M]//江泽民文选:第三卷.北京:人民出版社,2006:501.
② 胡锦涛.在全国优秀教师代表座谈会上的讲话[M].北京:人民出版社,2007:5.
③ 习近平.做党和人民满意的好老师:同北京师范大学师生代表座谈时的讲话[M].北京:人民出版社,2014:13.

师工作的民族才是有希望、有潜力的民族，才是不断进取、勇于超越的民族。我们相信：随着中国特色社会主义教师队伍建设观的成熟，我国教师教育体制的深度综合改革将获得更有力的精神支持！

第二节 中国式教师队伍现代化建设的理念与特征

新中国成立以来，建设现代化强国承载着亿万中国人的梦想与福祉，走出一条中国特色、中国专享、中国首创的现代化之路是中国特色社会主义道路探索的核心要义。党的二十大报告指出："中国式现代化，是中国共产党领导的社会主义现代化，既有各国现代化的共同特征，更有基于自己国情的中国特色。"[1] 在中国式现代化理念统领下，科学推进中国教育现代化、中国教师队伍现代化，为办人民满意的教育提供强有力的人才队伍支持，是中国特色社会主义教师队伍建设的基本思路。

党的二十大报告中一以贯之的一条主线是：教育、科技、人才是建成社会主义现代化强国的三大战略支撑点。具体到教育领域，教育人才、教师队伍对我国强国大业完成而言，可谓"基础的基础""重点的重点"，聚力中国式教师队伍现代化建设，撬动中国式教育现代化大船，是推进我国基础教育事业高质量发展、教育强国目标顺利实现的一把利器。基于这一思维逻辑，本节着力对"中国式教师队伍现代化"的理念蕴涵、基本特征、行动方向等问题做以探究，以期为我国"高水平教育现代化"[2] 目标的早日实现提供理念动能。

---

[1] 习近平.高举中国特色社会主义伟大旗帜，为全面建设社会主义现代化国家而团结奋斗[M]//习近平著作选读：第一卷.北京：人民出版社，2023：18.

[2] 桑锦龙.高水平教育现代化视野中的北京市教师队伍建设[J].教师发展研究，2020，4(1)：61-67.

一、中国式教师队伍现代化的内涵分析

社会现代化的实质是人的现代化、教师现代化、教育现代化，教师队伍现代化是中国式现代化的最底层建筑。我国教师队伍现代化是共性理念与个性实践的耦合体，中国式教师队伍现代化的实质是追求理性、进步、民主、科学的现代性理念与中国具体文化、传统、制度等环境因素相融生的产物。进言之，中国式教师队伍现代化是富含中国教育文化底蕴、响应中国教育改革要求、中国教育人独创自建的教师队伍现代化模式，是对具有类似文化、国情、要求的国家具有一定可推广性、可复制性的教师队伍现代化范式。从内涵角度来看，中国式教师队伍现代化是发展战略现代化、队伍素质现代化、供给培养现代化与治理方式现代化的四维一体，其中，战略现代化是目标，素质现代化是关键，供给现代化、治理现代化是保障，"中国式"含义就体现为四个教师队伍现代化要素与我国国家目标、发展形势、教育国情、文化传统的个性化结合形态。

（一）面向中国富强的教师队伍战略现代化

相对国家现代化、教育现代化而言，教师队伍现代化处于国家现代化的最底层、最内层，该命题一般会在国家现代化达到一定层次、水平、阶段之后才被提出，且在服务于国家整体现代化、更高层次现代化之中彰显存在意义，中国式教师队伍现代化的首要蕴涵是：服务于中国强国要旨、兴国梦想，服务于现代化强国战略的发展定位。"国将兴，必贵师而重傅。"（《荀子·大略》）改革开放以来，邓小平首先提出了"教育要面向现代化"的改革图景，提出了"科教兴国"的伟大战略，尊师重教、提高待遇、注重培养，造就一支政治业务过硬、又红又专的教师队伍，随之成为兴国强国的先手棋与入手点。进入20世纪90年代，江泽民一针见血地指出，"振兴民族的希望在教育，振兴教育的希望在教师"[①]，要求坚持

---

① 江泽民.振兴民族的希望在教育[M]//江泽民文选:第一卷.北京:人民出版社，2006:371.

"教育为本",切实实现兴国战略的转变——"把经济建设转到依靠科技进步和提高劳动者素质的轨道上来,加速实现国家繁荣强盛"①。2018年,习近平总书记在全国教育大会上明确指出,坚持中国特色社会主义教育发展道路,就必须"加快推进教育现代化、建设教育强国、办好人民满意的教育"②。从这一意义上看,中国式教师队伍现代化首先是根源于我国教育强国、科技强国、人才强国、文化强国战略的教师队伍现代化,是面向富强、民主、文明的现代中国建设的教师队伍现代化。尤其是在当代,国际竞争不再单纯依靠生产要素增量来实现,而是转上了一条依靠人力资源开发、人才实力凝聚的新赛道,进言之,正是"教育、人才、科技"竞争的强国新赛道将教师队伍现代化拔升到历史性制高点上来。显然,教师队伍建设之所以对教育现代化而言具有至关重要性,是由教师在教育教学工作中的核心、主导、关键地位决定的,诚如胡锦涛所言,"没有高水平的教师队伍,就没有高质量的教育"③。

不同于其他行业领域,教育事业在社会主义建设事业全局中发挥着战略性、全局性、先导性、基础性的重要功能,这一特殊功能决定了教师队伍现代化必然在现代化强国战略布局中位于"基础的基础"这一重要地位。从这一强国逻辑出发,中国式教师队伍现代化导源于"中国梦""强国梦",是助力中国国运昌盛、支撑文明中国建设的教师队伍现代化。正是如此,习近平指出:"建设社会主义现代化强国,对教师队伍建设提出新的更高要求,也对全党全社会尊师重教提出新的更高要求。"④ 一句话,明确的目标指向、特殊的时代背景、独特的言说语境决定了中国式教师队伍现代化的具体蕴涵,为中国人福祉而生、为富强中国而存是中国式教师队伍现代化的情境性定义。为此,坚持中国共产党的领导,秉持国富民强

---

① 江泽民.实施科教兴国战略[M]//江泽民文选:第一卷.北京:人民出版社,2006:428.
② 新华社.习近平出席全国教育大会并发表重要讲话[EB/OL].(2018-09-10)[2023-12-25].https://www.gov.cn/xinwen/2018-09/10/content_5320835.htm.
③ 胡锦涛.在全国优秀教师代表座谈会上的讲话[M].北京:人民出版社,2007:4.
④ 同②.

的战略定位，牢记"国家富强、民族复兴、人民幸福"的使命，是中国式教师队伍现代化建设的定海神针与恒定航道。

（二）服务中国教改的教师队伍素质现代化

教师队伍现代化是教师素质、教师供给、教师管理现代化的三位一体，是持续提升教师队伍的改革适应力、专业竞争力、创新发展力的动态过程，紧贴中国教育事业发展需要来提升教师队伍的专业素养，是中国式教师队伍现代化的生根之源。教师队伍是教育事业的生力军，是教育改革的突击队，是教育创新的发起人，持续提升教师队伍素质是中国式教师队伍现代化的鲜明特征。1985年，中共中央做出了《关于教育体制改革的决定》，要求培养适应九年制义务教育推行的大批合格教师；2001年，国务院印发《关于基础教育改革与发展的决定》，顺应教育改革形势提出建设一支"高素质教师队伍"的要求；2010年，《国家中长期教育改革和发展规划纲要（2010－2020年）》颁布，着力造就一支师德高尚、业务精湛、结构合理、充满活力的"高素质专业化教师队伍"；2018年中共中央、国务院颁布《关于全面深化新时代教师队伍建设改革的意见》，致力于造就一支党和人民满意的"高素质专业化创新型教师队伍"……在一次次教育大变革节点上，教师队伍建设都发挥着前站、先驱、扛鼎作用。

与之同时，国家对中小学教师队伍素质的要求持续攀升，对教师队伍的要求与建设重点与时俱变，大致呈现出由"重量重质"到"提质优质"再到"重品位重创新"的演进轨迹，教师队伍建设层次持续攀升。究其根源，是人民群众对教育工作、教育服务的专业品质要求不断提高，深入推进面向素质教育、优质教育、高质量教育的教师队伍现代化进程是大势所趋。正是如此，习近平指出："努力培养造就一大批一流教师，不断提高教师队伍整体素质，是当前和今后一段时间我国教育事业发展的紧迫任务。"[①] 进入新时代，我国基础教育发展面临的最大矛盾是人民日益增长的

---

① 习近平.做党和人民满意的好老师：同北京师范大学师生代表座谈时的讲话[M].北京：人民出版社，2014：13.

优质教育需求与发展不均衡、不充分的教育事业间的矛盾，全力提升教师的综合素质、专业素养、创新能力成为解决这一教育矛盾的根本手段，中国式教师队伍现代化呼之欲出。因之，中国式教师队伍现代化与中国特色社会主义教育事业比肩同行，与中国教育改革的语境、轨迹、节奏相依相生，"中国式"的独特蕴涵就在于：这一教师队伍现代化形态是与独特具体的中国教育改革路线高度契合、无缝对接的，是严格按照中国教育改革自身特点量身定制的一种教师队伍现代化样态。

（三）响应中国国情的教师队伍供给现代化

中国式教师队伍现代化的第三重内涵是：在供给方式上，教师队伍建设立足中国国情、响应中国需要、面向中国问题，走多条腿走路、多元化培养、多模态培训的教师补充提升之路，针对性攻克持续困扰中国教师队伍品质提升的农村短板、西部短板、素质短板、结构短板，解决中国教育改革发展中面临的优秀教师供给源头培养问题，创造了一条与中国教育国情高度吻合的教师队伍现代化样式。在教师教育一体化发展背景下，我国教师队伍供给有两条基本渠道：一条是职前培养的新生教师有形供给渠道，一条是职后培训的教师能量无形供给渠道，二者融为一体，共同构成了我国教师队伍供给的两条基本渠道。党的二十大报告指出，"中国式现代化是人口规模巨大的现代化"，与之相应，中国教育现代化首先要解决好"穷国办大教育"这一突出问题，这就决定了中国式教师队伍现代化肩负的艰巨使命是：建立一支师德高尚、规模适当、结构合理、技艺精湛的教师队伍，全力应对我国教育体量世界最大、城乡教育发展不够均衡、优质教育资源供给能力有限的现实问题。换个角度看，当前我国教师队伍建设面临的一系列现实问题——教师结构性、阶段性、区域性短缺等问题是中小学教师队伍建设现代化发展中要全力攻克的硬核问题。譬如当前，习近平强调"加强中西部欠发达地区教师定向培养和精准培训"[1]，国家针对

---

[1] 新华社. 习近平看望参加政协会议的医药卫生界教育界委员[EB/OL]. (2021-03-06) [2023-12-26]. http://news.youth.cn/sz/202103/t20210306_12748052.htm.

性地出台优师计划、教师教育协同提质计划,便是中国式教师队伍现代化的典型体现。我国教师队伍现代化不单单是要解决中国教师队伍短期内存在的质与量的问题,更要立足中国教育实际、面向中国教育问题、考虑中国教育生态,精准定位教师队伍与教育改革不相适应的环节,据此确定教师队伍建设重点,优化教师队伍供给渠道,建立教师队伍动态更新机制,找到一条与中国教育改革相适配的教师队伍建设之路。

在中国式教育现代化推进中,教师队伍现代化首当其冲,以其独有的能动性、爆发力决定着中国特色社会主义教育事业的成败与未来,一定程度上掌控着中国教育现代化的命脉。无疑,对教师队伍整体素质提升而言,教师供给侧的调适意义非凡,成为中国式教师队伍现代化的枢纽链环:一方面,教师供给侧改革可以借助预备教师蓄水池建设,来确保中小学教师队伍有稳定、充盈、持续的补充来源,国家建立教师资格证制度,推进教师教育体系开放、扩容、升级正是此意;另一方面,国家大力推进"适应我国教育发展需要的、开放灵活的教师教育体系"[①]建设,借助教师教育供给侧调整,催生需求导向的教师教育体系形成,利用供需端市场化匹配机制带动教师职前培养、职后培训体系的优化改进。从这一角度看,中国式教师队伍现代化是围绕中国基础教育人才需求动态变化这一轴心线,逐步建立起开放、灵活、多元的教师供给体系、教师培养体系、教师培训体系化的过程。在改革开放时期、新时期、新时代三个时期,我国分别需要的是合格教师、专业化教师与高素质创新型教师,分别决定了不同时期我国教师队伍供给的重点,中国式教师队伍现代化正是在逐步满足国家教师素质提升要求中"闯"出来的一条现代化轨道。

(四)植根中国文化的教师队伍治理现代化

治理现代化是中国现代化的"第五化",教师队伍治理现代化是中国式教师队伍现代化的内蕴之义。中国式教师队伍现代化是在扎根中国大地、吸收中国文化营养基础上萌生出来的一种现代化形态,在中华优秀传

---

① 江泽民.不断推进教育创新[M]//江泽民文选:第三卷.北京:人民出版社,2006:501.

统文化的滋养下推进教师队伍治理体系现代化与教师队伍治理能力现代化，是中国教师队伍充满活力的根源所在。换言之，中国教师队伍现代化是在"重和合、重包容、重民意、重德治"的中国传统文化土壤中生长出来的一套独特教师治理理念、治理思维、治理文化、治理体系，其具体体现有三个：在治理范式上，强调中西部、城乡学校教师之间均衡优质发展，强调在系统、生态、全面的发展理念指引下推进教师队伍建设，促进不同教师群落的共建、共生、共享，均衡、和合、协调思维是主导中国式教师队伍现代化建设的基本治理思维；在治理目标上，强调民意民心、民众需求，服务于办人民满意教育，把教师队伍的补充、提质、优化作为响应民众教育要求的有力手段；在治理主体上，强调教师本位、基层本位，借助党、群、团、组、会等基层教师组织建设，"建设依法办学、自主管理、民主监督、社会参与的现代学校制度"[①] 等来增强教师的专业自主权、发展权、话语权，在"政府支持、多元共参、教师为本"理念指引下完善教师队伍治理体系，逐步将现代性因素、现代化指标植入教师队伍建设中去，致力构建一套与中国文化体系同构同源的现代化治理制度，建成具有中国特色、文化底色的现代化教师队伍治理体系。

在教师队伍治理能力建设上，中国式教师队伍治理能力现代化同样具有明显的文化印记。民本文化、民生文化、民意文化作为中华优秀传统文化一直主宰着我国教师队伍治理的全程，成为提升我国教师队伍治理能力的柔性构成与灵魂依托。可以说，中国式教师队伍治理能力现代化的核心蕴涵就是：善用形形色色的文化赋权，包括领导文化、主人翁文化、民本文化等向最基层、最一线教师赋权，夯实他们的治理权能，最终达到深层治理、精准治理的教师治理现代化目标。一句话，中国式教师队伍治理凭依的不单纯是一整套行政管理制度，更依靠的是民主民本文化建设、基层管理组织建设与教师职业地位提升，后者才是我国教师队伍治理能力的生发之源。在民主文化建设上，重视尊师重道文化，要求"高级领导干部更

---

① 胡锦涛.在全国教育工作会议上的讲话[M].北京:人民出版社,2010:16.

应该起带头作用"①，培育教师主人翁意识，协调教育工作中官民关系、领导关系；在基层教师治理组织建设上，重视党组织领导下的校长负责制建设、重视教代会组织建设，最底层治理主体被充分赋权；在教师职业地位提升上，党和国家反复强调提升教师的政治地位、社会地位与职业地位，教师作为教师队伍治理主体的地位得以落实。进入新时代，国家更加强调"把抓好学校党建工作作为办学治校的基本功"②，强调用中国优秀师范文化、师道文化引领教师队伍建设，全方位激发教师队伍底层治理力量，具有明显的"文化治理为重"的中国治理特色。

二、中国式教师队伍现代化的基本特征

中国式教师队伍现代化是中国特色教育现代化形态的重要体现，是中国教师队伍在建设战略、素质要求、供给方式、治理体系等方面的中国化表达。深而究之，中国基础教育改革始终坚持的三大立场是人本立场、人民立场、国家立场，其在教师队伍现代化进程中的直接体现是坚持教师为本、培养优秀人民教师、造就大国良师，这些教育立场直接参与着中国式教师队伍现代化的内涵生成。

可以说，中国式教师队伍现代化中"中国式"的最具体内容是：服务于中国教育强国梦想的实现，植根于中国本土教育的场景，生长在中国教育改革的大地上，中国教师队伍建设与中国教育事业发展之间形成了互哺互养、水乳交融、循环推动的关系。与之相应，中国式教师队伍现代化有其特质蕴涵，这就是："教师为本"的队伍战略现代化、"师德第一"的队伍素质现代化、"师范主体"的队伍供给现代化与"政府主参"的队伍治理现代化。

（一）"教师为本"的教师队伍战略现代化

教师队伍建设是强国之基、兴国之要。振兴教育事业是实现现代化的

---

① 江泽民.振兴民族的希望在教育[M]//江泽民文选：第一卷.北京：人民出版社，2006：371.
② 新华社.习近平出席全国教育大会并发表重要讲话[EB/OL].(2018-09-10)[2023-12-25].https://www.gov.cn/xinwen/2018-09/10/content_5320835.htm.

根本支撑，造就一支教育家型教师队伍是我国构筑教育现代化大厦的擎天之柱，正如习近平所指出的，"要从战略高度来认识教师工作的极端重要性，把加强教师队伍建设作为基础工作来抓"[1]。党的十八大以来，以良师造就加速教育改革、助力国家强盛，是党和国家经济社会发展战略的重要支点，"百年大计，教育为本，教育大计、教师为本"已成为应对百年未有之大变局，走向国富民强、民族复兴的基本国策，成为我国实现后来居上、弯道超车的战略思维。党的十九大报告指出，"必须要把教育事业放在优先位置，加快教育现代化，办好人民满意的教育"；党的二十大报告也强调，"要坚持教育优先发展、科技自立自强、人才引领驱动，加快建设教育强国、科技强国、人才强国"。无疑，教育优先发展的前提是优先发展教师，是释放教师作为人才资源所特有的"整合资源、创新价值、创造（精神）财富"[2]的增值功能。

在中国特色社会主义建设中，要充分发挥教师队伍建设反哺、反推经济社会事业的强大能动作用，我国就必须视教师为教育改革发展的第一资源、第一动能、第一要素，否则，科教兴国、教育强国的发展战略永远无法落地到最底层教育实践中去。也正是如此，习近平2013年向全国广大教师致慰问信时明确提出，"教师是立教之本、兴教之源""各级党委和政府要把加强教师队伍建设作为教育事业发展最重要的基础工作来抓""全社会要大力弘扬尊师重教的良好风尚"。[3] 2018年9月，习近平总书记在全国教育大会上提出了教育界人人皆知的"九个坚持"，其中"坚持把教师队伍建设作为基础工作"是"九个坚持"的落脚点、立基点。从这一角度看，中国式教师队伍现代化的首要特征是：坚持"教师第一""教师为本"的教育现代化立场，从国家发展大计、教育事业全局角度确定教师队伍建设的重要地位，将之作为实现国家创新发展、超常规发展战略，实现

---

[1] 习近平.做党和人民满意的好老师：同北京师范大学师生代表座谈时的讲话[M].北京：人民出版社，2014：13.
[2] 杨洪飞.人才战略在国家发展中的作用研究[J].改革与开放，2012(18)：136.
[3] 习近平.致全国广大教师的慰问信[N].人民日报，2013-09-10(1).

教育事业高质量发展的坚实基点。

基于上述认知，中共中央、国务院颁布的《关于全面深化新时代教师队伍建设改革的意见》中指出，教师"是教育发展的第一资源，是国家富强、民族振兴、人民幸福的重要基石"，"教师为本"是中国式教师队伍现代化的显著特征。这一特征具有其内在合理性：其一，社会现代化的前提是人的现代化，教育现代化的前提是教师现代化，教师队伍现代化是中国社会现代化的源头动因，是驱动中国社会现代化、教育现代化的终端力量之一；其二，教师现代化只有领先于教育现代化、社会现代化，才可能充分发挥其先导性、能动性优势，推动中国社会走出一条超常规、超前型的国家现代化道路。所以，超前投资师范教育、教师培训事业，优先提升教师教育事业的品质质量，是中国式教师队伍现代化的比较性优势所在。

（二）"师德第一"的教师队伍素质现代化

教师队伍现代化的内核是教师队伍素质现代化，走"教师素质强教之路"是中国式教育现代化的又一关键内容，是教师队伍供给现代化、教师队伍治理现代化的根本目的。教师素质是师德、师知、师能构成的素质综合体，选择从哪一要素切入教师队伍现代化进程，会演绎出不同的教师队伍素质现代化样态。从这一角度看，中国式教师队伍素质现代化的鲜明特征是强调"师德第一标准"，强调在师德素质统领下全面、协调地提升教师队伍的其他素质元素，呈现出典型的师德首位性、师德关注性特征。中国特色社会主义进入新时代后，以习近平同志为核心的党中央尤其重视师德培养工作，将之视为教师队伍现代化的焦点，牢牢抓住教师素质发展的航向。2014年教师节期间，习近平总书记向全国教师发出了做"四有"好教师的号召，其中三条就是师德内容，即教师要有理想信念、道德情操和仁爱之心；2018年全国教育大会上，习近平总书记再次强调：教师要有"热爱教育的定力、淡泊名利的坚守"，要创造条件"让广大教师安心从教、热心从教"。在《中国教育现代化2035》等一系列教师队伍建设纲领文件中，我国都将师德师魂教育列为头条，从师德失范"一票否决"到师德师风作为教师素质评价"第一标准"，师德师风建设成为高素质教师队伍建设的首要任务。党的二十大报告再次申明："加强师德师风建设，培养高素质教师队伍，弘扬尊师重教社会风尚。"良好师德是教师立德树人的根本教材，是中国教师的为师标配与立教之本。作为人民教师，就理应以德为先、以德立身、以德立学、以德施教、以德育德，做好学生的"四个引路人"，就理应坚持教书和育人、言传和身教、潜心问道和关注社会、学术自由和学术规范的"四个相统一"。[①] 可见，先做"人师"再做"经师"，"人师"重于"经师"、师德素养重于教育才艺，是中国式教师队伍现代化的鲜明特色。

显然，坚持"师德第一"的教师队伍建设标准是由中国特色社会主义教育事业的本质要求所决定的。教育事业的初心是立德树人，中国教育改革的宗旨是为人民服务，中国特色社会主义教育事业的根本要求是用社会主义核心价值观铸魂育人，造就社会主义事业的建设者与接班人。中国教育事业的社会主义属性客观上要求人民教师必须具备政治过硬、人品过硬、师德过硬的首要素质，否则，他们就不可能成为学生社会主义思想政治信念、核心价值观与高尚人格人品成长的示范者、指导者与领航者。学者研究指出，教师素质的"现代化"包括精神结构现代化和能力结构现代化两个重要方面，其中"精神结构的现代化具有引领和先导作用，能力结构的现代化是基础和支撑"[②]，强调"师德第一"的中国式教师队伍现代化路径体现了教师队伍现代化的客观规律。更进一步看，教师要完成"为党育人、为国育才"的教育使命，就必须自身首先树立先进的社会主义觉悟、高尚的师德境界、崇高的教育信念，否则，一切其他教师素质不仅难以被激活、被统整，而且还会增加教师误导学生人生、阻滞学生身心发展的风险。

（三）"师范主体"的教师队伍供给现代化

现代化教师培养培训体系是中国式教师队伍现代化的必然构成，是造

---

① 刘建军.论师德师风建设的"四个统一"[J].中国高校社会科学,2017(2):11-19.
② 张伟,李帆.现代化卓越教师队伍建设的目标、任务与评价[J].中国高等教育,2019(21):48-50.

就中国现代化所需要的大批高素质、专业化、创新型教师的必经之途,其中师范院校主要承担的是前端新生教师供给任务,师训机构承担的是后续发展能量供给任务。师范教育是现代化教师队伍的供给源头,教师培训是现代化教师队伍的炼钢炉膛,建立"以国家教师教育基地为引领、师范院校为主体、高水平综合大学参与、教师发展机构为纽带、优质中小学为实践基地的开放、协同、联动的现代教师教育体系"[1],承载着中国中小学教师队伍现代化的重任与期待,成为中国式教师队伍现代化的特有蕴涵。在社会主义教育事业发展征程中,为了实现这一现代化目标,我国是沿着两条教师教育改革路线来铺就教师队伍现代化高速公路的。

一方面,持续加力师范教育体系改革,打造专业性、开放化、高水平、有特色师范教育体系,是中国特有、西方少有的教师队伍现代化图景。早在1977年,邓小平就指出,"不办好师范教育,教师就没有来源"[2]。在这一理念指引下,我国逐步确立了"师范主体"的教师队伍供给体系。1985年,中共中央在《关于教育体制改革的决定》中明确提出,"把发展师范教育和培训在职教师作为发展教育事业的战略措施";2018年中共中央、国务院在《关于全面深化新时代教师队伍建设改革的意见》中提出了"建立以师范院校为主体、高水平非师范院校参与的中国特色师范教育体系"的蓝图;2019年印发的《中国教育现代化2035》中明确了"健全以师范院校为主体、高水平非师范院校参与、优质中小学(幼儿园)为实践基地的开放、协同、联动的中国特色教师教育体系"的师范教育发展图景。在持续政策力量推动下,师范教育作为我国教师教育底盘的搭建工作逐步完成,一系列师范教育改革行动次第出台:实施公费师范生教育方案、卓越教师培养项目,出台优师计划、强师计划、师范教育协同提质计划,大力"吸引和鼓励优秀人才从事教育工作",制定《教师教育课程

---

[1] 教师教育振兴行动计划(2018—2022年)[EB/OL].(2018-03-23)[2023-12-27]. http://www.moe.gov.cn/srcsite/A10/s7034/201803/t20180323_331063.html.
[2] 邓小平.教育战线的拨乱反正问题[M]//邓小平文选:第二卷.北京:人民出版社,1994:69.

标准》《师范生教师职业能力标准》等,为推动我国职前教师培养现代化发挥了历史性作用,有力确保了教师前端供给、源头供给的质量。

另一方面,依托师范院校提升教师培训质量,联通师范教育与职后培训机构,为卓越教师终身成长打造立交桥。进入新世纪,以国家级培训为龙头,我国建立了完善的"三级三类"中小学教师培训体系;升级教育学院为师范院校,发挥师范院校下设师训机构的功能,推进教师培训服务供给侧改革,加大县区教师发展中心建设,建立乡村教师成长发展支持服务体系,形成了开放化、网络化、协同化的中国式教师培训格局;改革开放以来,逐步实现了教师培训主题由"合格证培训""定期轮训""自主选学"的阶段性迭代,创造了世界中小学教师培训制度的典范。

可见,中国式教师队伍供给现代化的历史特征是:以高水平师范教育打造为牵引,以公费师范生教育与国培计划为抓手,以教师教育综合化、专业化、开放化为手段,着力构建职前职后有机衔接、教师专业发展梯级完善、教师教育标准体系支持有力的中小学教师队伍供给链、成长链。

(四)"政府主参"的教师队伍治理现代化

由国家一元走向多元共治、由行政管理走向共建共治、由层级治理走向底层赋权,是新中国成立以来我国教师队伍治理现代化走过的基本轨迹,尤其是当前,建立"国家主参、基层主治、教师主位"的"三主"教师队伍治理体系,是我国中小学教师队伍治理现代化的关键与主题。所谓教育治理,就是在民主治理制度与科学治理框架内,所有教育主体协同发力、响应社会要求、共迎教育问题、创生治理形态、提升教育治理效能效率,追求最大最优治理合力,实现教育事业"善治"目标的过程。与之相应,作为基础教育治理的枢纽链环,教师队伍治理绝非一味强调教育分权、教育自治、权力重心下移,而是在宏观教师队伍治理体系框架下尽可能发挥基层教师管理组织及最广大一线教师的能动性、创造性、自主性的过程,任何过于强调国家治理体系搭建责任、基层教师治理主体功能的队伍治理思维都属于"过度治理"的表现。在我国教师队伍建设中,努力搭建国家机构、基层组织、教师主体三者间有机关联的现代化教师队伍治理体系，是中国式教师队伍治理现代化的又一重要特征。

改革开放以来，我国一直行进在教师队伍治理现代化进程中：从邓小平鼓励教师要"敢教善教""把基础教育管理权交给地方"，到江泽民强调"各级党政领导要为教师多办实事，切实保障教师的合法权益，努力改善教师的待遇"、胡锦涛强调"充分信任、紧密依靠广大教师，进一步激发和保护他们投身教育改革创新、推动教育事业发展的积极性、主动性、创造性"，再到习近平强调"充分信任、紧紧依靠广大教师，支持优秀人才长期从教、终身从教"，广大教师在教育治理体系中的话语权、专业权与主体地位得到了逐步夯实。在此基础上，《中国教育现代化2035》明确提出"推进教育治理体系和治理能力现代化"的教育改革目标，为教师队伍治理体系、治理能力现代化指明了方向。再从基层治理组织建设来看，我国一直强调"提高学校自主管理能力，完善学校治理结构"，完善党组织领导下的校长负责制，将广大教师作为学校治理主体地位确定了下来，确保教师享有较为充分的专业自主权、学校治理参与权。

在当前，我国加快制度标准体系建设进程，先后出台《中小学教师专业标准》，完善教师资格制度，优化"县管校聘"制度，确立教师作为"国家公职人员"的身份等，这一系列举措为持续优化中小学教师队伍治理体系，促使各种治理力量间良性互动、有效合成、互生共强创造了良好的外部环境。总而观之，我国教师队伍治理日渐形成了以"国家推动、学校主动、教师能动"为特征的独特治理结构，教师队伍治理能力提升是通过国家自觉推动、社会力量参与、学校组织更新、教师专业权利强化通力实现的，其最终目标是确保教师队伍规模、质量、结构、效益的协调发展。应该说，尽管这一教师队伍治理现代化模式还没有完全成熟，但毋庸置疑的是，这正是中国式教师队伍治理现代化的一大特色与独特内容。

三、中国式教师队伍现代化的未来走向

中国式教师队伍现代化是共性现代化理念与中国教师队伍建设实际充分对接的产物，是中国特色教师队伍建设经验的结晶，是我国教师队伍现

代化实践走向成熟的标志,是中国教师教育改革者独立自主解决教师队伍现代化问题的实践创造。在后续教师队伍现代化建设实践中,进一步强化、充实"中国式"的内涵,尤其是在中国创造与现代化理念的双向交融中厘清"中国式"的理念蕴涵、丰富"中国式"的实践内容,是中国式教师队伍现代化永葆青春、永不褪色的迫切要求。

(一)强师强国战略的融通

中国式教师队伍现代化直指强师目标的达成,服务于教育强国战略的实现,将强师与强国深度对接、内向融通是我国中小学教师队伍现代化的建设方向。应该说,"教师为本""强师兴教"的战略定位,不仅出自党和国家领导人高瞻远瞩的政治远见,更出自他们对教育功能、教师作用的深刻认知,这一战略为中国式教师队伍现代化实现提供了坚实后盾与目标导航。深而究之,教师的"强国"潜能释放并非自然展开的过程,从"强师"走向"强国"要借助三个中介变量来自觉实现:一是结构契合度变量,即教师队伍结构与教育学科结构相适应,例如,教师的所学学科结构、师范专业结构与当前教师队伍需求结构间保持基本一致;二是素质匹配度变量,即教师队伍素质构成与任职学校办学要求间的一致水平,如农村学校教师的现实能力构成与具体任职岗位能力需求间相适应;三是建设重点吻合度,即教师队伍建设重点选定与国家教育建设重点是否高度吻合,如当代教育改革重点是提升公民综合素质与新生代创新精神,它要求教师队伍建设重点也应该调整到教师育人能力与创新教育能力培养上,使二者之间基本吻合。

从这一角度看,我国后续"教师为本"的教师队伍现代化建设战略还必须进一步具体化、精准化,尤其是要细化"教师为本"战略的时代内涵,明晰"教师为本"战略的实现路径,主动面向强国目标调适现代化建设重点,寻求教育强国与教师队伍建设间的最佳对接点与融通通道,让教师队伍建设的"中国式"蕴涵进一步丰盈充实,使之在教育强国、人才强国、科技强国中找到最为得力的一个着手点、发力点与切入点。

（二）素质优先国策的夯实

中国式教师队伍现代化的优势之一是强调教师专业素质，尤其是师德政治素质在教师队伍建设、教育力提升中的重要地位，将教师思想素质、政治素质、精神素质提升视为教师队伍现代化的枢纽链环，促成"为学、为事、为人"[①]相统一的"大先生"培养。换言之，在教师队伍现代化中首重教师专业素养，在教师专业素养现代化中首重思政师德素养，是中国式教师队伍现代化秉持的独特立场。就当前来看，我国已经把教师素质现代化建设提高到一个史无前例的水平，但该问题并没有得到满意的解决，如何将素质优先、师德首位的建设思想落到实处，真正建成一支高素质、专业化、创新型教师队伍，我国还需要在理念落地、实践转化、制度下沉上再下功夫。这就需要我国进一步激发"教师专业自觉"的内生发展力量。从某种意义上看，教师队伍现代化的最底层含义是教师自我发展意识的唤醒、自省自强精神的塑造，是其"个体教育意识的全面觉醒"[②]。

从这一角度出发，我国教师素质现代化政策的实现还需要进一步强化教师在教育教学工作中的主体意识、主体责任、主体能力，完善教师自我专业发展机制，营造一种有利于教师专业自我成长的文化氛围，真正将教育政策制度的催动力转变成为教师自我发展的内驱力、内生力，促使教师队伍素质现代化路径实现由"外部驱策"向"自我要求""自我建构"的根本转变。可以预见，未来中国式教师队伍素质现代化将深入到教师专业自我觉醒、精准到教师主体意识唤醒、细化到教师队伍建设末梢环节，将那些长期制约中国教师队伍现代化进程的瓶颈因素，如传统教师文化束缚、教育开创精神薄弱、功利主义教育价值观等逐一破解。只有达到这一境界，我国中小学教师才能步入专业自主、充分发展的新时代，中国式教师队伍现代化的固有潜能才会得到进一步释放。

[①] 习近平.给全国高校黄大年式教师团队代表的回信[M]//习近平书信选集：第一卷.北京：中央文献出版社，2022：353.

[②] 蹇世琼，蔡其勇，赵庆来，等.教育治理现代化语境下乡村教师队伍建设的内生性发展研究[J].中国教育科学，2021，4(3)：51-58.

（三）多元供给路径的优化

供给侧改革是教师队伍现代化的关键链环，通过教师队伍供给源头调整与持续专业服务来确保教师队伍品质持续提升，是教师队伍现代化的一般实现方式。就我国而言，以师范院校普通师范生为主体、以公费师范生培养为牵引、以非师范生资格考试渠道为补充的复杂职前教师供给结构初步定型，以国培计划、分级培训、自主学习为主体的职后教师专业发展格局基本成熟，师范院校为统领的一体化教师队伍供给体制已成定局，中国式教师队伍现代化的形貌日益清晰。在这种形势下，中国教师队伍现代化面临的新问题将是：如何对各种教师队伍供给路径进行系统优化、内力凝聚？该问题包括以下一些具体问题：如何按照优秀教师成长规律来优化教师职前培养、职后发展、名师成长的全过程？如何构筑师范院校统领、各类教师发展服务机构有机整合的"大师范教育"体系？如何打通师范生招生选拔、教师入职选聘、名师培养对象遴选等教师成长环节，为卓越教师成长开辟一条绿色成长通道，克服各种考试因素、社会因素对卓越教师成长带来的可能干扰？等等。

可以想象，在未来一个时期，中国式教师队伍供给现代化面临的历史性任务，是科学解决教师供给体系的系统性效能提升问题，是沿着优秀教师成长主线、大教师教育体系建设主题来整体优化教师供给体系，让"中国式"教师队伍现代化的潜在优势进一步显现。为此，我国将坚持"人民教师"的培养宗旨，充分利用好各种政策杠杆，如吸引优秀人才从教政策、夯实振兴师范教育国策、推进师范专业认证制度、落实自主导向培训政策、完善教师资格证制度改革等，着力搭建优秀教师成长阶梯、成长环境，有力克服现有教师供给制度的碎片性与不连续性缺陷。

（四）多元治理合力的聚汇

就目前而言，我国教师队伍治理现代化尚处于起步阶段，"政府主参、学校主事、教师主位"的教师队伍治理框架尽管已经形成，但教师队伍治理能力提升还需要一个漫长过程。客观地看，这一治理框架优势明显：国家支持力度大、基层赋权容易实施、治理体系搭建有力等，但面临的现实困境是：教师专业自主权、学校治理能力、基层政府治理意识的培育相对较难，底层治理力量难以激活，容易陷入"过分倚重过去的成功经验或方法"的政府治理"能力陷阱"[1]，尤其是受传统官僚管理文化、应试效率至上思维惯性的影响，要想短期内完成教师队伍治理现代化重任实属不易。因之，要促使中国式教师队伍治理现代化进一步走向成熟，我国教师教育管理者亟须在教师队伍治理动力激发、教师行业吸引力增强、教师专业发展内驱力调动、教师队伍建设问题的回应能力提升等方面持续施力，以确保各种治理内力在教师队伍建设这一环节上有效汇聚与叠加。诚如学者所言，"理想的教师队伍治理是如何将能够促进治理的各方力量引入其中，从而有效聚合起推力、压力与引力等治理合力"[2]。

在未来中国式教师队伍现代化建设中，我国迫切需要推进三项工作：一是培养教师参与专业决策的主动意识，即在国家教师队伍建设政策制度预研、地方教师选聘管理政策酝酿审议、学校教师业绩评价方案制定等方面，广大教师要善于利用民主权利，表达专业见解，放弃坐等观望的消极治理心态，让教师队伍治理沿着科学、先进、健康的方向前进；二是教师专业协会组织的培育，教师专业协会是教师行业组织权利的集成者与代言人，教师专业组织与教师管理行政组织间的对话协商机制是实现教师队伍治理现代化的有力依托，是表达教师行业主流民意、培育积极治理心态的最佳平台，引导教师参与教师专业协会是激发一线教师治理动能、形成治理"群体能动"[3]的有效渠道；三是完善政府部门响应教师专业需求的工作机制，即在激发教师表达专业诉求的同时，及时通过规范化程序、专门性机构来回应教师需求，必要时将合理民间诉求上升为教师队伍管理制度。借助上述改革，我国在教师队伍建设中才能及时聚合三个治理力源

---

[1] 陈良雨.教育治理现代化视阈下政府能力陷阱研究[J].教育发展研究,2015,35(12):11-15.

[2] 杨晓奇.从"制度优势"到"治理效能"：教师队伍的国家主义"善治"及其现代化提升[J].国家教育行政学院学报,2020(11):42-49.

[3] 同[2].

——教师自我治理力、教师行业自治力、政府机构他治力，构建网络化治理力系，为教师队伍治理现代化提供最大最优的治理合力。

第三节 中国式教育现代化背景下的乡村教师队伍建设

乡村是中国社会的母体，乡村教育是中国教育的基座，乡村教师队伍建设事关中国教育事业高质量发展目标的实现。受西方所谓"普适教育现代化"框架影响，尤其是西方城市化、资本化、市场化发展逻辑滋扰，我国乡村教师队伍建设陷入"人才匮乏陷阱""极化发展困境"，不利于基础教育事业优质均衡发展；在中国式教育现代化布局中，民本化、生态化、系统化思维成为破解乡村教师队伍建设"死结"的一枚利器，乡村教师队伍建设面临立场转变、理念质变、范式转型的新机遇。

借力中国式教育现代化的智慧与优势，着力造就一支"师德高尚、数量充足、结构优化、发展充分、待遇合理和职业归属感强"[1]的乡村教师队伍，为实现"高公平与高质量相互融通、交互建构"[2]的中国基础教育改革目标，正是本节着力思考的焦点话题。

一、当前我国乡村教师队伍建设面临的三重"焦虑"

回顾新中国乡村教师发展史，有三个阶段着实令人瞩目：在改革开放前夕，具有乡民身份的民办教师挑起了最基层乡村教育的大梁，乡村教师队伍始终保持着植根乡土的稳定性；改革开放初期，"一头沉"式乡村教师大量出现，扛起了最底层乡村教育的大旗；在当代，城市化进程加速，

---

[1] 刘善槐.新时代乡村教师队伍建设的多维目标与改革方向[J].教育发展研究,2018,38(20):3.

[2] 李政涛.中国教育公平的新阶段:公平与质量的互释互构[J].中国教育学刊,2020(10):47-52.

教育城镇化触发"教师进城"现象激增,乡村教师队伍建设面临城市化的围剿,"乡村一师难求"问题日益尖锐。2022年末我国常住人口城镇化率已经达到65.22%,乡村教师队伍建设正面临"三个难以逆转"的现实挑战,这就是:社会城镇化难以逆转、城市教育强势难以逆转、教师进城主流倾向难以逆转。众人皆知,在社会发展进程中,处于配套、依附地位的基础教育事业要想逆转社会主流谈何容易,历史上的乡村建设派最终宣告失败便是一例铁证。

在当前形势下,如何借助"一揽子政策"干预催生出一批乡村教师逆行者,的确是乡村教师队伍建设的真正焦虑所在,也是考验政府部门教育治理智慧的一道难题。这三重"焦虑"就是:乡村教师供给上重"扩源"还是重"流动",培养层次上要"拔高"还是要"守底",教师流动上走"主流"驱动还是"支流"辅助线路?

(一) 供给主渠道焦虑:源头供给抑或在岗流动

学者指出,当前我国乡村教师队伍正面临两种压力:一是"流失",即进城调动、离教改行;二是"失衡",即乡村教师流失多于补充,部分学校长期处于"有编难补"状态。[①] 为此,乡村教师的供给渠道问题凸显,成为破解乡村教师队伍补充难题的首要考虑:一方面,近年来国家持续创新教师补充渠道,如出台特岗教师计划、银铃计划、优师计划、大学生支教计划,吸引优秀大学生下乡村从教等,成为源头上增补乡村教师新生力量的重要途径;另一方面,国家不断开辟在岗教师流动、帮援、支教计划,在岗流动成为乡村教师供给的又一重要渠道。

由此,哪种渠道孰优孰劣、为主为辅的问题被提出:一方面,源头培养的乡村教师具有"先入为主"、信念预置、可塑性强等优势,但受乡村教师地位塌陷、"回乡即失败"的不良价值观、城市化师范专业办学状况等问题影响,青年大学生回乡执教面临多重困难,极易在任教一段时间后选择

---

① 张松祥.本土化:我国乡村教师队伍培养的必由之路[J].中国教育学刊,2016(12):62-68.

"调离乡村";另一方面,在岗教师具有专业成熟、思想稳定、专业带动力强等优势,但教师流动难以克服的是"流身不流心"的缺陷,"候鸟型"教师对乡村学校的实质性发展贡献不大。实践表明:乡村最需要的不仅是"下得去"的老师,更需要的是"留得住""教得好"的优秀教师,无论是源头供给还是在岗流动政策,都难以彻底解决乡村教师队伍建设面临的根本问题——专业优异、乡村特需、心灵归乡的特适型乡村好教师缺乏问题。

因之,如何从心灵归属、职业认同、情感皈依上解决乡村教师发展问题,成为乡村教师队伍建设破局的关键问题,相对而言,供给主渠道选择并非关涉乡村教师队伍建设的主要问题,供给方式、流程、环节的精细化设计可能才是核心问题。

(二) 培养层级定位焦虑:高端为主还是底端为主

从实质意义上看,目前各类定向师范生培养,包括国家及地方公费师范生教育、优师计划定向师范生教育等,成为缓解乡村教师队伍饥荒的主力军,部属师范大学、地方师范院校共同参与了这一乡村教师补给工程。在具体实施中,我国一直在为优秀培养层级定位问题焦虑:乡村教师培养是以高水平部属师范大学高端培养、离乡培养为主,还是以地方二本师范院校底端培养、在地培养为主?从这一角度看,我国优秀乡村教师职前培养层次好似经历了一个层次逐渐下移的过程:从部属师范大学师范生免费教育到地方院校开招免费师范生,从部属师范大学公费教育到部属、省属师范院校联手培养优师计划师范生,高端培养与底端培养、离乡培养与在地培养并驾齐驱、日渐汇流,最终走向协同提质、联合共育乡村优秀教师的发展阶段。显然,两种教师培养层次各有优势:高端培养、省城培养有助于改善师范生生源质量,实现优秀乡村教师源头供给目标,提高乡村教师的专业资本与社会声誉;而底端培养、乡土培养更有利于一批理解乡村教育、认同乡村教师文化、激发自然乡村情感、守护乡村文化事业的情境性好教师培养。但换个角度看,部属高校师范生公费教育最有利于优秀教师造就,但乡村"留得住"成为普遍难题,而地方高校公费教育最有利于乡土教师特质培养,但容易降低乡村教师的社会地位。

学者指出，"现代性危机的根源是由于现代性与传统的分离"[①]，而乡村教师危机正是现代性危机的表征与体现，为此，设法将传统性、乡土性教育要素回嵌到现代教育系统中去，保持"本土性与现代性的张力"[②]，可能是乡村教师队伍建设难题的破解之道。实践证明：在优秀乡村教师培养中，留身、安心、扎根乡村是前提问题，事业、情感、专业成长则是根本问题，如何将二者有机统一起来，必然是选择最佳师范生培养层级的理念参照点。可以预见，在职前培养中更加重视"乡村文化友好型教师"目标定位，更加重视乡土文化关联性、乡土文化回应力、乡村文化融入性这些关键乡村教师素养，将成为我国乡村教师培养线路——高端线路抑或底端线路优选的决策依据，进而乡村教师培养整体格局必将日益走向成熟。

（三）教师流动线路焦虑：局部流动抑或系统重建

无疑，师范院校定向培养师范生可以解决当前乡村教师队伍缺编的刚性问题、源头问题、临时问题，但解决不了乡村教师整体吸引力较弱的根本问题，它更像乡村教师队伍建设中的"一块补丁"，绝非乡村教师队伍建设的长远之策。与之相伴，城乡教师流动更可能成为乡村教师补充的常规渠道、主要渠道，如何克服当前城乡教师流动中的"表层流动""临时流动""假意流动""功利流动"等症结，实现城乡教师间的双向、全面、全身心流动，理应是破解乡村教师队伍问题的根本应对之策。这就是当前我国乡村教师队伍建设中面临的第三重焦虑——局部流动抑或系统重建问题。就当前而言，城乡教师流动具有三个显著特点，即基于津贴职称利益的权宜性流动、小范围短周期的局部性流动、支援帮扶心态的扶贫性流动，直接导致国家的乡村教师流动政策期待难以实现，有序流动、深度融通的城乡教师队伍对流生态培育艰难。

学者认为，"职业归属感的强弱并不完全取决于综合待遇的高低，也

---

① ZHENG H S. On modernity's changes to "tradition": a sociological perspective[J]. History and theory, 2012(4):105-113.

② 王艳玲,陈向明.回归乡土:我国乡村教师队伍建设的路径选择[J].教育发展研究,2019,39(20):29-36.

在于社会对乡村教师劳动价值和教育贡献的认可"[1]。从根本意义上看，决定城区教师是否愿意流向乡村的关键变量有三个，即经济待遇、社会地位与事业发展。而在城镇化社会变迁潮流中，乡村学校、乡村教师的社会文化资本迅速流失，乡村学校赋予教师的事业发展空间狭窄，仅仅借力特惠经济待遇政策支撑的城乡教师再平衡政策无疑具有根本性缺陷。为此，国家当前被迫选择了"拔根性流动""系统性流动"政策，即在中小学教师公职人员角色定位基础上推进城乡教师定期全员流动，有力应对表层流动、临时流动、功利流动的弊端，具有一定的科学性与合理性，但其缺陷性依然存在，即中小学教师失去了稳定的心灵家园与学校归属感，不利于教师长远的专业发展目标的实现。从这一角度看，重振乡村教师的乡土性、专业性、公共性角色，用乡村学校文化复兴、乡村教育文化重建、城乡教师文化融通来支援乡村教师事业发展，可能才是乡村教师队伍建设中的"系统性考虑"之所在。

基于上述分析，我们认为，乡村教师队伍建设必须遵循的三条基本规律是：乡村教师能动律，即在逆城镇化流动中发挥优秀乡村教师的能动性力量，使之成为城乡教育、文化、社会再平衡中的先导性、自觉性力量；乡土文化为本律，即在应对城市优越心态、城市文化围剿中重振乡村文化的主体性精神，让乡村教师新加盟者自觉领受、融入、体认乡土文化，形成乡土文化与师范文化共育优秀乡土教师的格局；教师特质发展律，即充分重视乡村教师专业特质的构成、生成与发展规律，自觉克服城市教师、城市教育对乡村教师、乡村教育的隐性矮化心态、文化屏蔽现象，在乡村教师特质发掘、滋养、强化中走出一条最具中国特色、乡村特色的乡村教师队伍建设之路。在中国式教育现代化深入推进的大背景下，如何在遵循上述规律基础上借力、借势、借道教育现代化智慧来提振乡村教师队伍的发展力，正是乡村教师队伍研究者思考问题的最佳点位。

---

[1] 刘善槐.新时代乡村教师队伍建设的多维目标与改革方向[J].教育发展研究,2018,38(20):3.

二、中国式教育现代化的三重优势

应该说，当代我国乡村教师队伍建设面临的上述三重"焦虑"的直接后果，就是优秀乡村教师"招不来""下不去""教不好"的现实困境，从某种意义上看，中国式教育现代化为突破这些困境提供了"中国智慧"。走中国式教育现代化之路、激发教育改革洪荒之力、实现人民教育强国梦想，是当代中国教育改革的魂魄所在，是提振中国基础教育事业、助力乡村教师队伍建设的理念之基。党的二十大报告指出："中国式现代化的本质要求是：坚持中国共产党领导，坚持中国特色社会主义，实现高质量发展，发展全过程人民民主，丰富人民精神世界，实现全体人民共同富裕，促进人与自然和谐共生，推动构建人类命运共同体，创造人类文明新形态。"[①] 与之相应，中国式教育现代化是中国教育事业在中国共产党领导下，为满足人民公平享有优质教育要求、推动教育事业高质量发展、实现教育治理体系现代化而展开的一场教育开放化、民主化、全纳化、数字化变革过程，其三个突出特点是：人民主体性，即强调人民同时作为教育现代化的价值主体与实践主体，积极倡导人本民本精神、首创精神；政党自觉性，即强调在政党领导下聚合一切教育现代化能量，实现正向教育变革和力量的最大化；文化和合性，即强调教育共同体文化建设，扼制个体主义文化滥觞，努力创造人类教育文明新形态。从这一角度看，相对西方式教育现代化形态而言，中国教育现代化有鲜明的三重优势，即大力倡导人民逻辑、聚合思维与共同体文化，为揭开我国乡村教师队伍建设问题"死结"开辟了一条康庄大道。

（一）从"资本逻辑"走向"人民逻辑"：重塑优秀教师流动的政策逻辑

所谓逻辑，就是社会事物发展中秉持的内在秩序规则，是决定事物内

[①] 习近平.高举中国特色社会主义伟大旗帜 为全面建设社会主义现代化国家而团结奋斗：在中国共产党第二十次全国代表大会上的报告[M].北京：人民出版社，2022：23-24.

在"生长序列""基因排位"的根本性力量。相对西方式教育现代化而言，中国式教育现代化在发展秩序上遵循的是"人民逻辑"而非"资本逻辑"，因为"西方现代化内嵌于资本的生成、增殖与主宰逻辑之中"[①]，资本逻辑掌控着西方式教育现代化的生命旅程，资本驱动成为西方教育现代化的驱动引擎，"以人民为中心还是以资本为中心，这是中国特色社会主义制度和国家治理与西方资本主义国家的根本区别"[②]。相反，中国式教育现代化选择的是一种"不同的现代化走法"，即"始终牢牢把握社会主义方向，始终坚持中国共产党领导，始终驾驭资本逻辑"[③]。

中国共产党代表的人民教育利益、民本教育主张、民生教育逻辑成为中国式教育现代化的首要优势。就乡村教师队伍建设而言，能否真正把最优秀的教师配置到乡村学校最需要的岗位上来，必然是多重"教师人性假设"交联交合的产物。譬如，乡村教师作为"经济人""政治人""文化人""专业人""事业人"的人性假设遍布形形色色的乡村教师队伍建设观念、决策与举措之中，映射在"经济人"假设中的资本驱动逻辑也被用于城乡教师流动、优质生源招募之中，乡村教师补贴、公费师范生"两免一补"优待等政策，一定程度上带动了优秀教师"向乡村"的逆向流动，但这一政策显然是乏力的、有缺陷的，如何在"人民逻辑"下重构乡村优秀教师的补给政策体系就显得尤为必要。

学者指出，教育政策是"对价值观进行权威性配置"[④]，提升教育政策的深度、调整政策幕后逻辑才是城乡教师队伍合理有效流动的首要考虑。简言之，在中国式教育现代化背景下，"人民逻辑"在乡村教师队伍建设中的内在要求体现在三个方面：一是站在全国人民、城乡人民统筹发展立场上来谋篇布局乡村教师队伍建设规划，切实将乡村教师问题列入国家经

[①] 赵义良.中国式现代化与中国道路的现代性特征[J].中国社会科学，2023(3):47-59.

[②] 欧阳康.中国式现代化视域中的国家制度和国家治理现代化[J].中国社会科学，2023(4):48-62.

[③] 同①.

[④] 鲍尔.政治与教育政策制定：政策社会学探索[M].王玉秋，孙益，译.上海：华东师范大学出版社，2003:18.

济社会文化发展全局中来考虑，切实保障乡村民众、农村儿童与城市儿童公平享有同等接受优质教育资源的权利，提升乡村人民、乡村儿童的幸福感、获得感、公平感，不遗余力地解决好乡村教师队伍吸引力较弱的短板问题。二是站在城乡教师队伍协调发展立场上思考乡村教师队伍建设问题，通过借力教师队伍短板攻克、底部提质工程来提升全国中小学教师队伍专业化水准，不让乡村教育、乡村儿童、乡村教师输在起跑线上。三是站在多种教师人性假设基础上系统思考乡村教师队伍治理问题，不仅仅关注教师作为"经济人"的劳动报酬需要、教师作为"政治人"的社会地位需要，更加关注教师作为"文化人"的文化资本需要、教师作为"事业人"的专业发展需要、教师作为"公众人"的公共责任担当需要等，据此深度调整城乡教师流动政策与公费师范生培养思路，充分发挥人民立场、乡村情怀、教育信念在城乡教师良性循环建设中的能动作用。

党的二十大报告指出，"人民性是马克思主义的本质属性，党的理论是来自人民、为了人民、造福人民的理论"，我国乡村教师队伍建设需要的正是这样一种新理论的创造与指引。进言之，只有在"人民性"原则指引下，我国乡村教师队伍建设才可能真正在实践中落实党的二十大报告提出的"战略思维、历史思维、辩证思维、系统思维、创新思维、法治思维、底线思维"，落实"以人民为中心发展教育"的教师队伍建设宗旨，从根子上解决好乡村教师队伍建设面临的顽疾。[1]

（二）从"博弈思维"走向"聚合思维"：全面发力乡村教师特质培育

在西方式教育现代化中，资本博弈、阶层角力、走向平衡是走向教育现代化的一般思维，不同阶层间教育利益配置与平衡态寻求是借助党派竞选、议员投票、工会斗争来实现的，教育利益结构状况成为资本拥有状况的映射。相对而言，中国式教育现代化是在中国共产党领导下，借助人民

---

[1] 习近平.高举中国特色社会主义伟大旗帜 为全面建设社会主义现代化国家而团结奋斗：在中国共产党第二十次全国代表大会上的报告[M].北京：人民出版社，2022：19，21，34.

民主参与、人民教育诉求表达、聚合人民群众教育智慧、寻求教育最大同心圆来实现的，具有典型的聚合性特征。诚如学者所言，"西方社会的现代性特征是资本驱动的结果"，而"中国式现代化则是以人民为中心的现代化，着力促进全体人民共同富裕，从而产生了强大的社会聚合效应"。[①] 从这一角度看，西方式教育现代化是教育资本博弈思维主导的，而中国式教育现代化是人民教育力量聚合思维主导的，坚持党的领导、民主集中，"集中力量办大事"是中国式现代化的特有优势。正是如此，学者指出，中国式教育现代化的另一个重要特征是："强调教育的社会性、公平性和公共性，全面统筹公共教育资源，缩小区域发展差距，使教育发展成果更多、更公平地惠及全体人民，以教育公平促进社会公平正义。"[②]

在当前乡村教师队伍建设中，教育资本博弈思维无形渗透，成为乡村教师队伍建设难以走出"西方现代化陷阱"的例证。进言之，这一博弈的两个关节点正是师范生就业选配与城区教师流动驱动力激发。在师范生选择乡村从教的就业环节上，公费师范生是在教师劳动力市场上被征召入队的，"师范生就业看的是自身的人力资本和社会资本，而几乎不考虑文化背景与岗位特征的匹配"[③]，教育奉献精神、事业情怀激发、国家民族情怀、乡村教育关怀意识、公职人员使命等难以构成师范生乡村从教的核心动因；在城区教师向乡村流动中，参与流动教师的选定几乎是幕后资格资本博弈思维作用的结果，教师年龄资历、社会文化资本等成为重要决定性要素，完全出于事业发展、国家昌盛、人民幸福、乡村振兴、为国分忧的考虑难以构成教师参与下乡流动的主因。显然，正是这些资本资历博弈思维的幕后裹挟，才导致了乡村教师"流身不流心"、流失风险加大、漂浮在乡村文化表层的职业生存状态。从这一角度看，换用聚合思维来根治乡

[①] 赵义良.中国式现代化与中国道路的现代性特征[J].中国社会科学,2023(3):47-59.
[②] 石连海,李护君.中国式教育现代化的价值意蕴、现实阻隔及路径优化[J].教育学报,2023,19(2):57-69.
[③] 王艳玲,陈向明.回归乡土:我国乡村教师队伍建设的路径选择[J].教育发展研究,2019,39(20):29-36.

村教师队伍建设顽疾尤为重要，这就需要在后续乡村教师队伍建设中更加强调党的教育领导地位，强调全国中小学教师的国家意识、民族精神、公共责任，尤其要在特适型、情境性乡土教师培养中聚合一切有利的教师培养要素，借助自下而上的民意、人才、资源聚合机制，来构建出最为宏大的乡村教师专业发展支持系统。

乡村教师是具有自身专业特质、特定素质构成、独有成长规律的教师类型，其与专业化时代所强调的普适型教师类型相差迥然，这一根本教师类型差异彰显、特质聚合是乡村教师队伍建设问题破局的又一重要入手点。从专业属性上看，乡村教师的关键属性是乡土专业性，即扎根乡土文化、深谙乡土知识、敏于文化回应、回归乡村世界的教师职业属性，这一专业属性需要教师在长期沉潜乡村教育世界之中才可能获致生长。从素质构成上看，其核心构成是乡土文化的理解力、领悟力与回应力，是利用乡土文化来重构国家课程、建立教学模式、开展育人工作的意识、品质与能力。从成长规律上看，与乡土文化共生、与乡村教育共强、与乡民生活共进是其独特发展规律，在创造乡土教育、体验乡土风情、改进乡土文化中走向成长，是乡村教师独有的专业发展轨道。

从这一意义上看，"乡土性"与"专业性"是乡村教师素养的两大核心构成，帮助教师构筑一条"乡土性"与"专业性"交互滋养的专业发展之路，是克服乡村教师流心、流失的切入点，是聚合一切乡村教师发展力的总基站。因之，在聚合式现代化理念指引下开展乡村教师队伍建设工作，深掘乡村文化世界中承载的教师教育元素，将之与乡村教师领受的普通教师教育有机耦合，催生出一种最适合乡村教育文化生态的教师生存方式，是将每一个加入乡村教师队伍的新成员有效同化进乡村文化世界之中，使其坚定长期在乡村从教理想信念的职业精神定心丸。

（三）从"个体本位"走向"共同体本位"：彻底解决乡村教师心灵归属问题

中国式现代化的现实目标是实现全民"共同富裕"，是实现大同社会、小康社会，真正解决的是人民日益增长的美好生活需要和不平衡不充分的发展之间的时代问题，因此，它走的是一条命运共同体本位的现代化道路。如果说中国式现代化的历史意义在于创造了一种"文明新形态"，那么，这一"文明形态"的实质是立足人民大众、社会共同体、人类命运共同体，"建构一种超越资本现代性的文明形态"。① 所以，中国特色社会主义现代化之路的显著特征之一正是"突出强调人的'社会归属感'，更加注重构建'社会的凝聚力'"②。从这一角度看，中国式教育现代化强调的不是"个体本位"，不是某一个教育参与者、教育组织或教育阶层的现代化目标实现，而是"共同体本位"，是人民共同教育福祉的实现、中国教育强国目标的达成、中华民族教育事业的复兴。

诚如习近平总书记在全国教育大会上所指出的，我国教育工作的目标是"凝聚人心、完善人格、开发人力、培育人才、造福人民"，是"加快推进教育现代化、建设教育强国、办好人民满意的教育"。③ 历史地看，"中国"的本意是"文化中国"，是在中华大地上发展起来的情感共同体、民族共同体、价值共同体、命运共同体。与之相应，中国式教育现代化的立足点正是这一社会共同体，服务于这一社会共同体的坚实与强大，在共同体本位理念指引下推进各族、各阶层、各区域教育事业共同发展进步，承载着全体中国人民的共同教育梦想。这正是全体中国人作为"教育利益共同体""教育文化共同体""教育命运共同体"的生动表达。

可见，中国式教育现代化的优势是立足中国人民教育共同体、中华民族教育命运共同体，更加关注全民族全社会的共同教育利益、教育梦想、教育福祉的实现，从而在根本上破解城乡教师质量不平衡问题、乡村学校对优秀教师吸引力差、城市教师难以深度融入乡村教育文化、城区教师"高人一等"的无名优越感等问题。在中国人民教育共同体理念指引下，

---

① 臧峰宇.马克思的现代性思想与中国式现代化的实践逻辑[J].中国社会科学,2022(7):39-55.

② 赵义良.中国式现代化与中国道路的现代性特征[J].中国社会科学,2023(3):47-59.

③ 新华社.习近平出席全国教育大会并发表重要讲话[EB/OL].(2018-09-10)[2023-12-25].https://www.gov.cn/xinwen/2018-09/10/content_5320835.htm.

每一个乡村儿童、每一名乡村教师、每一所乡村学校都是人民教育共同体、城乡教育命运共同体中不可或缺的构成要素，都是在与城区儿童、城区教师、城区学校共融共生发展中存在的，人民教育命运共同体的发展演进是在城乡教育事业异质共生、差异互摄、互联交融中实现的；乡村儿童、乡村教师、乡村学校、乡村教育是中国基础教育事业发展中不可或缺的一个生长极，它以其原生性、传统性、质朴性、平和性、自然性、本土性魅力吸引着城市人、城市教育，成为克服城市化教育缺陷的一枚神器，与乡村教师、乡村学校、乡村教育互鉴共生是提升中国教育整体品质的必由之路。

显然，乡村教师不仅是乡村教育的灵魂，是多样化、灵动化、乡土化乡村教育的创造者与传承者，更是中国人民教育命运共同体的生命力延绵者、发展力供给者、影响力生发者。在"协调""共享""绿色"的新发展观指引下，弘扬"天下为公""天下大同""多元一体"的中华民族共同体价值，将乡村教师、乡村学校、乡村教育纳入中国人民教育命运共同体发展进程中去思考，努力构筑城乡教师一体化、同步化、差异化发展的教师队伍建设格局，推动城乡教师在共融深融中实现共同体式发展，是中国式教育现代化的内在要求。

三、我国乡村教师队伍建设工作的破局之道

乡村是最养人的一方沃土，具有城市生活难以比拟的生存优势，是城市人漂流中随时可以退守的永恒基地；乡村是最"养教育"的一块宝地，人类教育与自然同在、与村落共生的许多生态特征都在乡村教育中得以继承；乡村是最"养教师"的一个世界，用乡土文化、乡土情怀滋养教师心智，找回早被遗忘的美好乡村教育记忆，在本真乡村教育创造中就可能重塑"真教师"的形象。在新时代，我国乡村教师队伍建设工作的破局之道是：从人民逻辑、聚合思维、共同体立场出发，借助中国式教育现代化智慧来应对优秀教师"下乡难""留住难""教好难"问题，让中国式教育

现代化倡导的人民教育精神、党的统领智慧、教育共同体组织成为破解乡村教师短板的终极武器。

（一）民本立场：根本上解决优秀教师"下不去"的问题

人民教师"为人民而生"，为了人民教育事业繁荣昌盛而存在发展，高扬"以民为本""为民奉公"的人民教育家精神，是有效破解"资本逻辑"对我国乡村教师队伍建设羁绊的一枚神器。在历史上，人民教师从来都是"公家人"，其姓"公"而非姓"私"，其代表"广大民众"而非"某一社会阶层"的教育利益。2018年，中共中央、国务院《关于全面深化新时代教师队伍建设改革的意见》指出，"确立公办中小学教师作为国家公职人员特殊的法律地位""公办中小学教师要切实履行作为国家公职人员的义务，强化国家责任、政治责任、社会责任和教育责任"，这是当代中国对"人民教师"内涵最具体、最权威的规定。因之，在"公家人""政治人""文化人""事业人"的教师人性假设指引下，凸显城乡教师的人民性、公仆性、国家性属性，是根本上解决优秀教师"下不去"、优秀生源"招不来"问题的根本途径。为此，我国理应从以下三个方面入手，创造性破解乡村教师的来源与供给问题。

一是强化社会对教师职业属性的认知。从职业属性上看，教师职业具有人民性、公共性、专业性，教师担负着为整个社会提供优质公共教育服务的职责，整个中国社会、所有中国国民都应该支持教师的专业发展与教育改革，依托公共财政、公共部门为每一位乡村教师提供全面、优质、精准的社会服务，尊重每一位乡村教师的劳动付出与奉献精神，赋予乡村教师应有的较高社会地位。这既是中国社会理应坚持的政治立场、理应倡导的社会风尚，更是中国社会文明进步的表现。习近平总书记指出："坚持以人民为中心的发展思想，着力保障和改善民生，着力解决人民急难愁盼问题，让中国式现代化建设成果更多更公平地惠及全体人民。"[1] 与之相

---

[1] 习近平. 中国式现代化是中国共产党领导的社会主义现代化[J]. 奋斗, 2023(11): 6-9.

应，中国式教育现代化追求的目标是让全民享有最优质的教育改革成果，乡村人民、乡村儿童同样是教育现代化的目标对象。所以，乡村教师肩负着中国式教育现代化全面推进的神圣职责，整个中国社会必须为乡村教师更好地扎根乡村、建功乡村、照亮乡村提供全方位的支持，为定向师范生履职与城区教师向乡村流动扫清现实路障。

二是强化优秀教师的公共责任教育。中国教师都是"人民教师"，"来自人民、服务人民、依靠人民"是中国教师的独特职业属性，中国社会对"人民教师"的职业期待是：投身人民教育事业，让教育事业成为改变人民命运、提升人民幸福指数、实现人民中国梦的重要手段。从这一角度看，中国教师从教立业的根本宗旨是服务人民，是按照中国民心、民情、民生的诉求来行动，努力办好人民满意教育事业，充分满足最广大人民对优质教育服务的迫切需求。不同于一般教师，城市优秀教师是中国教师群体中的精英与楷模，其对乡村教育的变革力、影响力、拉动力更大一些，更应树立"响应人民需求、关怀民心所向"的职业价值观，率先将社会赋予教师的公共使命、公共责任牢记在心。我们相信：一旦更多城区优秀教师在公共使命、公共责任驱动下先行下乡从教，自觉承担起助力乡村教育振兴的公共责任，城乡教师互补共生的教育新生态就会形成。

三是引导教师科学应对功利性与人民性的冲突。决定乡村定向师范生报考意向、城乡在岗教师职业流动意向的关键因素是功利性与人民性的冲突，深度介入这一冲突点位，为师范生与在岗教师投身乡村、坚守乡村、振兴乡村提供正向引导与政策干预，是从根本上解决乡村教师"下不去"问题的重要政策基点。一旦师范生与城区教师有了心系乡村人民福祉、心系乡村儿童发展、心系乡村振兴的事业情怀，有了人民利益高于一切、人民教育服务人民的崇高教育信念，教师立足城乡整体优质发展的"大我"精神就会形成，每一个教师都会将自己的事业与祖国人民的需要紧紧联系起来，种种阻碍教师下乡从教的功利性羁绊就可能被一一铲除。

（二）乡培为基：源头上解决优秀教师"留不住"的问题

中国式教育现代化是"聚合式现代化"，是在党的领导下汇聚一切有利于教育事业发展的正能量，聚合城乡优秀教师的教育发展能量，聚力乡村教师特质专业素养培养，统筹解决乡村优秀教师留不住的问题。在过去，在教育资本逻辑与乡村教师城市化培养思维引控下，"城镇化背景下的'去农村教育'论调"[①]甚嚣尘上，乡村教师特质被抹杀，乡村教师聚魂建设滞后，乡土培育教师的阵地（如中师）被取缔，乡土教师教育资源作为"老土资源"被忽视，其结果，乡村教师、乡村教育、乡土课程走上了祛魅、衰落的退变之路，我国乡村教师队伍现代化建设陷入了城市化、同质化误区，渐渐失去了自信、自立、自主的发展意识。因之，聚力乡村教师特质培育、支持乡村教师"在地培养"的地位、参与乡村教育增长极建设，是我国有力解决乡村特质教师培养不出来、乡土留不住问题的科学思路。在这一背景下，在"乡土培养为基"理念指引下，强化城乡教师间质的差异，构建乡土性与专业性并重、"乡土性和现代性互相滋养、互惠共生"[②]的乡村教师培养体系，处理好乡村教师的"乡土扎根"问题，是应对西方式教育现代化理念对乡村教师队伍建设干扰的有效之策。

首先，城乡教育、城乡教师之间具有类型差异，城市化培养乡村教师的模式缺陷理应得到校正。当前优秀乡村教师培养基地——师范院校以省会及其以上城市为主，属于典型的城市化乡村教师培养方式，参照城市教师规格形象设定乡村教师培养目标，由此催生出一种追赶、膜拜城市教师的优秀乡村教师培养体系，其结果，乡村教师"专业自信日益下降，自身认同感不断弱化，自我提升的意愿逐渐消失"[③]。因之，走乡村教师本位的培养道路，聚力乡村教师的"乡土性""专业性"素养培养来做文章、想

---

① 张松祥.本土化：我国乡村教师队伍培养的必由之路[J].中国教育学刊,2016(12):62-68.
② 赵旭东.城乡中国[M].北京:清华大学出版社,2018:282.
③ 蔡其勇,郑鸿颖,李学容.新时代乡村教师队伍建设策略[J].中国教育学刊,2018(12):81-86.

办法,是造就与乡村生态系统相适配的优秀乡村教师的必由之路。一方面,必须承认城乡教育、城乡教师间的文化异质性,即城市文化与乡村文化间、生人文化与熟人文化间的基本差异,在此基础上探寻乡土为基的乡村教师培养之路,瞄准优秀乡村教师的专业特质——归属乡村世界、向往乡村生活、皈依乡村文化、乡村教师自信心饱满等,重构在地为主的乡村教师培养体系;另一方面,必须看到城乡教育、城乡教师之间共存共生、交互滋养的关系。相对城市教育而言,乡村教育更具母体性、自然性、整合性,乡村教师的素质期待一定意义上理应高于城市教师,乡村教师进城培养模式具有其缺陷性。因此,大力推进优师计划项目,在强化"在地培养""乡土培养"基础上推进城乡教师互动交流,才是真正提高乡村教师留职率、优秀率与文化适配性的科学路径。

其次,乡村优秀教师的文化特质是城市教师教育培养不出来的,具身沉浸乡土文化、接受文化润泽是必经之途。如上所言,乡村教师的特有素质构成有很多,如乡土文化的理解力、乡土智慧的体悟力、乡土情怀的感验力、乡土教育的创生力等等,其都根源于保罗·威利斯(Paul Willis)所言的"文化洞察"力,即"一套比社会局外人更为细致、痛切的了解与记忆"[1]能力。可以说,这一乡土素质才是乡村教师素养最内核、最底层的构成,在悬空于乡土文化的城市教师教育环境中是不可能被培养出来的。所以,在乡土为基、乡土培养理念主导下,全力推进乡村教师培养基地"下移"、培养活动"沉潜"、培养方式"扎根",是确保真正高素质乡村教师培养的科学思维。为了实现这一目标,我国要给乡村教师提供两方面系统支持,助力其顺利实现职业文化扎根过程:一是构建在地培养培训服务体系,促使教师深入乡村文化腹地、乡村教育心脏,改变其乡村认知,激发其乡村情怀;二是引导乡村教师研究乡村风情、乡村教育、乡村人民,据此重塑自己的教师形象,培育自己的乡土性专业素养,真正成长

---

[1] 王国明,郑新蓉.农村教师补充困境的政策与社会学考察[J].教师教育研究,2014,26(4):41-45.

为与乡村教育事业深度融合的"乡村人民教师"。

最后，乡土性与专业性具有互构性、融合性，乡村教师培养必须走乡土融入与专业提升的双驱并重之路，以此提升乡村教师的留职率与文化沉潜度。乡村教师不是"在乡村工作的城市教师"，也不是"低素质城市教师"，更不是"没有专业知识的乡村文化人"，而是具备一种独特专业属性——"情境专业性"的特质教师。从教师专业性来源上看，理应有两类：一是"普适专业性"，即从抽象、普通、一般性教育工作环境出发提出的对普适性教师素养构成的言论、判定与主张，始于20世纪50年代西方教师专业化思潮，其核心内容是追求教师行业普适的专门性标准；另一类是"情境专业性"，即强调从特定、具体、复杂教育工作场景出发去定义教师的专业性内涵，它强调教师的许多专业性行为是在"空间情境""故事情境"中形成的。[①] 因之，乡村教师的独特素养构成是"情境专业性""本土专业性"或"乡土专业性"，立足"乡土专业性"品质构筑专业教育与乡土教育、专业知识与乡土知识、专业素养与乡土素养相融通的乡村教师培养体系，对于乡村教师的文化生命力提升至关重要。

（三）系统重建：统力解决乡村教师"教不好"的问题

客观地看，教师在乡村"教不好"绝非因为其教育潜质缺乏、发展条件受限等，而是三大原因所致：一是下乡的城市教师心灵安顿问题没有解决，二是良性城乡教师互动格局尚未真正形成，三是城乡教师"一体同心"的意识还未形成。这就需要借力城乡教育、城乡教师命运共同体构建来消除城乡教育"两重天"、城乡教师"两世界"的隔阂隔离现状。党的二十大报告指出，"必须坚持系统观念"，"不断提高战略思维、历史思维、辩证思维、系统思维、创新思维、法治思维、底线思维能力，为前瞻性思考、全局性谋划、整体性推进党和国家各项事业提供科学思想方法。"[②] 从这一角度看，系统观念、系统思维、系统方法是推进中国式教育现代化必

---

① 孙二军."情境"中的教师及其专业发展[J]．教育学术月刊,2011(5):82－84.
② 习近平.高举中国特色社会主义伟大旗帜 为全面建设社会主义现代化国家而团结奋斗：在中国共产党第二十次全国代表大会上的报告[M]．北京：人民出版社,2022:20－21.

须坚持的方法思维,在城乡命运共同体理念支持下推进乡村教师队伍建设,共享共建城乡教师发展生态,是彻底解决乡村教师"教不好"问题的出路。如前所言,城市教师一旦在外力驱策下流入乡村,很容易失去原来的积极工作状态,无法将自己的事业心安放在乡村教育工作岗位上去,由此导致乡村学校成为城区教师的"小憩驿站""临时流动站","候鸟"心态、苟且思想泛滥。究其原因,就在于这批教师缺乏城乡教师命运共同体、价值共同体意识。

针对这一状况,在未来乡村教师队伍建设中,国家不仅要强化针对乡村教师专业发展的系统性支持,更重要的是,还要"建立健全城乡融合发展体制机制和政策体系"①,引导县域教师树立"城乡教师一家人"意识,深度融通城乡教育、共享教师人才,真正摈弃"重城轻乡""城市教师高人一等"的隐性价值偏见。也只有这样,我国才能促使所有在乡工作教师升华职业灵魂,真心实意地把心灵交给乡村教育事业,确保其入乡后发力乡村教育、成就自我事业追求。

要实现上述目标,我国宜采取以下三个举措:

第一,统筹配置城乡教师发展关键资源,破除城乡教师流动壁垒,引导乡村教师人才资源配置走向优质均衡。乡村教师"教不好"问题的根源之一,是乡村教师专业发展系统性资源稀薄、配置短板问题,具体体现为城区教师有优越的专业发展环境、教学名师导师云集、优质学校文化生态、成就名师机会较多等发展资源优势,其根本原因在于界限明晰的城乡学校、城乡教师、城乡教育的观念阻隔。因之,设法融通城乡优质教师发展资源,在城乡学校间实现这一资源间的系统配置、全面共享、共通共建,逐步缩小城乡教师间发展机会、发展资源、发展环境的"剪刀差",是推进中国式基础教育高质量发展、提升乡村教师专业发展力的现实出路。

第二,弘扬"城乡教师一家人"精神,推进城乡教师命运共同体建设,让乡村教师优先发展、优秀教师下乡建功立业、城乡教师共同发展成

---

① 参看中共中央、国务院《关于实施乡村振兴战略的意见》(2018年1月2日)。

为教育界的一种教育共识。城乡教师、学校、教育深度融通发展,要求从根本上消除城乡教育间的隔阂,建立同心、同向、同行的城乡教师命运共同体,培育"城乡教师一家人"精神文化,为消除城乡教师间的文化沟通壁垒、克服乡村教师面对城市教师的"文化自卑"情结做出实质性行动。无疑,在基础教育现代化建设中,城乡教师之间是互倚共生、荣辱与共、唇亡齿寒的关系,乡村教师也是中国式教育现代化命运的决定者,城乡教师共同发展才是整体提升乡村教师教育教学实力的坚实支撑。在同等情况下,优先支持乡村教师专业发展,鼓励其立足本土资源开展教育教学创新实践,使之异军突起、城乡协同,成为推动城乡教师队伍提质的一个新增长极,是建成高水平城乡教师发展共同体的着力点。

第三,搭建城乡教师互动的"第三空间",建立城乡教师文化间的互动带,努力消解二者间的对抗性、冲突性,推动城乡教育间的异质互动。城乡教师共同体建设不仅需心灵底部沟通、文化壁垒破解、发展资源互通,更需要"第三空间"建设的辅助。所谓"第三空间",就是"混杂性空间"(hybrid space)、文化间差别碰撞融汇地带,其特殊功能是:有利于构建一个融通现实与想象、结构与能动、精神与物质等二元对立结构的开放性互动区域,逐步消除单极化、矛盾性的思维实践倾向,实现各种差异间的良性对话。[①]就城乡教师队伍建设而言,从两类教师异质发展的角度看,城区教师具有重知识、离土性、同质性多等特点,而乡村教师则具有重情境、乡土性、差异性大等特点,借助交流培训、学术研讨、研课活动、资源共建等"第三空间"活动,推动两种教师文化间的差异共生、互动发展,对于有效消除城乡教师在价值观念、行动思维、理解方式等之间的交流壁垒,助力城乡教师命运共同体建设而言,其现实意义更强一些。

---

① 索杰.第三空间:去往洛杉矶和其他真实和想象地方的旅程[M].陆扬,刘佳林,朱志荣,等译.上海:上海教育出版社,2005:99-102.

第三章 教师素养建构

在新时代，我国教师肩负着立德树人重任、教育教学工作和社会时代重托，他们是在改革、创新与实践中持续前行的教育工作者。为此，提升教师专业素养，升级教师教育观念，增强教师教育教学能力，构建时代需要的教师素养结构，是新时代教师教育事业改革发展的重任所在。

第一节 ECK：教师专业知识的新构成

1986年，美国学者李·舒尔曼（Lee Shulman）提出"学科教学知识"（pedagogical content knowledge，PCK），从根本上打破了传统"老三门"教师知识结构论的垄断，面向教育实践的知识整合与建构成为教师知识研究的新主题。专业知识是教师工作之所以成为一门专业、专长的根本原因，动态关联、互促共生、有机整合的教师知识体系建构是教师专业成长的实质内容，推进复合性、生长型、任务中心型教师知识合成体是助推教师专业素养转型升级的有力行动。

近年来，随着学者对教学育人本质研究的深入，以"学科教学活动"为核心的PCK遭遇质疑，其根本缺陷，即过度强调教学作为知识授受的工具性日渐暴露。在立德树人视野下，阐明"课程思政""学科育人"的内在机理，据此重构教师专业的核心知识构成，就显得日益迫切。我们相信：引导教师突破"教学"（pedagogical）意义上的PCK局限，走向更为宽广的"育人"（educational）意义上的 ECK（educational content knowledge），即"学科育人知识"，随之成为启动新时代学科育人观变革的一把利器。本节将在借鉴 PCK 探究原理的基础上，系统阐明 ECK 的内涵及其培育策略问题。

一、PCK：教师专业知识的硬核及其缺陷

如果说教师专业的原初硬核是"老三门"——教育学、心理学、学科教学法等知识及其升级版——本体性知识、条件性知识、实践性知识与文化性知识，那么，舒尔曼赋予教师专业的新硬核是 PCK，其关键特征是：更为关注教学实践中真实运行、交互生成的教学相关知识复合体，而非不同教育知识类型在教学实践中的自然迁移与机械拼合。在舒尔曼提出的七种"教师知识基础"组成中有两类知识尤为瞩目，即 PCK 与教育目的价值知识，前者构成了七种知识的联结点，而后者则是相对独立的一种知识类型，不具备统摄教师知识全局的能力。科学评判 PCK 的历史贡献，分析其内在发展态势，推动教师知识论转型升级，是当代教师专业性持续提升的有力切入点。

（一）PCK 的历史贡献

从提出意图、构成理念、组织结构来看，PCK 的诞生无疑是学科教学史、教师知识史上的一次历史性突破，代表着教师知识研究新范型的到来。置于"教师知识基础"全图中来分析，舒尔曼提出的教师知识结构及其内在关联如图 3-1 所示。

此图表明：PCK 的提出源自解决学科内容知识的课堂表达方式探寻的需要，该表达要解决的关键问题是：如何促进学科知识的课程化、教学化、对象化（心理化）、情境化与育人化转变？这一转变的结果就是学科教学法知识的诞生，是教学情境、教育规律、教育目的向纯粹学科内容知识的加载与植入。所以，PCK 在探究中瞄准的关键问题是：如何解决学科内容知识的课堂呈现问题，毕竟教学活动是具体的，它面对的是具体问题、具体情境、具体对象、具体任务，这就决定了学科教学活动必须认真

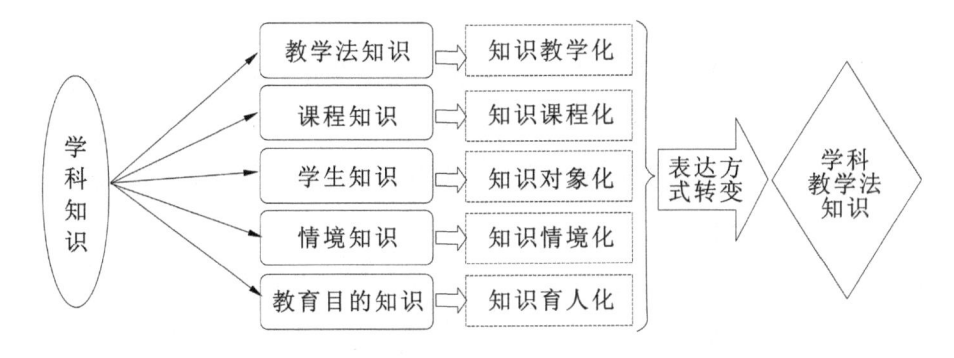

图 3-1　PCK 的提出意图与系统关联分析

应对抽象学科内容知识在课堂环境中的个性化适用与呈现问题。舒尔曼指出：PCK 是"教师个人教学经验、教师学科内容知识和教育学的特殊整合"[1]；格罗斯曼（Grossman）指出，PCK 的构成是"关于学科教学目的知识、学生对某一主题理解和误解的知识、课程和教材的知识、特定主题教学策略和呈现知识"[2]，其关注焦点是多样化教育知识的实践复合与具体问题表达。可见，PCK 提出的基本假设是：教学不是抽象学科知识的机械搬家，而是因应学情教情发生具体化的调适与形变，并在促成特适型教学活动方案诞生之后生效。从这一角度看，PCK 的提出引发了一次课堂教学观念的历史剧变，意味着一系列教师知识新模态的登场。

1. "应然知识观"向"实然知识观"的转向

传统教师知识结构关注的是抽象、静态、切割式的知识构成，是对教师"应该拥有"的知识总体的描述，而 PCK 强调具体知识类型在实践中的真实运行状况，即知识类型间的组合、关联、排序、共生，由此带动教师知识论走向调适论、整合论、建构论、创生论，故这一知识结构必须是动态生成的。所以，实然运行的教师知识一定是因应现实需要而即时构建出来的知识配方或临时创造，而应然预想的专业知识一旦遇到实践、实情

---

[1] SHULMAN L S. Those who understand：knowledge growth in teaching[J]. Educational researcher，1986(2)：4-14.

[2] GROSSMAN P L. The making of a teacher：teacher knowledge and teacher education[M]. New York：Teachers College Press，1990：7-9.

的挑战,就会瞬间"失灵",并被迫发生本土化的二次转生。学者强调,PCK"是把'内容'和'教学'揉和在一起,变成一种理解,使其具有'可教性'","综合与整合是 PCK 发展的本质特征"。① 借助这一转变,教师知识的征用者——教师实践者成为专业知识的主角、主体,情境化地创生成为教师工作者的必备能力,教师知识研究随之发生了"类型论"向"主体论""实践论"的深刻转变,教师具身运转的专业知识由此受宠。正如学者所言,"教师的学科教学知识既是在实践中建构的(in practice),又是关于实践的(on practice),还是指向实践的(for practice)"②。

2."知识迁移观"向"知识创生观"的转向

传统教师知识论关注的是教师知识类型构成与自然迁移问题,而 PCK 的关注点是教师知识具体适用问题,即所有教师知识如何在学科框架与课堂情境中发生"二度转变"与"二次创生",以此实现具体教师知识的生产。教师知识在工作实践中的应用绝非原形再现或机械对应,而是教师拥有知识与课堂情境间的一次"对话"与"互生"实践:"对话"涉及的是学科知识面向教材知识、课程知识间的相互调适,重在改变学科知识的表达形式;"互生"涉及的是学科知识面向情境知识、学生知识、育人知识的相互催生,重在生成融合新知识;知识类型间交互的结果正是教师在真实课堂情境中直接动用的具体教学策略知识、教学方式知识、教学创新知识。PCK 的提出完成了教师知识研究由"迁移论"向"创生论"、由"组成论"向"转变论"的飞跃。所以,有学者指出:PCK 更为关注"如何针对学生不同的兴趣与能力,把教师自己的学科知识予以组织、表达和调整"③,寻求教师知识最准确的学科表达、学生表达、情境表达是其要解决的关键问题。

---

① 刘捷.建构与整合:论教师专业化的知识基础[J].课程·教材·教法,2003,23(4):60-64.
② 杨彩霞.教师学科教学知识:本质、特征与结构[J].教育科学,2006,22(1):60-63.
③ 同①.

3."知识散点论"向"知识联合论"的转向

传统教师知识论认为,教师知识的存在状态是:由若干知识点、知识类型"散装"在教师大脑之中,一旦遇到应用场景,这些知识会被自然激活,并介入教师工作问题的解决过程之中,引发教师实践行为的预期转变。但在PCK视野中,教师知识类型必须面对具体教育工作问题来组合出击、适时转变、整体重构,更加关注的是教师知识类型间的组合、联合与整合,其目标状态是形成一个针对具体任务或问题的教师知识联合体,只有这样才能确保具体教育工作问题的针对性解决。PCK的提出突破了"知识散点论",走向了"知识联合论",标志着教师知识研究新阶段的到来。

（二）PCK的内在缺陷盘点

应该说,PCK的登台引发了教师知识研究范式的历史转型,个体知识、实践知识、"实际使用知识"成为教师知识研究的新视点、新热词,其历史贡献功不可没。进而思之,PCK内在缺陷显而易见,因为单单或过度关注教师PCK不一定带来我国教育教学改革的最终成功。

1.教学本位意识明显,育人中心意识淡化

无疑,PCK关注的焦点是学科内容知识的课程化、教学化、情境化呈现问题,有利于教学工作的科学推进与效能提升,但其对教学根本问题——育人问题有所忽视或弱化,进而颠倒了育人与教书间的本末关系问题,诱使一种中心错位的教学活动观流行,不利于教学工作守正务本、回归本心。赫尔巴特（Herbart）指出,"任何教学都应当是教育性的,而任何教育都需要把教学作为其主要手段,因为教学能使儿童建立正确的精神生活"[1]。与之相应,"教师不是学科知识的简单传递者,而是学科知识的重要激活者;不是学科技能的机械训练者,而是学科育人价值的开发者"[2]。所以,育人才是教学工作的终极目的与本心所系,学科育人是学科教学工作的根本目的,学

---

[1] 赫尔巴特.普通教育学[M].李其龙,译.北京:人民教育出版社,2015:172.
[2] 叶澜."新基础教育"内生力的深度解读[J].人民教育,2016(Z1):33-42.

科知识教学目标达成只是其主要目的或第二目的,将学科教学知识置于教师知识体系的心脏位置无疑是不合适的。

2. 对象化思维明显,学科本体意识弱化

PCK 的核心哲学思维是"对象化",即把学科内容知识转变成为一种对象化的表达——适合教育对象(心理化)、教育情境(情境化)、教育活动(课程化)的表达,但它忽略了一点——学科知识的存在前提是学科本性,即学科特有的概念、内容、思维、思想与文化,而非公共性的教育术语、德育语言。在这一意义上,教师的教学知识、教育知识、心理知识等必须转换成为学科化的表达,才可能真正融入学科语言与机体中去,真正成为一种潜入学科、融进心灵的学科育人形态。其实,对象化与本体化是 PCK 研究需要兼顾的两个视角,即学科知识教育化与教育知识学科化,二者互为双向过程,而 PCK 仅仅关注了前者而忽略了后者。所以,同步强调德育知识、育人知识的学科化转化同样重要,是将"育人"实质融入"教书"机体的科学思路。回归学科本体,强化学科存在,给育人的术语、活动、表达赋予学科化的表达,同样是 PCK 健康发展的一块基石。

基于上述分析,"育人"与"学科"是一切教师知识研究的两大支撑点,在教师知识体系中找到二者的最佳连接点是科学推进教师知识研究的原则性要求。就其二者关联来看,学科知识是育人工作的表象、载体,育人知识则是学科知识的实质、内核,将二者有机结合、表里统一,用之来统摄其他教师工作相关知识,并在教师工作实践中动态整合,是现代教师知识研究有待解决的关键问题。

二、ECK:育人本位视野下的教师专业知识内核重构

学科教学知识的灵魂理应是育人,回归育人本位、教学服务育人是教师知识结构内涵重建的根本立场。无疑,专业知识是教师能力的前身,是影响教师工作效能的关键变量,构建硬核坚实、关联有序、动态生成的教师知识体系是教师专业素养提升的奠基工程。我们认为,现代教师知识结构的内核应该是学科育人知识,即 ECK,是学科、育人及相

关知识内容互构而成的活性知识联合体。厘清 ECK 构成及其发展轨道，科学领航教师知识论发展，是现代教师知识结构研究推陈出新的选择。

(一) ECK 的内涵

在育人本位回归的大背景下，提出 ECK，凸显知识与价值混生一体的本然状态，重新定位教师知识的轴心，其时代意义、教育意义异常明显。所谓学科育人知识，就是用学科教学语言来表达育人要求，用学科教学活动来实施育人活动，用学科教学方式来彰显育人精神的教学实践知识，具体体现为学科教学中所采取的专门育人方法、育人策略、育人资源、育人精神，是科任教师的学科知识与其育人经验策略、德育课程知识、学生道德发展知识、学科育人情境知识等的有机整合与境遇化创造。从这一意义上看，ECK 的核心构成是：科任教师的学科育人意识、学科育人经验、学科育人智慧、学科育人思维、学科育人策略等。

ECK 存在的客观依据是知识与道德、事实与价值混生一体的客观事实。一方面，任何事物都是事实与可能、"是什么"与"应该如何"的统一体，每一点人类认识结晶体——知识也必然是事实与倾向的合体，尤其是在事实与主体利益相关联时，其内蕴的价值倾向会暴露出来，并日益明显。另一方面，人的任何价值倾向的形成都必须基于一定客观事实、知识基础，甚至可以说，既成的事实、知识部分或全部决定着人的价值倾向，给人的价值倾向以说服力与根据性。从这一角度出发，学科知识蕴含着做人的价值倾向，并潜在决定着学习者的价值倾向，尤其是有教师价值提示的教学环境中，这种价值倾向更容易转变成为学习者的价值倾向与做人品格。有学者指出，"学科是为了人的，为了发展人的，舍此，学科知识只是一堆知识而已，而无任何价值与意义"[1]，育人价值是将琐屑知识串联起来的连心锁。因此，ECK 是蕴含育人倾向的学科知识，是教学知识、课程知识存在的实然形态。

---

[1] 成尚荣.学科育人:教学改革的指南针和准绳[J].课程·教材·教法,2019,39(10):82-89.

在教育实践中，教师ECK的形成要经历两次合成与生产：一是学科知识与育人知识的合成，即激活学科知识的内在价值倾向，完成价值因素向学科知识的加载，其产物是一般学科育人知识的形成；二是一般学科育人知识与实践情境、具体学情间的结合，以找到针对性学科育人策略与育人方式，其产物是具体学科育人知识或学科育人实践知识的形成。在具体教学实践中，该过程可以细化为三个具体环节：

其一是学科知识中价值因素的"溢出"，即学生在理解知识、应用知识、评价知识中无形带入了人与社会的知识需求问题，知识中潜藏的价值因素、育人因素随之"溢出"、被激活，并日益明显；

其二是学科育人因素的捕捉与集成，即教师借助职业敏感性与领悟力迅速抓住了学科知识中"流泻"出来的价值因素、育人因素，并将之集成在某一教育环节或时空，使之成为学科育人资源；

其三是学科育人资源的表达，即将学科育人资源用合乎学生道德发展、学科身份、活动场景与教育教学规律的方式表达出来，并用之来影响学生，促成学科育人效果的显现。

(二) ECK的构成

学科不仅仅是一个画面式知识体系，更是一个立体的学科活动体系，它包括学科思想、学科思维、学科内容、学科方法、学科实践、学科评价、学科文化等具体构成要素，每一个要素都是育人知识资源的栖息地。学科育人知识是多样化学科要素与育人知识方法在交融互摄中形成的一个知识综合体或复杂知识体（图3-2）。

此图表明：学科育人知识是教师的学科知识与育人知识相融合的产物，是教师在育人知识指引下发掘学科要素——学科思想与思维、学科内容与文化、学科方法实践与评价等当中蕴藏的育人资源、育人要素、育人倾向，并将之课程化、教材化、学生化、情境化、策略化的产物。所以，学科育人知识的主要构成是学科育人课程知识、学科育人教材知识、学科育人对象（学生）知识、学科育人策略知识、学科育人情境知识等。学科育人知识的形成机制其实是"育人+学科要素"，即育人的意图、目的、

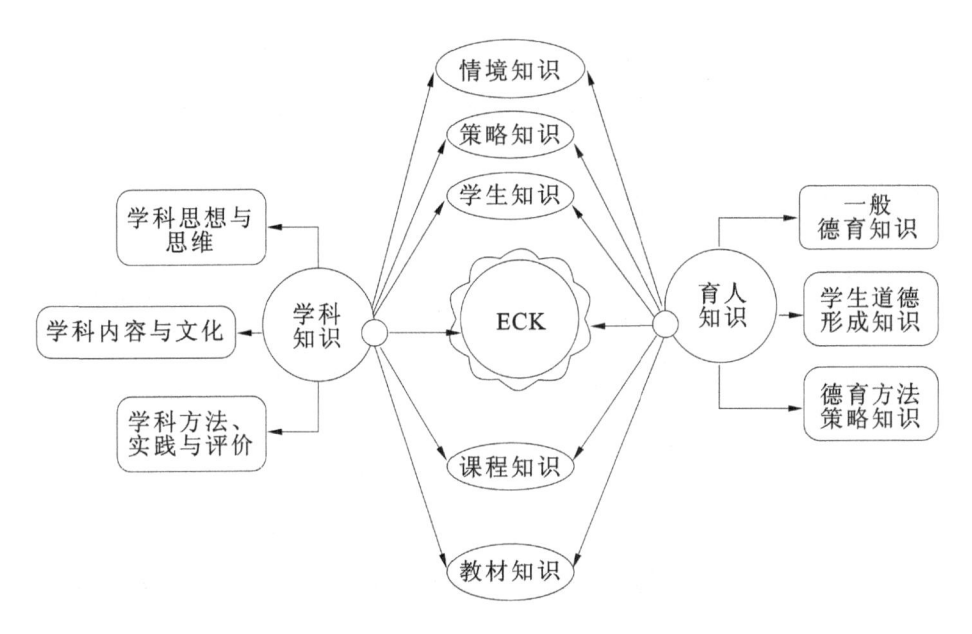

图 3-2 教师 ECK 的平面结构示意图

策略、方法等向学科知识与活动体系的内部植入过程,是育人活动与学科知识间深度链接、有机融合的过程。显然,如果二者融合顺利,育人知识会与学科知识结为一体,成为学科知识的有机构成,促使知识教学与育人事业间良性循环的迅速形成。

具体而言,在学科育人知识核心构件中,学科育人课程知识是指教师对学科内容中潜藏的育人课程资源及其开发利用方面的知识;学科育人教材知识是指将学科育人课程资源转化成为教师的教材与学生的学材的知识;学科育人对象知识是关于学习者的知识,主要是心理年龄特征知识,涉及学生的经验、认知、思维、情感、道德等方面的知识,是将学科育人课程心理化、生本化的知识条件;学科育人策略知识是指关于学科育人的方法、方式与对策的知识,是"育人价值观教学转化机制"[1],属于实践操作方面的程序性知识;学科育人情境知识是指有关学科育人活动发生的时代背景、社会环境与课堂情境的知识,是因地制宜开展学科育人活动的物

---

[1] 李政涛.深度开发与转化学科教学的"育人价值"[J].课程·教材·教法,2019,39(3):55-61.

质条件。从教师专业发展角度来看，学科育人知识的有无及其成熟度是教师专业性发展水平的标志，意味着教师在多种专业知识间的融汇与综合方面所达到的程度。

（三） ECK 的特征

作为一种源自 PCK 又高于 PCK 的复合型教师知识形态，ECK 具有其特殊性，代表着教师专业的一种独特、复合式知识构成，成为成熟教师、卓越教师重点修炼历练的一种知识类型。ECK 的独特性集中体现在三个方面：学科性、整合性与生长性。

1. 学科性

学科育人知识（ECK）首先应归属于某一具体学科，是学科知识的一种特殊类型、特殊构成或特殊形态，因为在学科育人知识中，学科知识是唯一实体，育人知识是虚体存在，是弥散在学科活动及其场景中的育人倾向、价值观念，是渗透在学科知识中的育人要素，这就决定了学科育人知识必须以学科目标、学科思想、学科课程、学科活动、学科文化等学科形态体现出来。换言之，褪去特定学科的外形，徒留一般化的道德教育、价值观教育的实体形态，这种活动不再属于学科育人活动，不再是学科德育、课程德育，而是专门化的德育学科、德育课程，不应属于学科育人的研究范畴。有学者指出："不同的学科是不同的符号体系"，给予学生不同类型的工具性知识，也是"不同的文化意义空间"，提供学生"丰富而复杂的间接经验""不同的路径和独特的视角""特有的运算符号和逻辑"以及"唯有在这个学科的学习中才可能获得的经历和体验"。[①] 因此，学科领域、学科空间、学科疆界具有一定的不可逾越性，它为学科育人活动划定了活动空间、表达形式与呈现样式，以学科化的形式呈现育人意图与目的，正是学科育人的独特形态。再进一步看，每一门学科都是一个独特的学科育人舞台，"只有触摸到学科思想这个'本'，才能领悟到学科内容之

---

① 张永. 刍议"学科育人价值"[J]. 上海教育科研, 2005(1):14.

'魂',才能找到学科教学育人之'心'"。① 推而广之,多学科育人是多学科间异彩纷呈、协力育人的画面,而非同质、同步、同频的统一化育人实践。

2. 整合性

ECK是有关学科育人活动的多样化知识构成的混生体、有机体,即知识体,而非知识混合体、独联体或知识群落,其根本原因在于各种知识构成之间具有整合性,即知识彼此间达到了相互进入、互生共长、"你中有我"的水平。当然,知识间融合生长不同于生物间的混合生长,如互生、寄生、共生等现象,而是在具体教师工作中紧密配合与内部协同,以确保教师工作任务优质高效地完成。在学科育人知识体中,学科知识、育人知识的内部连接点或生长节点是教师的工作任务、实践难题与专业生命。

首先是教师工作任务。知识应用服务于教育工作任务的完成。特定教学工作任务所需要的学科育人知识构成是不一样的,征用相关教育知识类型,形成相应的知识配方,并历经课程化、教材化、对象化、情境化、策略化等五重转变后,形成对工作任务完成具有特适性的学科育人知识体,力促教育工作目标的精准高效达成。这就是任务取向下ECK的整合与建构过程。

其次是教育实践难题。教育实践难题是教育工作中遇到的棘手问题,也是将碎片教育知识整合起来的连接点。所有难题都是有难点的,围绕难点破解来选用知识、组合知识、生产知识,是学科育人知识的运转过程。每一个教育难题的解决都是教师全面调用其思维力、意志力、创造力与知识、经验、智慧的过程,这些使用智力、心力以及调用心智资源的过程,同时也是催生教师ECK与学科育人能力的过程。

最后是教师专业生命。ECK被生产的过程,也是教师专业生命的延绵进化过程,是教师专业知识品质的全面升级过程,每一次教师实践知识的

---

① 李文送.论学科教学育人的六重境界[J].当代教育科学,2018(6):3-6.

合成与创生，都是教师专业生命的进化蜕变过程。教师实践知识被合成的两个"车间"是学科教育实践与教师专业素养，每一次学科育人实践的顺利完成都在提升着教师专业素养，ECK 就是教师专业生命品质的独特内容与直接表征。混乱、零碎、杂陈的专业知识习得无法练就素养，教师专业素养是通过教育知识的"基因重组"与情境化转变形成的，学科育人知识的熔炼正是这样一个过程。因此，成功的学科育人实践不仅生产着优质学科育人知识，还能加速教师专业素养生长、专业生命更新，教师专业生命力是学科育人知识沉淀的部位与产物。

3. 生长性

ECK 是一个知识"活体"而非抽象知识复合组合而成的一具"僵尸"，它强调因人而变、因时而变、因势而变，促使其与问题情境、工作需要相适应。相对静态教师知识模块而言，学科育人知识体绝非死板一块、恒定不变，而是具有情境适应力、生长力与变异力的动态生命体，与传统所言的教师知识结构论有天壤之别。换个角度看，学科育人知识具有建构性，即面对新问题、新情境来组合教师知识类型，创生具体学科育人知识形态的性能。所以，没有结构恒定的学科育人知识，只有与具体教育情景相适应、相匹配的学科育人知识形态。教师能否创生出这一知识形态，决定着其专业生命力的品质与水平，教师的主体性、能动性、创造性及其德性、悟性、灵性是沉积在学科育人知识中的关键要素，是 ECK 之所以具有生长性的根源。

三、教师 ECK 的催生与培育

与 PCK 一样，ECK 强调教师知识结构的整合性、动态性与具体性，而非相关知识类型的自然组合与机械搬用，因此，教师 ECK 的培育必须突破常规，寻求一系列独特路径，以突破简单告知、机械获取式教师知识授受范式的局限。从理论上分析，ECK 形成的关节点是学科内容知识与育人知识的深度融合问题。为此，打通学科知识与育人知识的内在壁垒，实现二者间的深层融通，就成为催生教师 ECK 的关节点。

（一）构建育人本位的教学新体系

PCK 的根本缺陷在于其将知识教学视为教师实践知识体系的枢纽与结点，导致将"教学"凌驾于"教育"之上，暴露出"重知识轻育人"的短板。相对而言，ECK 相信赫尔巴特的"教育性教学"理念，更加强调"育"先于"教"、育人至上的理念，主张在育人本位理念主导下重建教学工作体系，为育人理念向学科知识教学的深度融入打通经脉，努力构筑"学科融入育人体系"的学科教学新体系。可以设想，这一"新体系"的理论框架是：育人是教学工作的最高目标、终极目标，学科教学的目的、思想、理念、活动、评价必须在"育人优先""服务育人""适合育人"的前提下方可找到生存空间与着生部位；没有中性化、去价值化的教学工作，教学工作必须嫁接到育人工作的机体与细胞中去，才可能真正成为一种有意义、有价值的社会实践；在教育世界中，人的两大基本需求是信息需求与意义需求，教学工作必须同时满足学习者的两大需求才能生效，前一需求的满足能够带动人的认知发展，后一需求的满足能够促进人的情意发展，并对认知发展产生导航与激励功能，完整的学科教学必须是学科知识教学与人生价值意义教学的合一体；学科知识教学的每一个环节、细节、情节都是价值教育的载体，学科知识与人的需求关联必然产生价值选择关系，教学工作的育人性发生在学习者对知识价值的评判、发现、欣赏与接纳中。正如有学者所言，"在教学中，教师实际上通过'教书'实现'育人'，为教好书需要先明白育什么样的人"[①]。所以，育人本位的教学体系要求教学工作必须回归育人的本心、本分、本职，坚持在育人目的统领下统筹学科教学工作，努力构筑"尊重人、关心人、成就人"的人性化教学工作体系。

（二）秉承"学科×教育"的理念

ECK 的提出旨在有效解决学科内容知识与育人知识、学科特性与价值

---

① 李政涛.深度开发与转化学科教学的"育人价值"[J].课程·教材·教法,2019,39(3):55-61.

教育间的深度融通问题，这一"融通"无疑是对"学科知识+育人知识"杂糅观的超越，是对"学科+教育"或"教育+学科"理念的扬弃，代表着学科育人观的一次历史性超越。当前，后一类学科育人观尤为流行，成为ECK探究的起点。其中，"学科+教育"理念将"学科育人"理解为在学科教学活动中嵌入、渗透育人活动、育人目的的教改观念，整个学科教育活动的主体是学科活动，其结果，育人要素被视为学科教学的一种"装饰"、一种"强加"、一种"附带"，甚至视为"三维教学目标"的一个维度，这种理解有"舍本逐末"之嫌，即将"育人"活动边缘化、附加化，不利于凸显学科教学活动的育人本性。相对而言，"教育+学科"理念，即在德育课程中融入其他学科教学案例、素材的跨界教学理念，则将学科知识视为德育知识的一个例证、脚注或佐证，同样没有抓住"学科"与"育人"间的血脉相连关系，进而将育人内容无限放大，遮蔽了学科的特性。

其实，无论是"学科+教育"还是"教育+学科"，都将学科知识与育人知识间的关系视为一种偏正关系、主副关系，无视任何学科知识都是科学知识与人文价值熔炼而成的一块"合金"的事实，忽略了科学知识与固有人文价值间水乳交融、交互催生的结合状态。要培养教师的ECK，教学工作必须秉承"学科×教育"的理念，即学科知识与育人知识在应对具体教育问题中相互联合、相互作用、相互催生、相互增值的理念，坚持用学科内蕴的育人价值来培育学生、激励学生、引导学生，用育人的力量来激发学生求知的意志、求实的勇气、思想的灵光，兼容"学科知识教育化""教育知识学科化"两种学科育人思维，使之在学生身上实现思维力与道德力的同步增长与互促共生。无疑，坚持用"学科×教育"的理念来做教学工作，教师的ECK必将在新理念、新实践中持续生成、稳步增长。

（三）关注学科育人知识的生成

如前所言，学科育人知识的形成可以细分为两个环节：其一是学科知识与育人知识的耦合，其产物是理念形态学科育人知识或学科育人资源的形成；其二是学科育人知识的对象化、情境化表达，其产物是具体运转中的学科育人知识形成。

就前者而言，主要涉及学科育人因素的激活、捕捉、凸显与学科育人知识的成形。一般而言，任何学科知识都具有四重价值：其一是存在价值，即有助于人类认识外部世界的解释价值，它能扩展人对生活事件的认知力、思维力；其二是应用价值，知识与人的生活一旦相遇，必定会产生知识意义、知识用途的问题，人对知识使用的结果就构成了应用价值，由此增强了人对生活世界的驾驭力；其三是衍生价值，即在既有知识基础上继续去创造、去探究、去扩展的价值，有助于培养学习者的创造力、探究力；其四是思想价值，即学科知识内蕴的哲学观、价值观、世界观，就是人们通常所说的狭义"学科育人价值"。其实，上述四种价值都是学科特有育人价值的要素与资源，都是理念形态 ECK 的前身与来源。

就后者而言，主要涉及理念形态 ECK 的继续课程化、教材化、对象化、策略化、情境化问题，它是具体学科育人知识形成的关节点。要加速这一环节的推进，教师应该重点培育学科育人智慧，拓展学科育人经验，丰富学科育人策略。所谓学科育人智慧，就是教师应用本学科特有思想、思维、方法，因地制宜地开展学科育人工作的实践艺术与工作策略。学科育人智慧是共性规律与个性方式的有机统一：学科育人规律要求学科育人工作必须符合学科规律、德育规律与教学规律，这是学科育人工作的底线与准则；学科育人方式体现为教师在特定学科育人工作中采取的具体思路、方法、路径、举措，这是学科育人工作的多样性与灵活性。学科育人智慧的实质是帮助教师在共性规律与个性实践之间找到一条最有效、最实际、最匹配的学科育人路径。在学科育人智慧的探索中，教师的具体学科育人知识、经验、策略会不断丰富、持续积累，学科育人技能日渐娴熟，其专业品性也会随之迅速飙升。

（四）构建完善的学科活动体系

ECK 是有活性的知识，是生长中的知识，这就决定了其培育主途径不可能是静态的书本知识学习、经验技能搬家，而是在生动、具体、灵活、多变的学科活动中不断建构与创生的，"学科育人是通过学科活动的不断优化来实现的"[1]。显然，学科存在具有多维性，如学科思想、学科内容、学科方法、学科实践、学科文化等，其内核是学科实践，即学科活动，它是将所有其他学科要素连为一体的纽结，也是教师学科育人知识的孕育地。在学科育人实践中，学科活动发挥的作用是：引导学生把学科知识置于丰富的生活世界、实践情境中，让学生在任务驱动、问题导向下亲历知识的探索生成过程，借此打开被尘封、被压缩在文字符号世界中的知识意义、认知过程与复杂关联，使其从中领略到学科知识内蕴的育人价值。从这一角度看，学科活动是激活学科知识育人内涵的引线，是熔炼教师 ECK 的熔炉，是将学科育人知识课程化、教材化、对象化、策略化、情境化的重要装置。为此，在实践中教师必须将优化学科活动视为催生 ECK 的主渠道，必须善于在学科活动中统整学科育人知识要素，建构行之有效的 ECK 形态，不断提高教师学科育人的效力和效率。

进一步看，一个完善的学科活动应该包括三个基本要素：学生参与、学科特色与育人效能。其中，"学生参与"体现的是学生在学科育人活动中的主体性、能动性与价值性，由学生发起、给学生自由、让学生受益是学科活动的本色所在；"学科特色"是学科活动独特性、标志性、专属性的体现，是学科独有的育人方式体现，反对"无学科特性"的学习活动、表演活动、讨论活动是学科本性的要求所在；"育人效能"是学科活动的功能性、意义性所在，不能对参与人、当事人产生教育影响与效力的学科活动就失去了其生存地位。因此，构建学生自主、学科味浓、助人成长的

---

[1] 柳夕浪.回归学科育人原点的现实追问[J].教育科学论坛,2019(5):3-7.

学科活动是科任教师的重任与使命，在筑就这种学科育人活动中培育教师的 ECK 具有其必然性与合理性。

第二节 教育观念重塑

2021 年 7 月，中共中央办公厅、国务院办公厅颁布了史上最高级别的"减负令"——《关于进一步减轻义务教育阶段学生作业负担和校外培训负担的意见》（以下简称"双减"政策），堪称当代我国教育史册上的一次重大教育改革行动。这一政策的实施牵涉每一个学生、教师与家庭的核心教育利益，必将引发我国基础教育的方向性调整与全局性重布。如若本次改革顺利落地，在不久的将来，真正意义上公平优质、全面均衡的义务教育形态可能在中华大地上出现，基础教育的新生态、新时代、新构架将如期而至。

无疑，本次改革的深水区与关节点一定是教师的教育观念转变与重构问题，没有与"双减"政策相适应的教育观念系统建设，任何先进、缜密、科学的教育政策设计都只会悬浮空中、无果而终。进言之，教育政策只能短期、浅层地改变教师的教育行为或教育世界的表象，其存在的真正价值是诱导教师教育观念的自适应、自组织机制，助推教育改革图景所需要的稳定教育观念在教师身心中形成。只有抵达教育观念层面的教育政策才是真正有效的教育政策，"双减"政策的终端目的是重建教师的教育观念系统，让政策期待在教师心灵与脑海中落地生根。

一、"双减"政策：新时代教师教育观念转变的催化酶

任何政策行为都具有两面性，即表面的政策操作与背面的观念立场，观念立场原点的移位必然导致政策举措、内容、方法等的变化与调整。"双减"政策亦是如此，其具体政策内容，如减少学生课业负担、实施系

统减负策略、学校举办课后服务、治理校外培训机构等，都是基于当代中国人民、教育专家的"好教育"观念展开的。从这一意义上，教育观念才是系列教育政策的内在政策意图与隐秘政策基点，基于观念转变考虑的教育政策才是有深度、有力度的教育政策。站在我国基础教育改革的历史点位与面临国际形势的角度来看，"双减"政策绝非简单意义上的作业减负行动，而是事关我国教育命运、国家命运、民族命运的重大教育筹划，是一次战略性、全局性、革命性的基础教育深改运动，其历史意义深远，教育使命远大，观念转变任务艰巨。

（一）"双减"政策对中国基础教育改革的历史意义

长期以来，我国基础教育受精致功利主义思维影响，遭遇一系列教育问题的困扰，导致种种功能性教育障碍滋生，日渐偏离了造福人民、强盛国家、复兴民族的初衷，成为社会、民众诟病的对象。在这一形势下，实施"双减"政策，系统性诊疗基础教育的功能综合征，对于我国义务教育健康发展而言具有"刮骨疗伤"的重要意义。

1. 基础教育发展道路的一次纠偏行动

作为基础教育的主体链环——义务教育，其发展事关千家万户、亿万学童，其健康发展对于彰显我国教育事业的社会主义本质而言意义非凡。然而，在我国基础教育发展中，受高考指挥棒与功利主义教育思维影响，应试主义教育观念在民间大流行，"一切为了高考""一切为了考上大学名校"主宰了我国基础教育价值观，教育事业日渐偏离了"立德树人、全面发展、素质教育"的根本宗旨，基础教育深陷全面退化的困局："育人"退化为"育分"，"全面发展"退化为"智力发展"，"五育并举"退化为"智育唯一"，背离了基础教育在人的发展中"全面奠基"的功能定位，造成了"教育催熟儿童""抑制儿童潜能发展""阻滞儿童多元智能生长"等病态教育现象发生。在这一意义上看，义务教育"双减"政策实施其实是我国基础教育的一次"纠偏"行动，堪称基础教育发展的"扳道工"，其最终意图是借助教育表面问题的治理，来逐步矫治其偏离健康教育轨道、违背儿童成长规律、遗忘教育初心使命的教育病症，将其扳回立德树人、全面发展、潜能培育的基础教育正轨上来。

2. 面向中国化的一次向地式基础教育改革

基础教育作为国民教育、公民教育的枢纽链环，其根本使命在于立足中国国情、造就中国国民，确保教育事业有力服务于国家经济、社会、文化事业的发展，在国际竞争中彰显中国价值、中国文化、中国教育的特殊优势。但在改革实践中，由于受种种国际教育理念思潮的影响，基础教育改革的"中国国情"意识日益淡薄，对自身面临的"中国问题"意识不够，其集中体现是：教育改革无视我国城乡二元经济结构，城市化教育模式压倒一切；无视中国教育传统文化，科学知识授受主宰课堂教学，优秀传统文化传承关注不够；无视中国文化追求人际和谐的特征，过度使用西方量化评价手段，激化学生个体间分数竞争行为；无视中国教育人口规模大、教育保障任务艰巨的实情，对基础教育公益性、义务教育免费性的落实力度不够；等等。其结果，我国基础教育改革中借鉴西方较多，创造性解决中国教育问题的意识还不强，导致一系列教育顽疾发生，如学生学业负担问题、高考挟持基础教育问题、中小学校同质化办学问题等没有得到有效解决，成为基础教育中国化发展中面临的关键瓶颈与障碍。

"双减"政策的出台是真正面向我国自身特有教育问题的"亮剑"行动，是我国基础教育自我革命的重要体现，是探索基础教育中国化方案的一次重要实践，第一次将我国民众普遍关注的教育小问题作为党和国家出手治理教育事业的对象与切入点。显然，实施"双减"政策有助于提升国民的教育公平感、学生的教育幸福感、家庭的教育轻松感。无论是新颖作业设计要求、普惠性学校课后服务供给、非营利性校外培训服务规定，还是考试方式次数限定、教师评价方式改进等，都有助于当前我国基础教育自身面临问题的针对性解决，有助于因地制宜、量身定制的中国化教育改革方案的形成。简言之，"双减"政策是真正瞄准当下中国儿童教育体验问题、家庭教育负担问题、学校教育实际问题等而开展的一次深度改革，是一次实质意义上"俯视中国现实问题"的向地式改革。

3.基础教育自我革命的一次生动实践

近年来，我国颁布过一系列基础教育改革文件，如《关于统筹推进县域内城乡义务教育一体化改革发展的若干意见》（国务院，2016年7月）、《关于深化义务教育教学改革 全面提高义务教育质量的意见》（中共中央、国务院，2019年6月）、《义务教育质量评价指南》（教育部等六部门，2021年3月）、《关于深入推进义务教育薄弱环节改善与能力提升工作的意见》（教育部、国家发展改革委、财政部，2021年6月）等，这些文件所关注的都是我国基础教育发展的大问题，具有明显的全局性、整体性、宏观性特征。相对而言，"双减"政策关注的则是真正意义上的教育小问题——学生学业负担问题，而且文件出自国家重要党政机关——党中央、国务院"两办"，标志着精细化国家教育改革时代的到来。这一文件的颁布表明：我国基础教育正试图从教育事业机体的毛细血管部位——学校教育工作的细节问题入手，来筹划一场"自下而上"的教育改革运动，具有明显的自我革命意义。

从教育事业发展角度来看，教育改革有两种基本范式：其一是自我规划式，侧重从理想、科学、专业的教育规划制定入手，来引导教育事业的发展，下行传导改革指令，引发教育事业细节发生变革；其二是自我革命式，侧重从自身发展中面临的典型现实问题着手启动全身性教育改革，上行传导教育真实状况信息，引发教育事业的系统性变革。显然，"双减"政策就属于后一种，具有明显的"牵一发而动全身"的特点，其意图在于从解决小问题入手，倒逼基础教育系统清障除弊、回归健康，促使基础教育回归公益性、育人性、全面性的本性，强化基础教育事业自身的自我免疫、自我保护、自我修复机能。

（二）重树科学教育观念："双减"政策的终极使命

一切教育改革政策举措必须经由教师专业素养重构走向实现，而教师专业素养重构的枢纽链环正是教师教育观念的真正转变。"双减"政策亦是如此，教师的教育观念转变与素养结构重塑是该政策落地见效的终极难题，助力教师重塑科学教育观念成为"双减"政策的终端目的与终极突破点。也只有认识到这一点，新时代"双减"政策才可能有效预防重蹈1955年、2000年、2013年减负政策的覆辙[①]，走出一条真正成功的学生课业减负之路。

1. 教育改革的最深处是教师改变

新中国课改史一次次表明：没有教师培训、教师专业提升、教师素质改变同步推进的教育改革终将走向失败，教育改革的最深处是教师素质培养问题、教师专业素养重塑问题。可以预测，"双减"政策落地不能仅仅停留在政策强力施压层面、教师权宜性应对层面、基础教育表面改观层面，而必须走到"依靠教师专业赋权、专业发展及其适应性教学创造来引发基础教育深层变动"的路子上来。否则，"双减"政策顶多是一道政策指令、一条外部改革要求，而难以真正带动教育系统、教育生态、教育文化的实质性转变。学者指出："只有赋权予教师，留给教师自主发展的空间并提供更多选择，才能促成教师持续而有效的发展。"[②] 基于教育观念自主重构的教师专业发展才可能让"双减"政策最终落地。

换个角度看，无论多么高明、高压的教育管理政策都不可能"压"出理想的教学工作新常态，都必须经由教师主动承担课改责任、自适应性教学专长生长、自觉自愿地调适教学活动方式来实现，毕竟教师才是教育改革的能动主体与最终政策作用点。相对而言，政策制定者只是站在教育工作世界之外来号令教育、指点教育，置身事外的政策颁行者必须求助于教育工作的事内主体——教师执行者的真心认同与主动担当来实现政策意图与功能。所以，"双减"政策落地必须走内涵式落地之路，这一"内涵"的实质蕴涵正是教师专业发展及其所在学校坚守的专业化办学理念。其

[①] 龙宝新.中小学学业负担的增生机理与根治之道:兼论"双减"政策的限度与增能[J].南京社会科学,2021(10):146-155.

[②] 卢乃桂,陈峥.赋权予教师:教师专业发展中的教师领导[J].教师教育研究,2007(4):1-5.

实，过强的政策施压可能导致教师不假思索的课改行为反应，诱发教师功利性、定向性、机械性课改行为响应，最终导致所谓的"伪课改""伪行动""伪改变"，而很难触动教师教育教学行为的内核与实质。其结果，教育政策的改革压力最终会在教师行动这一环节被打折或清零。

2.教师改变的最难处是观念转变

教师改变是教育改变的内核，而观念转变则是教师改变的实质。毋庸置疑，21世纪初发起的第八轮课改尽管也同步开展了大量培训，基础教育一线也发生了一些剧变，但这场课改的效力仍没有达到"非常满意"的程度与水平[1]，其原因就在于没有在教师实际使用的教育观念转变环节下足功夫，忽视了教育观念转变的艰巨性、复杂性与长期性，毕竟任何教育观念的转变绝非朝夕之功。从这一角度看，教师改变的最难处是教育观念转变，改变教师在课改前秉承的牢固"前观念"才是"双减"政策落地中面临的最大难题与壁垒。所谓教育观念，就是教师在教育生活、教育文化中信守的教育认识、教育观点、教育主张，是直接引发教师教育行为反应的主观依据，是教师价值观念、教育信念、教学理解、教育哲学等构成的一个认识硬核，其内核是教师的专业意识、专业理解、专业思维。相对教育行为、教育主张而言，教师教育观念的根本特点是整体性、潜隐性与相对稳定性，在不经历关键教育事件、持续教育环境压力并发生深度教育顿悟、深刻教育体验之前，教师的教育观念始终会保持一种整体稳定、局部微调的量变状态。教育观念其实就是教师的教育专业意识与理解，"它有可能不是从实践中剥离出来，而是在实践自身之中，以其与实践根本的、源起的和原初一体的性质，使丰富、具体、生动、鲜活的实践形态得到整体的呈现"[2]。

换个角度看，不与改革实践配套进行的理论培训，不与反思性理解同步进行的教育实践，不与教师自我改变要求相同步的教育改革等，都不可

---

[1] 课改十年回望与反思[N].中国教师报,2011-01-26(6).
[2] 宁虹.教师教育：教师专业意识品质的养成：教师发展学校的理论建设[J].教育研究,2009,30(7):74-80.

能入脑、入心、入身，引发教师真正的观念转变反应。诚如学者所言，"教师专业发展是一种非常自我的事，它需要来自教师的主动出击：自我设计、自主发展、自我反思、自我更新、自我发展……即认可教师是自身专业发展的主人"[1]。之所以会如此，就是因为教师始终掌控着自我观念转变的主体权、至上权，教师的教育观念自主权决定了：任何教育政策实施都必须求助教师的真心认可与参与才能实现，教师专业发展的实质是教师教育观念的自我转变，教育观念就是教师专业自我的最内核构成。

3. 教育观念转变是"双减"政策落地的"鬼门关"

无疑，"教育在根本上是意识品质的养成"[2]，教师教育、教师专业发展活动的实质都是要改变教师的教育观念或专业意识，提升教师自我应对教育问题与政策要求的能力，发生自适应性教育转变，催生出相应教育教学专长。学者指出："教师课堂学习的自适应机制是指教师结合教学任务设定发展目标，伴随课堂教学过程，主动自觉地设计、实施、反馈、调适课堂学习行为的系列化方式。"[3] 这一机制才是教育政策落地时必须考虑利用的专业机制，只有加载在这一机制上的教育政策，才可能引发教师真正的教育观念转变。遗憾的是，诸多教育政策之所以会走向失败、失灵、失声，就是因为它没有有效借力这一机制，将教育政策的压力精准传导到教师的身体与心灵层面，输入教师的生活世界之中，最终诱发教师的教育观念转变现象发生。如果说"双减"政策落地必须经过三个关口，即"学校转变—教师转变—观念转变"，那么，教师的教育观念转变是"双减"政策落地中必将面临的一道"鬼门关"，能否挺过这一关，促使教师专业行为发生由"表面接受政策""身体执行政策"到"实质认同政策""相应教育观念生成"这一质变，决定着"双减"政策的最终命运。学者指出：

---

[1] 胡惠闵. 校本管理[M]. 成都：四川教育出版社，2005：291-292.

[2] 宁虹. 教师教育：教师专业意识品质的养成：教师发展学校的理论建设[J]. 教育研究，2009，30（7）：74-80.

[3] 高峻峡，于淼. 教师课堂学习自适应机制与实践张力：培训话语体系的创新维度[J]. 教书育人，2021（36）：66-69.

"参与实践的行动并在实践行动中具有根本意义和实际的作用,又能够在实践行动中得到增强的,是意识,对于教师的实践行动而言,就是教师的专业意识。"[①] 教育观念、专业意识能否及时转变决定着"双减"政策的实践命运。

进言之,教师的教育观念具有显著的个体主宰性、情境依存性、经验支撑性、实践融入性、难以还原性,如若没有强有力的"求根务本的实践建设"[②] 同步进行,教师教育观念转变是难以发生的。基于这一理解,"双减"政策也只有落实到教师的教育实践改进、教育方式转变层面,才可能表明教师的教育观念已经发生同步转变。因之,"双减"政策要挺过"教育观念转变"的这一鬼门关,还必须将"宏观政策实践"转化为"微观教师实践",全面深入推进教育实践变革,把教育政策立基点沉降到教师的教育观念底层上去。

二、"双减"政策对教师教育观念转变的历史性诉求

从某种意义上看,教育政策的效力只能抵达教师行为,而难以抵达教师的大脑与心灵,引发教师观念与情感的实质性转变,从教育行为到教育观念的"最后一跃",必须经由教师自我的内心运动来实现。客观地讲,教师的教育观念由三个层面构成:其一是内核层,特指教师秉持的教育价值观、学生观,它从根源上决定着教师观念指向与思考教育问题的原点起点——教师倾向哪种理想教育图景,信奉哪种教育信念,怎样理解学生发展,就会选择怎样的教育行为与教学方式;其二是操作层,特指教师实施教学活动中直接采用的教学理解、教学主张、教学认识,它直接决定着教师的现实教学活动方式;其三是监控层,特指教师的评价观,是教师对自己是否实践原定教育价值观的一种反馈与监测,是其教育观念系统的内部反馈调节回路(图3-3)。在教师的教育观念系统中,三者有机衔接、形

---

① 宁虹.教师教育:教师专业意识品质的养成:教师发展学校的理论建设[J].教育研究,2009,30(7):74-80.

② 同①.

成闭路,最终决定着教师的现实教育观念状况,决定着教师的教学行为与教育情感。

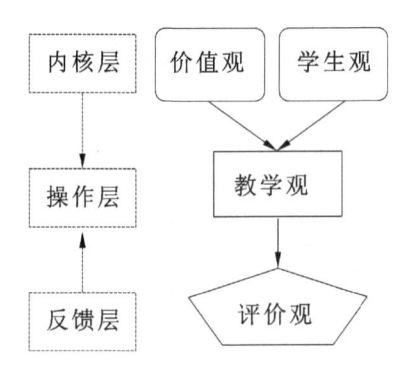

图3-3 教师的教育观念内部构成示意图

诚如学者所言,教师教育观念的最重要特征是"行动性",其实质就是教师行动中的"使用理论",因为"教师通常用行动来体现自己所教的知识、提倡的价值观和习惯的思考方式"。[①]"双减"政策对教师的各个教育观念层面提出了许多耳熟能详的要求,将之沉降于实践、带动教师观念真变,是"双减"政策对中小学教师提出的最实质性要求。

(一) 价值观回归:从"育分至上"回归"育人本位"

"双减"政策出台的根本意图是"落实立德树人根本任务,着眼建设高质量教育体系,强化学校教育主阵地作用,深化校外培训机构治理",其核心目的是借助高质量教育体系建设、学校主阵地作用发挥与校外培训机构治理等举措,落实教育事业的根本任务——"立德树人"。相对而言,一切表层教育干预举措,如作业量减少、校外培训负担减除、考试频率方式规定等,都只是倒逼义务教育回归育人正道的行政性干预手段,不达全面育人的政策目的,这些教育干预举措就不能善罢甘休。从这一角度看,"双减"政策要求教师树立起"立德树人、全面育人、素质教育"的价值观念,彻底放弃"分数唯一""分数为重""分数目的"的教育价值观,

---

① 陈向明.理论在教师专业发展中的作用[J].北京大学教育评论,2008,6(1):39-50.

从根本上导正义务教育的价值航标。所谓价值观，就是人判断是非、善恶、好坏的根本价值标准与价值立场，它决定着人的意义定义与心灵何去何从问题，决定着人的人生行进道路方向问题。对义务教育而言，中小学教师面临的大是大非问题是"教育为谁""教育何为"的大问题。就前者讲，我国义务教育事业举办为的是广大新生代公民健康成长，为的是中国人民幸福福祉、国富民强使命、民族复兴大计。

然而，长期以来，我国义务教育受制于部分家长、学生、教师、学校的精致利己主义价值观念的羁绊，将考试分数、高考成功看得高于一切，而将儿童一生成长成功、国家科技人才刚需、国家和谐团结要求、民族复兴信念培养等重大长远教育利益诉求置于一边，其结果，教育事业服务于国家发展战略调整、人民幸福生活追求的能力日渐脆弱，"分数崇拜"及学业负担过重、单一问题肆意扩散，引发了来自我国社会、国家、家庭的担忧与不满。正是在此意义上，"双减"政策要求广大教师重新思考"培养什么样的人"这一根本教育问题，严肃应对我国义务教育"忽视学生全人发展关怀"的这一根本弊病，敦促教师的教育观念深度回调、回归教育本性本职，为少年儿童健康成长创造最佳教育环境与教育生态。正是从这一角度看，作为一次"根源减负"行动，"双减"政策期望教师摈弃"功利人""经济人"的人性假设，在"专业人"立场上重树教育价值观念，力促我国义务教育全面回归育人正道、全人培育轨道。

（二）学生观回归：从"绩效工具"回归"关怀对象"

学生是谁？学生如何发展？学生期待怎样发展？学生的独特性体现在哪些方面？对这些问题的回答构成了教师的学生观，它上连教师的教育价值观，下通教师的教学实施观，成为教师教育观念生发谱系中的重要过渡链环。就其内部关联而言，教育价值观决定着教师对学生发展培养的主观倾向问题，而学生观决定着这一发展培养的可能性、可行性问题，二者共同决定了教师教学观念的选择与树立。在应试主义教育观念阴霾下，许多中小学教师放弃了对学生作为一个独立发展主体的本体性关怀，忽视了学生多元、自主、长远发展的需求，将学生视为自己教育绩效提高的工具与手段，导致了一种工具主义学生观产生。在这种学生观驱使下，教师多方向学生学习活动施压，迫使其提高学习成绩与考试分数，引发了学生课外作业与校外培训双重负担爆发，致使学校教育、家庭教育、课后作业、校外学习等教育环节的大面积异化，成为"双减"政策出台的直接原因。

在这一形势下，义务教育要恢复健康状态，客观上要求教师彻底清理不科学、不专业、不理性的学生观，摈弃将学生视为"应试工具""造分机器"的邪恶学习观，消除那些以为学生"主体意识可以肆意践踏""自我发展能力脆弱""彼此间共性大于个性""愿意去过度学习""缺乏学习责任心""同成人一样去看待学业"等愚昧学生观，真正将学生作为教育事业的"关怀对象"来看待，将"他者关怀"送达每一位学生。其实，在教师心目中，每个学生都应该是具有异质性、交往性、主体性、多样性的"他者"，都是"具有异质性、交往性特征，是追求超越的自觉体"[①]。在学校教育场景中，教师要做到关怀学生这一"他者"，就必须设身处地、转换立场、调整眼光，认真揣摩每一位学生的生活、学习、发展等方面的需求，摈弃"学生为我服务""学习为我业绩服务"的畸形学生观，牢固树立起"学生中心""学习本位""从学生学情出发""为学生健康发展服务"的教育观念，为学生全面、自主、多元、持续发展创造条件。

（三）教学观回归：从"外延拓展"回归"内涵充实"

教学是教师的工作手段，一切育人目的、学生理解都必须经由具体教学形态的创生来落实，教师的教学观念转变是"双减"政策走向实现的关键一环。从某种意义上看，本轮减负行动的根本思路是教改型减负、内涵型减负，其撒手锏是"健全教学管理规程，优化教学方式，强化教学管理，提升学生在校学习效率"，而非行政政令的强力施压，以及教育行政

[①] 葛孝亿，朱海鸿. 从"发展主义"到"他者关怀"：教师专业发展方式转变研究[J]. 教育理论与实践，2014，34(1):43-46.

部门的强力推动。就学生学业负担过重的直接来源来看，无疑是低效教学、劣质教学、浅层教学、功利主义教学所致，是低载荷教学、空洞式课堂引发的"教学烂尾效应"或"教学工作外溢效应"，是教师对低劣教学方式导致的不良教学后果——学生课内学习效率下降、教学效能不彰等问题采取的一种教学补偿措施。所以，教学行为增效、课堂教学增容才是"双减"政策的基点所在，树立以提质增效为核心内容的内涵式课改观，才是落实减负政策的得力之策。

长期以来，我国中小学教师对教学过程的科学性与效能性缺乏足够关注，尤其是在常态课堂教学中套路式教学过程流行，课堂结构松散臃肿，致使"应教尽教""质量达标"的基本教学质量要求难以达成，成为学生学业负担过重的内因所在。究其根源，关键在于"一味外延扩延""不重教学品质"的粗放教学观作祟，重树"过程为本""内涵充实"的科学教学观势在必行。简言之，这种"内涵充实"型教学观的核心要义是：全面考虑教学的综合育人功能，聚焦核心知识设计教学结构，提高课堂教学的有效载荷，服务学生深度高效学习活动，确保教学任务在课堂前端完成，真正创造出一种学生主体、学习本位的内涵充实式课堂教学。在充实内涵的教学观指引下，教师将担负起三个新教学角色，即教学增效的责任者、教学边界的守护者与教学流程的优化者，其肩负的课堂使命，是全力提高学生对课堂知识的吸收力、理解力、迁移力，努力创造"高浓度教学""高效能教学""高质量教学"，以此实现对学生课外作业、校外学科培训活动的收编与统整，彰显学校课堂教学的伟力与超能力。

（四）评价观回归：从"罚劣促优"回归"多元发展"

义务教育是全民教育、全面教育、基本生存力教育，而非精英教育、专业教育、职业胜任力教育，故必须坚持科学的价值评判标准，才可能评鉴出"好教学""好成绩"，才能为学生构筑起一种可持续发展性教学。教学评价既是课堂教学终端结果的鉴定监督环节，更是创造高品质教学循环的枢纽点、关节点，每一次教学评价活动的实施都决定着下一轮教学活动的方向与品质。因之，教师秉持的教学评价观是内在决定教师教学品质与绩效的关键要素。在应试教育环境中，教师与学校习惯用量化分数来评价教与学的成绩，习惯将学生知识掌握水平作为教学评价的首要关注点，其根本意图在于"罚劣促优"，将师生绑架在考试战车上，致使课堂教学成为应试教育的附庸，完全背离了义务教育的宗旨与本性，不利于健康教学生态的形成。

长期以来，这种"罚劣促优"属性的教学评价观增加了师生、家庭、社会的"分数焦虑"，无形中为校外培训机构提供了可乘之机，诱使教师给学生布置过度课外作业，导致了学生学业负担过重的教育怪象反复重演。不仅如此，在"膜拜应试"执念的催发下，原本服务于教学改进的学校考试制度愈演愈烈，频繁考试、超标考试、分数排名、以分取人、统考升级等，将课堂教学逼上绝路，教师的教学自主空间不断收缩，教学育人的功能被一再压缩，迫使部分教师直接将应试训练搬上课堂，将成绩评价视为课堂教学的圭臬。

为此，引导教师从根子上树立"服务多元发展"的教学评价观，让教学评价成为发现学生个性、特长、优点的"一把尺子"，成为催生学生天赋潜能、多元智能的酵母，是当代课堂教学走向新生与重建的必由之路。换个角度看，基于"多元发展"的教学评价观不仅能够加速学生的多元智能发展，也有助于教师的多元教育能力生长，形成"教学相长"的良性教学循环。诚如学者所言："由于管理部门实行'一刀切'的评价标准，试图通过统一的细化和量化的考评来提升教师发展动力，这不仅未能衡量教师专业的真实水平，还成为限制和控制教师自由探寻真理和学术的'藩篱'。"[1] 在这一意义上，"双减"政策期待借助"多元发展"教学评价观的确立，来激活师生双主体的发展动能，让评价观转变成为激活课堂教学魅力的一把金钥匙。

---

[1] 汪明帅.从"被发展"到自主发展：教师专业发展的现实挑战与可能对策[J].教师教育研究,2011,23(4):1-6.

三、面向"双减"政策落地的教师教育观念转变之路

作为最隐秘的一个教师专业发展环节,教学观念转变无疑是最值得深究的一个问题。任何观念转变都具有多因素性、长期积累性与难以察觉性,观念转变的助推只能为其提供转变发生的环境场景,创造观念转变的机遇条件,以此诱导观念转变的真实发生。我们相信:在"双减"政策背景下,教师教育观念的转变之路其实是为其观念转变准备条件的道路,是尽可能将各种观念促动因集合在教师具身参与的教育环境之中,就是全力激活教师观念转变的自动力与外动力的过程。在教师教育观念转变中,教育政策、观念干预、实践带动与文化渗透无疑是最主要的四个因素,这是由教师教育观念转变的自然流程所决定的(图3-4)。

```
促动因              教育观念转变
  ↓                    ↑
政策诱导  ┄┄→      触动
  ↓                    ↓
观念干预  ┄┄→      启动
  ↓                    ↓
实践带动  ┄┄→      变动
  ↓                    ↓
文化浸染  ┄┄→      真变
```

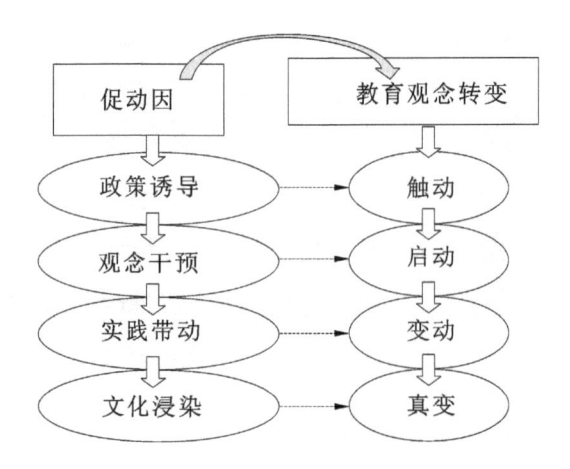

图3-4 教师教育观念转变的过程与促动因示意图

上图表明:教师的教育观念转变一般会经历四个环节,即教师的教育头脑在外因促动下持续发生"外部触动—转变启动—整体变动—观念真变"的过程,经历了这四个环节连续性变动,教师的教育观念会日渐发生实质性转变,最终达到固化定型、内外平衡、观念真变的结果。与这四个环节相应,教师教育观念转变需要四个动力因的辅助与诱发:在"双减"政策背景下,政策出台诱导是触动教师教育观念转变的外因,科学教育观念引入与干预是直击教师教育观念改变的直接动因,实践应用与实施是带

动教师教育观念变动的真实动因，而健康教育文化的浸染与滋养则是引发教师教育观念真变、科学教育观念固化成习的必需动因。

（一）政策诱导：触动教师观念"自运动"

教育观念的基本转变方式有两种：其一是强制性转变，其二是诱致性转变，两种转变方式的机制与速度迥然有异。相对而言，"双减"政策刺激下的教师教育观念转变属于前者，其最大优势是能让教师的教育观念系统发生迅速转变，但其劣势是需要教师经历较长的一段观念调适期才能最终实现。在教师教育观念转变中，教育政策发生作用的机理是：利用政策语言，帮助教师确立教育行为的合法性判断标准，引发教师现有教育行为在合法与非法层面实现分流，借此导正教师的教育价值观方位，触动其整个教育观念系统，迫使旧观念出局出脑，引发教师教育观念世界的自我调适。从这一角度看，教育政策压力是启动教师教育观念系统调整的重要动因与助力，对于政策意图达成而言发挥着破冰、施压、造势功能，其内在机制是：借助教育行为合法性判定，来启动教师教育观念世界的自调运动。

教育政策不同于一般社会要求与学校规定，它具有官方性、法定性、权威性、规范性与中介性，故"双减"政策对教师教育行为合法性的规定是强制性的。尽管如此，但其对教师教育观念的影响却具有或然性，能否将政策的"行为规定"转变成为教师的"心灵规定"，才是判定政策效能性的关键标准。从这一角度看，"双减"政策出台的直接意义就在于用"行为规定"触动教师的"观念自运动"，开启教育政策功能的纵深挺进之旅，让政策规定最终在教师观念世界中破土重生。在"后双减"时代，尤其是在教师教育观念尚未发生相应转变之前，教育政策必须不断强化其压力与存在，不断出台补偿性政策来应对"政策回压效应"，让政策规定在持续执行与强化中辅助教师教育观念的深刻转变发生。

（二）观念干预：启动教师观念重构运动

教育政策介入必然引发教师的教育观念空间重构运动，而能否用政策期待的新观念或科学观念及时置换旧观念，同样决定着教师教育观念转变的顺利实现。在"双减"政策执行中，能否及时用科学教育观念来干预、影响教师的教育观念运动，引发教师教育观念系统正向、深入、持续的运动发生，以此实现教师教育观念系统的新陈代谢与自适应性重构，对于政策效能最终达成而言意义重大。诚如学者所言，"双减"政策落地的重要举措是："要善于利用各种宣传媒介，引导目标群体修正自己错误的'前理解'。"[1]而教师正是"目标群体"的核心构成。"双减"政策期待的教育观念是：关注学生全面、主动、多元发展的素质教育观念，旨在提升学生核心发展素养的发展性教育观念，学生、学习、学校为本的学校教育观念，课内、课外与校外有机协同的大课堂观念，"学校、家庭、社会"协同育人的大育人观，以及注重学生持续、全面、多元发展的发展性评价观，等等。主动向教师宣传推介这些教育观念，引导教师吸收理解这些教育观念，才是"双减"政策落地的实质性帮手与依托，否则，"双减规定"最终只会"悬浮"在学校教育、教师行为的上空，难以沉降到教师的教育心田与教育世界中去，教育政策的灵光也不可能在义务教育学校中闪现。

无疑，教育观念要真正植入教师的教育世界，就必须经教师具身学习、反思、体验之路。对教师教育观念转变而言，最需要的是"超越式学习"，即"对自己信念背后的假设进行重新评估，并根据改变后的意义视角所产生的洞察开展新的行动"[2]。这是一种深度学习、专业学习、意义学习，而非对普通教育知识技能的学习与消化。因之，对教师教育观念转变而言，教育观念干预意在借助新观念的输入来增强"向政策"性教育观念的作用力、影响力，诱导教师的观念重构运动朝着国家期待的方向前行，辅助科学教育观念在新旧教育观念博弈较量中占取上风，最终实现新旧教育观念换位或置换的目的。

---

[1] 葛海丽,张广君."双减"政策落实的潜在制约及实施策略:基于"前理解"的解释学思考[J].天津师范大学学报(社会科学版),2022(1):43-49.

[2] MEZIROW J. Fostering critical reflection in adulthood: a guide to transformative and emancipatory learning[M]. San Francisco: Jossey-Bass,1990:126.

(三) 实践带动：引发教师观念整体变动

教育观念转变不仅要经历教师内部观念运动，更要将运动结果带入实践，引发教师教育实践的真实转变，实现科学教育观念的行动化转变。学者指出，教师教育观念转变真实发生的体现是教师"能够根据教授对象、教学情境等变化而表现出良好的适应性——优秀的运用力、解决力、思考力、判断力"[1]。从这一角度看，将教育观念融入教育实践，用新教育实践模态创生来带动教育观念的最终落地，是教师教育观念转变的又一重要环节。换个角度看，真正的教育观念是实践中教师持有的"行动中观念""使用的观念""具身化观念"，不经历实践化、行动化、具身化搭载这一环节，教师教育观念转变可能永远"在途中"，而不能算是抵达落地的目的地。与稳定教育观念相脱离的教育行为属于"假行为""伪行为"，而非教师在实践中表现出来的"真行为"，在"双减"政策实施初期，我们司空见惯的正是这类"假行为"。经过观念运动后，新教育观念将在与教育实践的重新结合创造中获得新生，它能够真正促使教师个体身上教育观念的新陈代谢实现。所以，"实践带动"是教师教育观念转变中的一把利器，它能够促使教师将教育观念与教育实践深度化合，最终将之转变成为教师个体在教育环境中的真正行动依据。

进言之，教师教育实践的主要构成要素是：情境、问题、观念与行动，四者构成了一个连锁性反应序列：在情境中发现问题，在用观念解决问题中生成意义与策略，最后基于意义理解与反应策略做出理性教育行动反应。因之，"实践带动"的内涵是：教师用科学教育观念去解释问题情境、考虑应对之策，教育观念成为体现教师"教育主体性"的关键蕴涵，成为教师理解、生成教育行为的心灵凭借。

(四) 文化渗透：促成教师观念真变发生

文化是社会教育观念的总载体，是特定文化区隔中教师群体教育观念

---

[1] 徐金雷,顾建军. 从知识到素养:教师适应性专长构成及发展:基于对技术教育教师的考察[J]. 教育发展研究,2020,40(12):53-59.

的"集装箱"与"贮存站",教师真正认同、持续坚持、具身存在的教育观念,会以教育文化的形态储存在教师行业的社会记忆之中,内在型塑着一个时代的主流教育实践形态。正是在这一意义上,我们相信:"双减"政策催发义务教育生态转变的终极结果是一种新型教育文化的形成,"新教育文化"与"预期教育生态"之间具有同一性。有学者研究指出,教师工作的鲜明特征之一是条件制约性,这些"条件""主要来源于教师所处的历史、文化和社会的大环境以及学校文化的小环境"。[①] 据此可知,社会文化不仅参与着教师"真观念"的最终形成,而且是最终决定这一观念的实践效力大小的重要因素,没有同步文化转变的教育观念转变是短命又短效的。相对教师个体而言,社会文化在其教育观念转变中发挥着双重作用:一方面,既定文化对新教育观念的形成具有促进或抑制作用,一旦整个社会的教育文化发展到了社会所期望的水平,就会对新教育观念的形成产生正向促进、积极渗透作用;另一方面,社会公认的科学教育观念会沉积在社会文化之中,甚至引发社会文化的正向进化与积极转变。因之,在"双减"政策实施中,如若期望真正的教育观念转变在教师身上发生,还须考虑社会文化参与与进化这一因素。

就目前而言,教育政策主体须采取齐头并进策略,即在教育系统内部强力施压学校与教师教育行为转变的同时,还要在教育系统外部——社会文化建设上下功夫、做文章,加大科学教育观念的社会化推介力度,善于利用先进教育文化培育来扩大科学教育观念的社会影响力,形成对教师个体的"文化包围"之势,确保国家政策功能最终实现。借助这一态势的营造,当代社会就可能利用文化渗透、文化扩散、文化濡染的力量来助推教师教育观念的转变与固化,构筑"教师观念社会化"与"社会观念教师化"的双轨同驱格局,让"双减"政策期待的科学教育观念借助社会文化的力量顺利生成、固化成习、真变实现。

---

① 陈向明.理论在教师专业发展中的作用[J].北京大学教育评论,2008(1):39-50.

第三节 教学能力提升

教师教育教学能力是教师专业素养的硬核构成，是其作为教师、导师、教授的根本资质蕴涵，厘清"教学能力"的本真内涵是深入剖析"教师教育教学能力"的概念之基。在以往教师教育教学能力界定中，学者惯用的关键词是"心理特征""个性品质""知识、技能、态度的综合"等，这些界定方式的共同缺陷是：被心理学"能力"概念所绑架，无视具体教师能力的特殊性分析，静态性、抽象性、移植性特征明显，对现实境遇中"教育教学能力"概念的具体指涉关注不够。

一、教师教学能力的概念重构

教师能力包括多种，如育人能力、教学能力、研究能力、创业能力、社会服务能力等，其中研究能力是一切能力之母，教学能力则是教师能力系统的心脏，教学能力低下的教师无疑就失去了担任学生导师、在学校继续任职的资格。当前，尽管教师教学能力研究并不稀缺，但真正能够凸显教学能力本质，彰显"教师教学能力"特质的研究成果相对不足，这一缺陷直接影响着我国教师教学观念体系、工作体系与制度体系的转型升级，制约着我国教师教学能力建设的步伐。其实，教师教学能力既非一种简单的心理素养类型，也非一种或多种子能力的机械叠加，而是在复杂教学情境中运行的多种教学动能、教学优势与关键要素构成的合成体。省察传统教师教学能力概念的原点缺陷，转换教学能力研究的思维范型，面向真实运行中的教学能力状态，是推进教师教学能力观重构的科学入手点。

（一）"教师教学能力"的内涵厘清

什么是教学能力？这是探讨教师教学能力的原点问题，教学能力概念的缺陷会像基因一样映射到教师教学能力建设的方方面面，校正教学能力概念的原点瑕疵是重构科学教师教学能力体系的始发站。学者通常认为，教学能力是"教师符合教学活动要求影响教学活动效率的个性心理特征，是教师完成教学工作所表现出来的心理特征"[1]，是指"教师为达到教学目标、顺利从事教学活动所表现的一种行为特征"[2]，其共同点是：将教学能力视为一种稳定、静态、可观测、独立化存在的心理行为特征。据此出发，学者对教师教学能力的外延做了进一步厘清，形成了三种典型定义范式：

其一是教学环节解析视角，即认为教学包括哪些环节，就由哪些子能力构成。譬如，认为教学能力包括"教学设计能力、教学表达能力、教学监控能力、教学反馈能力与教学研究能力"[3] 等，该视角最具代表性、典型性，以为教师教学能力是可以肢解开来、分节分段进行培养的。

其二是经验主义视角，即基于大众常识、工作经验、词频分析、社会调研立场来分析教师教学能力的具体构成。例如，有学者从调研统计数据分析结果出发，认为教师教学能力包括"教学设计能力（9次）、教学实施（或操作）能力（7次）、教学管理（或组织）能力（7次）……"[4] 等。这一做法的理据值得存疑，似乎教学能力构成的决定权在实践者或被调研者。该学者还基于权威教师能力标准文本，借助词频分析法得出：教师教学能力由"教学设计能力、课程资源开发与利用能力、教学表达和示范能力、教学交往能力、教学管理能力、评价学生能力和教学研究创新能力"[5] 等内容构成。

其三是多层复合视角，即将教学能力视为两个或多个层次要素构成的复合体。比较有代表性的是钟启泉的研究，他认为教师教学能力的双层构成是"技术+人格"，技术层面构成要素是专业技能、智谋技能、交际技

---

[1] 杜萍.当代中小学教师基本教学能力标准的研制与反思[J].课程·教材·教法，2011,31(8):95-100.

[2] 顾明远.教育大辞典[M].上海：上海教育出版社，1998.

[3] 宋明江,胡守敏,杨正强.论教师教学能力发展的特征、支点与趋势[J].教育研究与实验,2015(2):49-52.

[4] 同[1].

[5] 同[1].

能，人格层面构成是个性与动机。[1] 另外，申继亮、王凯荣研究认为，教学能力由三个层次构成，即"智力基础——一般教学能力—具体学科教学能力"[2]。

上述教师教学能力定义方式都有一定的合理性，但其依据的科学性值得怀疑：教学能力是否可以拆解为要素来训练，经验式调查的权威性到底有多大，教学能力的分层是否在实践中可行，等等。上述教学能力定义方式尽管学术意义明显，但其与实践中运行的真实教师教学能力相比仍有很大差距。笔者相信：教学能力作为一种心理素质、行为特征，都只是其表象，而未触及其实质；教学能力作为一种子能力复合体、经验性要素组合体、多层次构成体的理解等，都只是"理性切割刀"人为拆解的产物，无法准确表达教师教学能力的实存态。也有学者研究指出："如果离开了教学实践活动，教师教学能力就无法体现出来，而且教学能力更是通过教学实践活动得以发展与提升的。"[3] 因此，真实教学能力与教学实践之间具有同构性、同体性，探寻与真实教学能力最逼近的教学能力概念，显得尤为重要。

（二）真实教学能力的"三依附性"

所谓能力，就是主体在特定情境下完成特定工作任务的能动力量或潜在力量，正如有学者所言，"能力是主体对于所完成的任务的作用，即由主体完成任务的意愿、意志，方式、方法和知识、认识等因素构成的一种推动任务活动向其预期目标转化的力量"，是"主体对任务活动的认识结果和主体根据认识结果而形成的能动力量"。[4] 从这一角度看，教师教学能

---

[1] 钟启泉.教师的"教学能力"与"自我教育力"[J].上海教育科研,1998(9):15-18.
[2] 申继亮,王凯荣.论教师的教学能力[J].北京师范大学学报(人文社会科学版),2000(1):64-71.
[3] 宋明江,胡守敏,杨正强.论教师教学能力发展的特征、支点与趋势[J].教育研究与实验,2015(2):49-52.
[4] 王治民,薛勇民,南海."教师教学能力"概念辨析:对"中职学校专业教师教学能力标准"概念的解读[J].中国职业技术教育,2008(18):8-10.

力不是一种静态、机械、孤立的心理素质,而是教师主体在特定教育情境中完成特定教学任务的能量或潜能。研究发现,真正教学能力是在主体身心、具体实践、现实情境、特定任务共在互联情况下表现出来的,其关键构成要素是:主体(subject)、任务(assignment)、反响(response)与情境(situation),由此形成了一个主体在特定情境中完成指定任务并持续产生积极反响的活动连续体。站在"连续体"角度来看,真正的教学能力具有"三依附性",即依附主体、依附情境、依附任务,它是难以从中被肢解、游离出来的。

首先,教学能力一定是有主体的,并借助主体人的身心表现来实现。一旦谈到教学能力,人们首先会发问:"谁的教学能力?"离开了教师主体及其主体性,教学能力无从附着、无以负载。一方面,教学能力的外在表现是一系列身体动作、大脑思维活动,教师身心活动是教学能力的物质载体与外壳依托;另一方面,教学能力的内在载体是其主体性,即自主性、能动性、创造性,这是教师主体之所以具备教学能力的根源所在,教师主体性的情境化适用就是教师工作能力。所以,有学者指出:"能力总是特定主体的能力,脱离主体的能力是不存在的。"[1]

其次,教学能力一定是在情境中发生的,情境是教师教学能力存在的拓扑空间。学者通过对"假性教育教学能力"的研究发现,这种能力之所以只是真实教学能力的"外壳"或"套路",是因为它"不是来自于教师自身的教育教学实践和对自己教育教学实践的反思,而是通过'技术模式'被外界塑造出来的,不能够解决真实的教育教学问题,却能够帮助申请人通过教师资格考试的'假能力'"[2]。在真实教学情境中,教师必须借助行动学习、情境思维、实践逻辑或"行动中反思"去解决

---

[1] 王治民,薛勇民,南海."教师教学能力"概念辨析:对"中职学校专业教师教学能力标准"概念的解读[J].中国职业技术教育,2008(18):8-10.

[2] 张鲁宁.对"假性教育教学能力"能通过国家教师资格考试的反思[J].教育学报,2015,11(3):48-54.

现实问题，在这一过程中，教师的教学能力作为一种潜能被激活、被外化。诚如学者所言，"在日常生活中，教师的教育教学能力是缄默的，但是，只要遇到问题，教师的教育教学能力就会被激活，并能够迅速地解决'当下'的问题"[①]。因此，很难说在教学情境之外教师具有某种真实教学能力，教学能力必须在相应教育实践场景中去呈现。

最后，教学能力具有明确指向性——教学任务，特定教学任务决定了教学能力的内容、性质，故不存在所谓的"通用教学能力"或"超级教学能力"。任务是人类具体实践目的的工作化表达，能力是围绕工作要求来建构知识、组织技能的过程，围绕特定教学任务而构成的相关教学工作要求、教学操作技能、教学活动方式构成的统一体就是教师教学能力。"任务活动本身的完成条件和方式决定着能力的内容和程度；任务活动的责任大小、范围宽窄以及要求的难易等决定着能力的等级。"[②]特定教学任务不仅向教师提出了具体的要求集合，还为教师设定了主体能量的聚合点与中心点，使之因为有了内在主线而融为一体。所以，离开了具体教学任务，教学能力同样会变得抽象、空洞，失去鲜活内容与明确主题。

总之，任何教学能力都具有复杂性、具体性、主体性、情境性。"三依附性"是真实教学能力的关键特征与本质属性，不脱离主体、情境与任务来言说教学能力，这是教师教学能力研究的首要准则。

二、教师教学能力建构的"SARS 模型"

真实存在的教学能力是存身情景、动态运行、连续推进的动作连续体与思维联动体，故传统因素分析、经验提取、环节拆解的认识方式不

---

① 张鲁宁.对"假性教育教学能力"能通过国家教师资格考试的反思[J].教育学报，2015,11(3):48-54.

② 王治民，薛勇民，南海."教师教学能力"概念辨析:对"中职学校专业教师教学能力标准"概念的解读[J].中国职业技术教育，2008(18):8-10.

大适宜，必须引入动态连续思维来重构教师教学能力的解释模型。借助上述教师教学能力概念分析结果，笔者试图利用教学能力"活体分析"的思维，即尽可能在动态连续体框架中分析教师教学能力的思路来建构教师教学能力发生运行的模型，以期提高教师教学能力理论的解释力与实践影响力。

（一）教师教学能力形成的四要素分析

上述研究表明：真实教师教学能力的存在离不开四个要素的支撑，即主体、任务、反响与情境，四要素相互联结、有序运转、动态推进的机制构成了教师教学能力运行的真实状态。四个要素在建设教学能力运行中承担的角色、发挥的作用不尽相同。

1. 教师主体是教学能力的栖身载体

从某种意义上看，教师能力是教师主体针对外部世界的独特理解方式、能动反应方式，这种反应方式的性能与效果决定着教师能力的大小。在教学能力发生中，教师主体好似一个黑箱，谁也看不清其内在构成状况，研究者只明白一点：教师主体是教师认知图式、理性心智、大脑心灵、经验库存等的总载体，一旦对其训练到位，教师主体就可能发出一种最合理、最有效的思维或行为反应，进而表现出优秀的实践反应能力。所以，关注教师的主体性理解、主体性反应，提升教师主体性素质，如自主性、意识性、创造性、价值性等，是教师教学能力历练的焦点。

2. 教学任务是教学能力的工作内容

在教学能力运行中，教师主体好似一台机器，它需要输入一定的材料才能运转，这些"材料"正是教学任务、教学工作等内容。工作任务内容决定了教学能力的使用方向、表现形式与具体内容，它使教学能力成为有形有物、生动可感的实在。因此，一般情况下人们会按照工作任务内容来为教师教学能力命名，如职业教学能力、专业教学能力、实践教学能力等。教师教学任务的独特内容是学术性教学、专业性教学,这就决定了其教学能力的主体内容是学术性教学能力与专业教学能力等。

3. 教学反响是教学能力的社会效应与硬核构成

教学能力不同于教学工作,其差异在于:前者体现的是教师在教学工作中的特殊优秀表现,是得到同事、同行、业界、社会认可或欣赏的优异工作方式,社会认可度高、社会效能性明显是教师教学能力的独特构成,缺失了这一内容,教师"教学能力"的称谓就无从获取;后者则指涉的仅仅是一般性的工作内容或形式,没有社会效应性指标、要素的融入。简言之,只有取得高效能、高社会认可度的教学工作方式才叫能力,否则,只能说是在干一件普通教学工作。从这一角度看,教学能力是一种稀缺性主体素质,需要经过长期的训练与经营才能获得。

4. 教学情境是教学能力真实存在的条件

如上所言,没有情境介入的教学能力是抽象而又不真实、机械而又经不住考验的"假性教学能力"。任何教学能力都具有一定的策略性特征,是教师在具体教学情境中针对具体问题发出的策略性反应,高能力型教师能够正确地解读情境、定义情境,从而做出灵活、机智、有力的行为反应,并逐步达成预定目标,最终完成教学任务;否则,在去情境、无问题的情况下,教师教学能力的独特功能与复杂性就无从体现。所以,教学情境是教学能力实存的现实条件,是鉴别教学能力有无及强弱的考场。

(二) 教师教学能力运转的"SARS 模型"

基于上述分析,我们认为,教师教学能力是由四因素——主体(S)、任务(A)、反响(R)、情境(S)构成的动态作用过程,是教师主体在具体教育情景中承担特定教学工作任务并产生积极社会反响与效能的过程。这一基于动态连续作用的教师教学能力发生机制与运转模型更接近真实教学能力状态,更具解释力与科学性。在此,我们将"SARS 模型"以

● 新时代教师教育改革与发展

图展示并做简要说明（图3-5）。

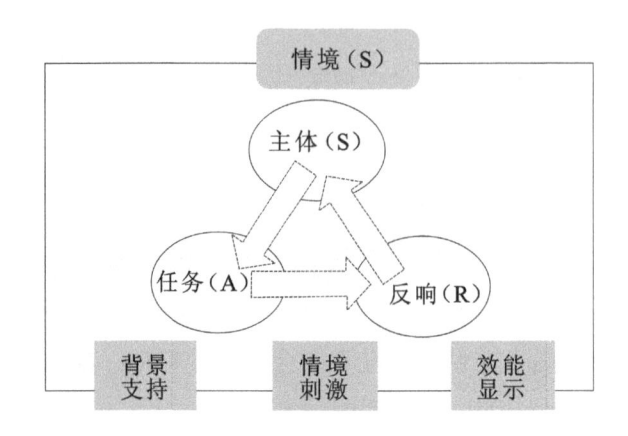

图3-5 教师教学能力的"SARS模型"

该图表明，教师教学能力运转的基本模型是四要素在交互作用中构成了一个嵌入教学情境之中的"三环动态结构"（S-A-R），这三环分别是：

第一环（S-A）为"教师承担任务"环节，即教师主体承担教学任务或工作，进行"行动中反思"与自觉实践，并与工作对象发生关联，完成特定教学任务，指向预定教学目标。

第二环（A-R）为"产生社会效应"环节，即主体在完成特定教学任务中表现优秀，实践效果出色，工作效率较高，产生了积极正向的社会反响，得到了社会的关注、认可与赞赏，并被业界、同行公认为"有能力"或"高能力"。

第三环（R-S）为"能力内化生成"，即在社会积极评价信号指引下，教师主体扩展经验库，积累优质实践认识，丰富实践图式与行动策略，升级教师主体性素养，实现教学能力的主体性转化。

这三个环节都是在教育情境中实现的，教育情境对教师教学能力的存在与形成发挥着三个作用：一是为教师主体提供行动背景支持，确保教学能力形成的真实性；二是为教师主体应对教学任务提供情境刺激，诱发问题出现，激活教师应对教学问题的智慧、策略与创意；三是为教师完成教学任务的效果评判提供评价尺度或效应器，借助教学情境的改变与响应来显示教师完成教学任务的质量与效果。在四要素共同参与下，教师教学能力得以动态运转、有序展开、循环递增，获致具体灵动的真实存在形态。

（三）影响教师教学能力形成的关键变量分析

从"SARS模型"可以看出，教师主体是教学能力的发生点、中心点，是教师教学能力生发生长过程的始端与末端，是教学能力四大构成要素的纽带与关节点。这样，教师主体性强弱、教学任务挑战性、教学反响强度与教学情境品质就成为影响教师教学能力形成的四大关键因素与变量。

1. 教师主体性强弱是教师教学能力形成的能动因素

教师主体性是教师在实践活动中表现出来的情感性、主动性、创造性、能动性与目的性，教师对教学工作的态度、兴趣与热情，在教学工作改进中体现出来的学习力、想象力、思维力、执行力、创造力，教师改变专业自我的热忱、要求与期待，对教育工作的事业心、责任心与上进心，及其对教学工作所形成的价值观念、认知理解与特殊体验等，都是决定教师教学能力状况与水平的关键要素。因此，教师主体自我素质的激发、改变与升华始终是教师教学能力提升的首要关注点。

2. 教学任务挑战性是教师教学能力构成的内在因素

教学任务是教师教学能力内化的前提，教学任务的性质决定着教学能力的内容类型，教学任务的挑战性决定着教学能力的水平与高度，提高课堂教学活动的"两性一度"，即高阶性、创新性与挑战度是刺激高水平教学能力在教师身上形成的有力手段。显然，以低层级思维，如感知、理解、记忆等为内核的教学活动必然延伸出授受型教学、机械型教学，也不可能在教师身上催生出高层级的教学能力，其根本原因就在于教学任务实现与教学能力形成之间具有同步性、同构性。

3. 教学反响强度是教师教学能力形成的社会因素

教学反响是教师优秀教学方式与社会价值实现的中介环节：一旦教

师的合理教学方式得到了外界，包括同行、业界、社会的认同、肯定、赞赏等社会性评价，教师教学方式的积极反响就会形成，随之获得"能力"的称号与殊荣；否则，教师的优秀教学方式始终停留在教学工作的自我世界之中，无法与"高能力"发生关联。进言之，积极教学反响的形成需要学校科学评价机制的建立，需要整个教育行业持有一种科学公正的教学评价标准，否则，教师的教学能力将缺失社会认可机制，导致教学反响难以顺利发生，教学能力作为一种社会效应就无从体现、无法实现。

4. 教学情境品质是教师教学能力的外源因素

教学情境依存性是真实教学能力的根本特征。在教学情境中捕捉教学问题，进行策略性应对，持续机变地调整思维与行为方式，是教师教学能力形成的微观机制与内部操作。显然，缺失高品质教学情境支持的教学活动难以保证高水平教学能力的形成，优化教学情境的要素、结构，增加教学情境的丰富性、逼真性，是催生教师高水平教学能力的物质前提。优质教学情境具有两个鲜明特征：一是启发性强，即能够唤醒教师对教学问题的新颖思考与突发奇想，激发教师的创造性与想象力，敦促教师从全新角度思考教学问题，并做出创造性的行动反应；二是逼真性强，即能够模拟、再现教学问题发生的原生场景、原始情景，让教师深陷其中，产生生动的情境体验，诱发教师的情境智慧，为教学问题的深度思考提供助推。

上述四个变量是教师教学能力提升中需要考虑的四个重要因素。如何从这四个方面协同发力，助推教学能力生发的 SARS 链环高效运转，是教师教学专长培育的一般思路。

三、教师核心教学能力构成分析

由上可见，教师教学能力是在以教师主体为内核的相关教学活动要素互联、互动中实现的，教师主体与自我、与任务、与社会（效应）间的交互作用联结至关重要，这四个联结就构成了教师教学能力的四个关键子能力——主体自构力、工作胜任力、经验迁移力与情境作用力,每项子能力又由若干次级能力构成,由此构成教师核心教学能力构成全图(图3-6)。

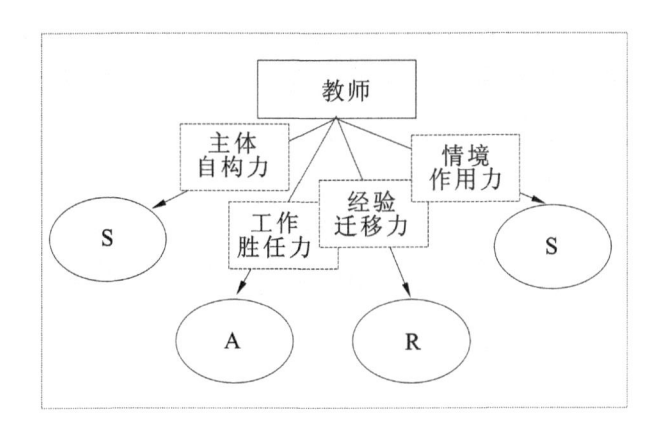

图3-6 教师核心教学能力构成示意图

(一) 主体自构力

教学能力建构的"SARS模型"告诉我们:教师主体是教学能力的关键构成,教师主体性因应外界环境而发生的重构运动是教师教学能力形成的根本机制。所以,教师主体的塑造性、发展性、变革性是教师主体性能的体现,借助教师主体性转变实现对外来教学经验、教学信息、教学策略、教学智慧等的吸附与暂存,是教师教学专业素养发展的实质。教师主体的特有功能是在应对环境、问题中借助同化与顺应实现自我认知图式的解构、建构与重构活动。进言之,在教学素养生长发育中,教师主体性具体体现为教师的"自我认知图式"、专业自我、经验库(repertoire)以及教师在教学实践中形成的教学哲学、教学理解、教学思维、教学态度、教学精神、教学期待或愿景等,它们构成了教师的自我发展力与教学重构力,决定着教师教学能力的内核。

对大学教师而言,教师教学能力的核心构成就是教师主体自构力,是"教师对教学的自我认知图式"建构力。有学者认为,教学的"自我认知图式"是教师在教学认知与实践中形成的"自己特定的关于教学的观念和规则"①，该图式一旦建立，"在很大程度上便左右着教师的课堂行为及其自我调节模式，并对后续教学活动的认知过程产生重要影响，进而阻碍或者助推教师教学能力的持续提升"②。这种对教学的"自我认知图式"其实就是教师主体的自构力。美国学者舍恩（D. A. Schon）也指出："当一位实践者将一个新情景视为他锦囊库中的某些成分时，他就获得了看待新情景的一种方式和一种新的行动的可能性。"③ 此处所言的"锦囊库"正是教师主体的存在形式，其内核是教师在实践经历中获得的一系列典型案例与有效经验集成。教师主体是大学教师教学能力的内核与载体，是教师的教育心灵、教育头脑对外部世界的能动反映与作用方式，它赋予教师教学能力以某种稳定性与可积累性，塑造大学教师的教学主体性是教学能力建设的中心议题。进言之，教师的主体自构力包括三类，即观念自构力、经验自构力、价值自构力以及自我反思力，分别塑造着教师对教学工作的认知、方式、态度与元认知，针对性培养教师的上述四种能力是从源头上提高教师教学工作能力的现实选择。

（二）工作胜任力

教师主体相对特定教学工作类型而言的适应性、可控性就构成了教师的工作胜任力，这是教师教学能力的最内核构成，从某种意义上说，教学能力就是教师的"教学工作胜任力"。一方面，具体教学工作向教师提出了能力要求，如教师必须具备学术能力，即知识生产能力，否则就难以满足学生发展性的知识需要；教师必须具备专业教学能力，否则就难以教会学生专业知能；教师必须具备课程育人能力，否则就难以有效影响学生"三观"形成；等等。教学工作向教师提出的一系列能力集合构成了大学教师的教学能力实体。另一方面，特定的能力结构决定了某一具体教师只

---

① 张学民,林崇德,申继亮.论教师教学专长的发展与教师教育[J].中国教育学刊,2007(5):69-74.

② 李庆丰.大学新教师教学能力发展研究:核心概念与基本问题[J].中国高教研究,2014(3):68-75.

③ 舍恩.培养反映的实践者[M].郝彩虹,张玉荣,雷月梅,等译.北京:教育科学出版社,2008:63.

能胜任特定教学工作或某一类教学工作。例如，具备学术教学能力的大学教师不一定适合承担实践教学，具备实验教学能力的大学教师不一定适合担任学科教师或专业教师。因之，教学工作胜任力总是在特定工作的能力需要与特定能力的相应工作间的比照中发生，工作胜任力是大学教师教学能力的本体构成。进言之，大学教师的教学工作胜任力又涉及许多子能力，如教师的人格类型、教学技术、教学观念、教学素养、表达方式与大学教师工作的匹配性，分别构成了大学教师的人格胜任力、技术胜任力、观念胜任力、专业胜任力、表达胜任力等，大学教师教学工作的顺利实施正是在这些能力的组合联合中实现的。

（三）经验迁移力

在"SARS模型"中，教学反响效果的形成是教师教学能力生成的核心环节，具体体现在两个方面：其一是教学工作状况的外向影响力，即对社会、同行、业界等的社会性影响力，它是教师教学工作状况获得"能力"殊荣的直接原因或客观依据；其二是教学工作状况的内向影响力，即对教师主体自我的内在影响，主要体现为教学工作经验体验的获得、教师工作经验库的扩充等，这是教师在成功教学工作经历中的实在收获，是链接教学工作与教师主体的中介纽带。所谓经验，就是"经历+影响"，主体经历某种实践事件后会对其身心产生的影响或带来的改变，教师承担教学任务后带来的身心素养变化就是教学经验；教师教学经验库存越大，其教学能力提升就越强，胜任教学工作的范围就会放大。教学工作经验的发生与迁移是教师教学能力得以持续提升的凭借，它使教师所有教学工作之间具备了某种连续性，并使后续教学工作成为前续工作的升级版。

教学工作经验是如何迁移的呢？舍恩研究的结果是："将新问题看作是熟悉的老问题"，其做法正是"并将新问题与已有的经验进行比较、交换，在不断的'思考'和'行动'中解决新问题"。[①] 这种经验对照、

---

① 张鲁宁.对"假性教育教学能力"能通过国家教师资格考试的反思[J].教育学报，2015,11(3):46-52.

交换与再生机制，正是教学经验迁移的运行机制。因之，教学经验的提取力、迁移力是教师教学能力的重要构成，需要教师具备三项子能力：经验的察觉力，即教师对成功做法的敏感性与察觉力，它能让教师把自己教学实践中的优异表现及时捕捉、辨识出来，使之脱颖而出，将之纳入"经验库"之中；经验的反思力，即对辨识出来的经验进行反思、加工、提升，借此提升教学经验的品质；经验的唤醒力，即遇到相似教学情境或问题时，教师能够及时唤醒经验库中的相应经验，并直接参与到新问题解决的过程中。一句话，经验迁移力是教师以教学工作反响为信号来收集成功工作经验，凝练优质教学经验，增强后续工作应变力的重要教学能力构成，对于教师教学专长形成具有重要意义。

（四）情境作用力

教学情境的在场在线是教师教学能力真实存在的条件与标志，能否在真实教学情境中有效应对教学问题、处置教学难题、做出机智应对，这是判断教师教学能力水平的重要指标。从某种角度看，教师教学能力是教师主体在与教学情境间的探索性交互、信息能量交换中形成的，其实质是教师对教学情境的理解力、反应力与重构力，它们构成了教师的核心教学能力——教学情境作用力。教师专业能力发展的两大源头，一是教师与自我心灵的交互，二是教师与外部环境的交互，前者建构着教师的主体性素养，后者建构着教师的行动性素养，即情境作用力。

首先，情境理解力是教师教学情境作用力的生发点。教学情境作为一种客观存在，不同主体、不同视角的参与会导致不一样的认知结果，而导致这一差异的根源正是教师的教学情境理解力，教师间教学能力水平的差异，首先始于对教学情境的框定方式与认知角度的差异。正如舍恩所言，在专业实践中，"我们以学科背景、组织角色，过去的历史、兴趣以及政治、经济视角为基础，从不同方面对问题情景进行框定"[1]，然后据此做出

---

[1] 舍恩.培养反映的实践者[M].郝彩虹,张玉荣,雷月梅,等译.北京:教育科学出版社,2008:5.

相应的行动反应。所以，引导教师从先进教学理论视角出发，来认知、理解、定义教学情境，是提高其教学活动成功概率的重要思路。

其次，情境反应力是教师教学情境作用力的聚焦点。在教学实践中，教师始终会基于自己的情境理解结果对身边教学情境及其蕴含的问题做出针对性反应，并力求达成预定的教学目标与意图，这就是情境反应力。如果说情境理解力取决于教师的先前知识经验储备、认知思维方式，那么，情境反应力则更多取决于教师对其专业技能、行动图式的调用整合能力，取决于其问题解决策略的即时生成能力。为此，要提高教师教学能力，就必须关注其在课堂教学情境中的反应方式、反应风格、反应效能，持续提高其教育教学能力。

最后，情境重构力是学校教学情境作用力的新生点。教师不仅要适应、利用、应对教学情境及问题，更要善于创建、重构、变革教学情境，提高其掌控教学情境的能力。在实践中，教师面临的教学情境有两类：一类是自然教学情境，一类是人工教学情境。相比而言，后者具有较强的人造性与可加工性，教师应该具备因应教学任务需要来设计教学情境、改造自然教学情境、创构理想教学情境、构造复杂教学情境等方面的能力。只有这样，教师才能够突破自然教学情境对教学工作的限制，充分发挥教学情境对教学工作的支持、促进与激发功能，为真实、卓异、专业教学能力的显现创造条件。

第四节　育人能力建设

2019年11月，教育部等七部门联合印发了《关于加强和改进新时代师德师风建设的意见》（以下简称《意见》），对我国师德师风建设工作进行了全面规划与精细布局，成为新时代我国师德师风建设工作的开局之作。

师德是教师为师立教的根本与灵魂，师风是教师潜心从教、舒心育人的氛围支持，持续开展师德师风建设工作无疑是高素质教师队伍建设的打底工程。在未来一个时期，如何全面深化师德师风教育，构建坚实有力的师德师风建设工作体系，事关我国各级各类教育事业的持续、快速、健康发展。以《意见》颁布为纽带，国务院多部门联手，共同谋划师德师风建设的未来蓝图，共同助力数以千万计的"四有"好教师培育，其影响深远，意义明显。

一、师德师风建设是教师队伍育人能力建设的首要支撑点

在 2018 年全国教育大会上，习近平总书记指出："教师是人类灵魂的工程师，是人类文明的传承者，承载着传播知识、传播思想、传播真理，塑造灵魂、塑造生命、塑造新人的时代重任。"[1] 这一论断指明了教师工作的特殊内涵与独特使命，这就是以德育德、以魂育魂，它是教师职业的基本属性，师德师风建设是建立高素质教师队伍的基础工程。教师在新生一代成长、国家经济社会文化建设与人类知识智慧生产中发挥着不可替代的专门作用，没有一支师德高尚、作风优良、敬业爱生的教师队伍，中国特色社会主义教育事业的推进必然寸步难行。在当代，社会对教师的职业期待、素质要求持续攀升，其中最为重要、首当其冲的素质要求就是师德品行。坚定不移地推进师德教育与师风建设是社会主义教育事业兴旺发达的内在要求，是创办人民满意教育、提高教育事业品质、构建和谐社会的坚实支柱。《意见》指出，深入推进师德师风建设工作对于"倡导全社会尊师重教，激励广大教师努力成为'四有'好老师，着力培养德智体美劳全面发展的社会主义建设者和接班人"具有特殊意义。

（一）师德师风建设是体现"立德树人"这一教育本质的要求

教育的本质是教书育人、立德树人，以德立身、以德立学、以德施教、以德育德是教育工作的独特运行方式，是教师队伍育人能力建设的首

---

[1] 新华社. 习近平出席全国教育大会并发表重要讲话 [EB/OL]. (2018-09-10) [2023-12-25]. https://www.gov.cn/xinwen/2018-09/10/content_5320835.htm.

要考虑。"教师在教书育人过程中表现出来的思想信念、道德品质、敬业精神以及工作作风，会直接感染和熏陶学生"[1]，所以《意见》指出，"以心育心、以德育德、以人格育人格"是教育工作的根本特点，立德树人是教师工作的根本任务，在这一工作中，师德是最根本、最重要的育人要素，故教师素质评价必须坚持"师德第一标准"。作为教师专业素养的"第一"内涵，师德具有其内在科学性与合理性。这是因为教师职业劳动不同于一般劳动形态，其显著特点是个体性与集体性的有机统一：面对每一位学生，教师要用其高尚的师德、丰富的知识与专业的技艺来影响学生、引导学生，使其成长为"又红又专"的社会主义建设者与接班人。教师个体的师德水平、师德涵养、师德品质至关重要，是影响学生道德成长、人格发育、心灵生长的关键影响源，没有每个教师的优良师德作保证，学生在教育环境中"成人"的目标就无法达成。就每个具体学生成长而言，其素养素质形成得益于众多教师的合作与协同，各个学段、各门学科、各个领域的教师合力而为，才成就了学生的"优秀"，所以，每一位优秀学生都是整个教育行业培育的结果，师风行风建设水平决定着每一位学生的最终学业成功。以师德师风建设为抓手，全面构筑有利于学生全人成长、道德发展的教育系统，是新时代我国各级各类教育事业科学发展的内在要求。

（二）师德师风建设是教师队伍的核心能力建设

师德师风建设不仅是教师个体专业发展的导航仪与驱动器，还是教师队伍能力建设的首要支撑点。就教师专业能力构成来看，它主要包括两大核心能力，即教书能力与育人能力，在学习化社会，育人能力的重要性飙升，成为现代教师的首要专业能力。这是因为：在传统社会，人类知识总量有限，成为一种稀有文化资源，教师工作的首要内容是知识传授与文化再生产；在学习化社会，知识指数级增长，在人生发展中责

---

[1] 赵培举.加强师德师风建设培养高素质教师队伍[J].中国高等教育,2013(13)：66-68.

任意识、学习能力、创新精神等发展素养跃居首要地位,决定人的发展水平与高度,人格人心教育成为教师工作的首要内容。在这种情况下,育德育心能力或立德树人能力一跃成为教师队伍的核心素养,成为决定学习者发展水平的关键因素。因此,加强教师师德师风建设,提升教师的育人资源与道德影响力,成为教师队伍核心能力建设的重要内容与首要支撑。换个角度看,作为成长中的人,学习者具有较强的向师性与可塑性,优良师德很容易转变为学习者的卓异德性品质,高尚师风很容易转变成为学习者的优良学风,为此,加大师德师风建设力度自然成了当前我国整体提升教育行业育人水准的有力切入点。

二、师德师风建设必须立足师德成长规律

良好师德是如何形成的? 对这一问题的回答,无疑是我国构建师德师风教育体系的理性支点,是增强师德师风体系建设工作科学性的基本考虑。实践表明,影响教师师德成长的三大关键因素是:主体自觉、实践活动与环境作用,良好师德是教师自主参与师德实践活动,在与周遭师德环境积极互动中形成的。与之相应,主体建构律、实践参与律与环境互动律就成为师德成长的三大基本规律,良好师德是教师在贴身环境中自觉实践、主动建构的产物。统观《意见》全篇,我们可以发现,《意见》自觉遵循了三大师德成长规律,对我国教师师德师风建设工作体系举措的设计有理有据、科学可行。

(一) 师德成长的主体建构律

研究表明,道德的形成是主体建构与价值引导相辅相成的过程,教师作为师德主体的自主、自觉与自律是优良师德形成的物质前提,诚如学者所言,"优良师德师风的形成需要科学的理论指导、积极健康的精神支撑、合理的价值来规范,需要师者的自我锤炼、自我修养和自我完善"[1]。所谓

---

[1] 韩泽春,王秋生.社会主义核心价值体系视域下的高校师德师风建设[J].新疆师范大学学报(哲学社会科学版),2013,34(3):103-108.

道德建构，就是主体借助自觉活动与外部环境发生交互作用，据此实现自我道德认知图式因应外部世界的自然调整过程。进言之，师德建构是教师在教育实践活动中自觉能动地应对师德环境，借此改变自我的师德认知、师德理解、师德评价方式的过程，其直接结果是全新师德认知与活动图式在教师心灵中的重构。所以，缺乏自我参与、主动践行、自觉改变的师德学习活动是无效的，任何师德主体的虚化或缺位都是导致师德师风建设工作失效的根源。

《意见》强调，要"确保教师在落实立德树人根本任务中的主体作用得到全面发挥"，教师师德培育的基本途径是"课堂育德，在教育教学中提升师德素养""典型树德，持续开展优秀教师选树宣传"与"规则立德，强化教师的法治和纪律教育"，意在夯实每个教师在师德建设中的主体地位，促使其在课堂实践、榜样导引、规范履行中成长为师德优异的好教师，在他们身上建构起高尚的师德品性。同时，《意见》还对师德师风形成中的价值引导工作做了明确指示，这就是"坚持价值导向，引导教师带头践行社会主义核心价值观"，"坚持思想铸魂，用习近平新时代中国特色社会主义思想武装教师头脑"。这样，自主建构与价值引导在师德师风建设中的合作格局由此形成：在社会主义核心价值观引领下，教师自主参与、实践、建构，就成为新时代我国学校师德师风建设工作的科学依据。

（二）师德成长的实践参与律

师德实践的两端分别是教师主体与社会环境，将之关联起来并发生交互作用的媒介就是实践活动，实践是教师优良师德形成的舞台与装置，实践参与是教师师德形成的第二规律，体现着马克思主义、建构主义对教师师德师风建设工作的重要启示。实践是人们有意识、有目的地探索、改造现实世界的社会性活动，与之相应，师德实践包括两个方面：一是教师在师德人格的统领下，参与教育教学实践，进行探索、体验、反思，不断升华自我师德水平的过程；二是教师凭借自己的优良师德，开展教育教学活动，据此影响学生道德心灵与人格，促使其道德成长的过程。在师德实践中，教师自我师德提升与催生学生道德成长之间互为一体两面的关系，无论是实施课程德育还是德育课程，它们都是教师师德提升的具体途径，都是教师师德实践的现实构成。正是如此，《意见》强调，引导教师"守好讲台主阵地，将立德树人放在首要位置，融入渗透到教育教学全过程"，其实就是教师师德历练的主途径，一个真正能够落实立德树人根本任务的教师同时也一定是在师德实践中表现卓异、师德修养过硬的好老师。

（三）师德成长的环境互动律

师德是在社会环境中形成的，教师主体与社会环境间的互动是师德成长的内在机制：社会环境决定着师德的内容、方向，为教师师德成长提供营养、提出要求；师德主体——教师能动作用于社会环境，促成社会环境的正向改进，抑制不良社会环境的衍生，对外围社会环境发生选择性作用；教师主体与社会环境间的交互作用、趋于平衡的过程也是教师师德面貌水平日趋定型的过程。具体而言，师德形成的社会环境主要包括三类：其一是学校的小环境，其二是行业的中介环境，其三是社会的大环境。在学校小环境中能否坚持"师德第一"的绩效评价标准，完善教师素质评价标准，建立科学的师德奖惩体系，是师德发展的基本保障；在行业中介环境中，师德自律体系建设、师德风尚培育、师德监督体系构建等，都是良好师德形成的物质环境构成；在社会大环境中，有关教师的社会地位、社会舆论、社会氛围、师道文化、网络文化等，都是师德形成的社会根基，是决定教师师德状况的直接因素。无疑，尊师重教的社会环境，师道尊严的社会文化，较高的经济地位、政治地位、社会地位等，都有助于培育"教师安心、热心、舒心、静心从教的良好环境"，有助于高尚师德师风的形成。为此，《意见》指出，"将师德师风建设要求贯穿教师管理全过程"，"着力营造全社会尊师重教氛围"，其意图就是为了培育能更好地促进优良师德形成的学校环境、行业环境与社会环境，为我国师德师风建设工作提供强有力的外围环境支持，为高尚师德师风形成产生催生与营养作用。

三、师德师风建设必须建立立体工作体系与长效工作机制

师德是教师个体从业的基本资质要求,师风是教师行业社会声誉的主要来源,师德师风建设是提高教育质量、构筑优质育人体系、增强教师职业社会美誉度的有力行动。基于上述分析可知,良好师德是多主体协同合力的产物,是立足师德成长规律自觉干预的作品。无疑,在上述干预手段中,最有力的就是师德师风建设工作立体体系与长效机制的建立。《意见》对我国师德师风建设工作系统与工作机制做了全面筹划,为我国教师职业转型升级提供了坚实保证。

(一)建立多主体参与的师德师风建设工作体系

师德师风建设是一项复杂的系统工程,需要相关利益主体的协同联动才有可能完成。为此,《意见》提及了多样化的师德师风建设主体,试图构筑一种网络化的师德师风建设工作系统,这些主体分别是教师、学校、党组织、政府、社会、行业、家庭、企业等,每个主体的师德建设责任也不尽相同(表3-1)。

表3-1 《意见》中涉及的师德师风建设主体及其责任设定

序号	建设主体	具体责任	责任层级
1	教师	加深职业认同、守好讲台主阵地、全员全过程全方位育人等	首要责任
2	学校	完善教师招聘和引进制度、严格考核评价、厚植校园师道文化、违规惩处、开展师德师风专题教育等	主体责任
3	党组织	建强教师党支部、健全党的组织生活各项制度等	引领责任
4	政府	规则立德、严格师德督导、违规惩处、支持教师参与重大决策、维护教师职业权利、开展师德宣讲、优秀教师选树宣传活动等	主导责任
5	社会	提高社会地位、邀请教师代表参加重大节日、新媒体传递教师正能量等	配合责任

续表

序号	建设主体	具体责任	责任层级
6	行业	把好教师入口、规范教师资格申请认定等	辅助责任
7	家庭	配合等	配合责任
8	企业	提供"教师优先"服务等	辅助责任

在此，可以将上述建设主体构成的师德师风建设工作体系图示如下（图3-7）：

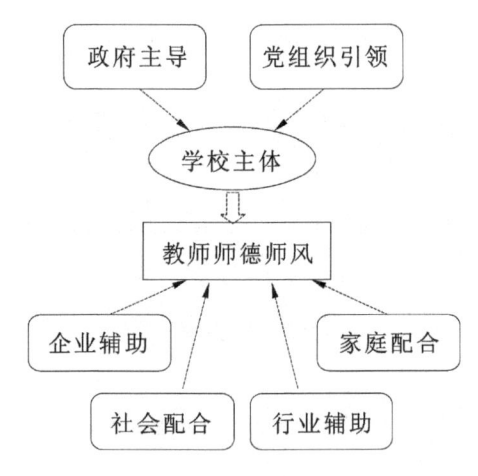

图3-7 《意见》要求建立的师德师风建设工作体系示意图

上图表明：在新时代我国教师师德师风建设工作体系中，各相关主体间是主次有别、相互配合、合力协作的关系。其中，教师是师德师风建设的首要主体，学校则是教师师德师风建设的关键主体，家庭、社会、行业是教师师德师风建设的辅助主体，诚如《意见》所言，"压实学校主体责任，引导家庭、社会协同配合，推进师德师风建设工作制度化、常态化"。为了提升学校师德师风建设的效能，政府的规范、督导、问责、奖惩等举措至关重要，是增强师德师风建设自觉性与效力性的组合行动；社会的风气建设、舆论建设、媒体建设、文化建设是策应政府与学校师德师风建设工作的有力举措，社会的配合能够大大降低教师、学校、政府师德师风建设工作的阻力，增强师德师风建设工作的实际效力。因此，重视师德师风建设工作主体的统筹，构建师德师风建设的工作网络，是确保师德师风建设工作效能稳步提升的需要。

（二）建立稳定的师德师风建设工作长效机制

师德师风建设不能毕其功于一役，就不能搞短平快工程，而必须常抓不懈、久久为功、稳步推进，这是由师德师风形成过程的复杂性、缓慢性、曲折性与长期性等特点所决定的。一方面，师德师风建设链条上任何一个环节失效，都会导致全国教师师德师风建设水平迅速滑坡。譬如，一旦师德师风监督体系失灵，社会监督松懈，少数教师可能目无师德、为所欲为，全国师德师风建设防线就可能瞬间失守，导致功亏一篑的败局。另一方面，师德师风建设工作上的任何短视行为，都可能弱化师德师风建设工作的根基，忽视师德师风培育工作的持续积累性。

进言之，师德师风建设工作的长效机制起码包括两项内容：其一是推进师德师风建设的制度化、常态化，将之渗透于学校日常教育教学工作、教师管理工作、教师培训进修工作之中，持续深化教师职业理想信念教育，并将之以法制化、准则化、习惯化的形式固定下来，成为教师评价、学校评价、政府评价的常规内容、常设项目。其二是强化社会监测、政府监督、行风监察、文化建设等师德师风建设环节，将之融入社会系统建设、文化系统建设、法治系统建设之中，时刻保持对师德师风建设工作的警惕性与自觉性，力促健康师德师风生态的形成。《意见》指出，"经过五年左右努力，基本建立起完备的师德师风建设制度体系和有效的师德师风建设长效机制"，教师师德师风教育工作的新格局、新机制顺利形成，这正是我国师德师风建设工作的预期目标与工作愿景。

第四章 教师学习方式转变

当前,效能低迷问题正成为影响教师教育事业持续发展的"瓶颈":一方面,职前教师教育有限性问题[1]决定了师范教育只可能作为教师职业准备教育而存在,它不可能造就出真正意义上的卓越教师;另一方面,职后教师培训"过度关注超越、剥离身体的思维训练和知识传递"[2],培训效能"来得快、走得快"这一现象遭社会诟病,成为促使国家教师培训体制不断调整的潜因。面对双重挑战,教师教育研究者一直试图探明教师教育效能生成的内在机制与关键旋钮,由"教师教育"走向"教师学习"便是这一探索的重要路向之一。

第一节 教师具身学习

其实,一切教师成长现象都源自教师亲身的学习实践,而"为何学、学什么、怎样学"则构成了教师学习链环上的三个节点,由此构成了教师学习的三个重要分支理论——价值论、课程论与方法论。其中,教师学习方法论肩负的使命是阐明教师学习的发生机制,而当前学界流行的具身认知、具身学习研究正是从理论根源上响应了上述教师教育症结问题,故迅

---

[1] 刘涛,龙宝新.论职前教师教育的有限性[J].教育学术月刊,2012(4):60-62.
[2] 毕亚莉,张永飞.教师专业学习的身体性路径研究[J].当代教育科学,2019(3):47-51.

速成为当代教师学习研究的新视点。本书中，研究试图从具身认知理论出发，对教师具身学习的内核与机制问题加以探究，以期为未来教师学习形态变革提供启示。

一、教师具身学习的内涵与变革

具身学习诞生于学习理论研究史上的三次蜕变：在行为主义看来，学习是身体行为的塑造；在结构主义看来，学习是认知结构的调适及其内蕴的心理运算；在新认知主义看来，学习是主体全身在场的情景互动。后者就是具身学习，与离身学习、书斋学习相对，其有三个显著特点：涉身性，学习必须经由身体而非大脑来发生；情境性，学习必须经由主体与情境间的互动来实现；生成性，学习是主体在情境互动中被自然塑造的产物。具身学习的提出挑战着传统认知主义的学术立场，成为对教师学习现象最具解释力的一套学术理念系统。具身学习思想向教师学习领域的迁移导致了"教师具身学习"的诞生，如何科学认识"教师具身学习"的内涵构成与发生机制，就成为本节关注的焦点问题。站在具身学习的立场上看，教师具身学习具有其独特的思想内涵与实现路径。

（一）教师具身学习的内涵

与离身学习相对，教师具身学习是教师在亲身与环境互动中形成的一种学习类型，是教师全人内嵌于环境中生发出的一种学习形态，它的诞生意味着教师学习史册上的一次历史变革与返璞归真。应该说，人类学习的素朴形态就是具身学习，而基于符号知识的离身学习只是人类知识存量达到一定水平后产生的一种非自然学习形态。所以，具身学习是教师离身学习的始基与渊源，教师具身学习的三重内涵理应是：

1. 教师学习是实时感验

教师学习首先是教师身体与其外围环境、情境、世界之间发生的一种交互实践，而教师身体对外部环境的根本响应方式是感验，即知觉、直觉、经历、体验，整个感验的结果是多模态经验体验的生成，而不仅仅是传统认知理论显现的那样。学习仅仅是大脑对外物符合的抽象加工，显然，感觉、感应、感验到的东西都具有现场性、即时感。正如学者所言，"认知是具体的个体在实时（real time）的环境中产生的，储存在记忆里的认知信息并非抽象的符号，而是具体、生动的，同身体的特殊感觉通道相联系"①。科学研究表明：具身学习是借助主体"先天的身体图式、本体感受器、模块交互能力、镜像神经元"② 来与置身其中的环境进行互动与会话的，而不仅仅通过表象、符号、概念来进行交互与交流；教师学习发生的部位首先是身体，其次才是大脑，大脑学习归属于身体学习，并经由身体学习来实现。

这两点事实表明：教师学习是教师身体与环境间发生的即时性、多通道交互活动，教师具身学习具有鲜明的时间性、空间性与交感性。在学习中，教师身上发生的每一丝感应都是鲜活而又灵动的，都是活生生的实时感验的涌流。从这一角度看，教师学习是教师身体与环境情境间的一次交感、一次互动、一次对话，这一学习现象用枯燥的知识信息交换是无法解释的。

2. 教师学习是身体会话

对教师个体而言，学习是身体与环境间的一场会话；对教师群体而言，学习是教师群体身体间的一场会话。如果说教师向同事学习的方式是主体间交往，那么，这一交往首先是在教师身体间展开的。有学者指出："以身体为基础的主体间性，即我们通过身体化的表现，通过身体的姿态，通过模仿和互动与他人分享我们的存在。"③ 这就是主体间学习的基本机理。以教师之间专业技能的示范与学习为例，教师借助对对方身体活动的感知、观察、效仿进入对方的世界，借助身体间独特的会话方式——身体意象交流来实现双方身体经验体验的交换与分享。所谓身体意象，是指主

---

① 叶浩生. 具身认知：认知心理学的新取向[J]. 心理科学进展, 2010, 18(5): 705-710.
② 何静. 身体意象与身体图式：具身认知研究[M]. 上海：华东师范大学出版社, 2013: 103.
③ JOHNSON M. The meaning of the body: aesthetics of human understanding[M]. Chicago & London: The University of Chicago Press, 2007.

体"对自己身体的知觉经验、信念、情感态度"① 等，人们之间的思想交流、观念分享是建基于身体意象交流之上的，身体意象交流是主体间最原始、最可靠、最真实的交流方式，也是教师身体间会话的原生态语言。有研究表明，"个人通过自身的动作知识来推测他人的动作意图，即人通过自己的身体体验理解并认知他人"②。读懂身体的语言、语法是教师间深度分享经验、传递教育技艺的必经之途。在具身学习中，教师身体间相互传递的内容主要是身体感觉、身体意象、身体姿态，它们是教师从同事那里学到最为隐秘的教育技艺、专业诀窍的秘密通道。无疑，回归这种本真的教师互学路径，是当代教师培训焕发生机的必由之路。

3. 教师学习是自然连续体与统一体

教师具身学习有两大鲜明属性，即自然性与连续性，整个学习过程好似一个连续体、统一体与生态体，发生在教师的日常生活世界与工作实践中。从自然性角度看，教师学习始于其身体对外物、外界的自然感应、自发反应、知觉反映，是"内嵌于一个'感觉—行动'的动力循环过程中"③ 的自动反应、自发行为，而非知识理论学习那样，是由人的意志发动、大脑驱动、身体被动的指令化过程，正所谓"认知依赖于有血有肉、能感觉、会运动的身体的体验"④，是主体在情境中"对身体姿势和身体运动无意识的调适（身体图式）"⑤，是人的经验、体验、直觉的自然涌流与生发过程。从连续性角度看，教师学习是"心智—身体—环境建立平衡的动态过程"⑥，是"身—心—环境"间发生的自然整合过程，是教师的身体、大脑与环境间交互作用的产物，所以，任何教师学习活动都同时具有

---

① 何静.身体意象与身体图式:具身认知研究[M].上海:华东师范大学出版社,2013:44.
② 杨子舟,史雪琳,荀关玉.从无身走向有身:具身学习探析[J].教育理论与实践,2017,37(5):3-6.
③ 郑旭东,王美倩,饶景阳.论具身学习及其设计:基于具身认知的视角[J].电化教育研究,2019,40(1):25-32.
④ 同②.
⑤ 何静.身体意象与身体图式:具身认知研究[M].上海:华东师范大学出版社,2013:42.
⑥ 同②.

三重属性——具身参与性、情境摄入性与内在交互性，教师的身体、大脑、环境就镶嵌在教师学习这一连绵流程中。正如有学者所言："心智'嵌入'在身体中，而身体则'嵌入'在环境中，环境通过身体制约和影响心智活动。"[①] 在教师学习中，身体、大脑、环境始终是联动、联盟、联合的关系，不存在游离于这一过程的孤立要素与环节。

（二）教师具身学习的三重变革

在具身学习视野中，教师学习发生了一次变革性的蜕变，这一变革深刻改变了教师学习的动力、方式与机制，迎来了教师学习思维的一次重构。

1. 动力变革：由"主观意志"到"情境压力"

传统教师学习观念认为，教师学习主要是主观意志、学习动机驱动大脑运转的过程，是以知识、符号、理论为内容，以认知结构的同化顺应为机制，以概念理解、认识获得、技能形成、态度转变为结果的过程，其动力源是教师的主观意志与学习动机。这一教师学习观一直指导着教师教育实践，成为一切教师专业发展实践的元定理。其实，教师观念世界的改变不一定带来教师行为系统的即时转变，不一定引发教师实践世界的同步响应，因此，这种教师学习动力系统受到当代教师教育研究者的质疑。具身学习认为，教师学习的原动力是"情境压力"而非"意志驱动"，或者说，后一动力具有第二性，并建基于"情境压力"之上。具身认知理论认为，教师学习的新"动力系统"是"将认知看作是智能体不断嵌入环境中实时的、适应性活动的'动力系统'"[②]，其根源于"心智、身体和环境之间的动态平衡"[③]。该动力系统的具体表现是：教师身体与周遭教育环境间产生的不适感，教师身体对教育情境的直觉反应，教师身体在新教育情境

---

① 杨子舟,史雪琳,荀关玉.从无身走向有身:具身学习探析[J].教育理论与实践,2017,37(5):3-6.
② 毕亚莉,张永飞.教师专业学习的身体性路径研究[J].当代教育科学,2019(3):47-51.
③ 叶浩生.身体与学习:具身认知及其对传统教育观的挑战[J].教育研究,2015,36(4):104-114.

中感受到的"压力感",以及在教育实践中教师身体"被实践带着走"的实践感。其实,实践"本质上是个线性系列"①,是"一个由事件组成的累积系列,一道既稳定又新颖的经验之流"②,栖身实践中的教师身体无疑会产生一种随波逐流、实践召唤的感觉,这是推动其教师学习活动发生的原始动力机制。还有学者指出:在承担实践任务中,人"几乎没有过多时间去思考和建立最佳的反应机制和行为模式,这导致其知觉行动和学习结果往往伴随着很多偶然,学习者当下的直觉反应成为具身学习的主要形式"③。进言之,教师在教育情境中的"直觉反应"形象再现了诱发教师身体学习行为的动力形态——情境压力。

2. 方式变革:由"脑学"到"身学"

长期以来,人们相信学习发生的部位是脑部而非身体,"脑学"是学习的基本样态,其运转方式是脑神经网络间的信息传递与思维加工,是抽象符号的运演与计算。反映在教师身上,教师学习是脑部活动,是指令、观念、信息、思想向大脑的传输与运演,在这一过程中教师身体只是"刺激的传导器和中枢指令的效应器"④,是教师头脑学习发生的车间与皮囊,机械性与被动性是其根本属性。在具身认知框架中,这种教师学习观被超越,教师身体被视为教师学习发生的枢纽与关键部位,能动、真实、多样的教师学习活动就发生在教师身体之中。一方面,教师学习是涉身、全身、亲身参与的活动,一切悬空于教师身体之上的学习对教师来说具有一种陌生感、疏离感与浅表感,都难以带来教师身体图式、行为习惯的根本转变;另一方面,教师学习发生的真实状态是其身体的感应,即情境性的直觉、知觉、情绪、经验、体验等,正所谓"教师身体是教师感

---

① 布迪厄. 实践感[M]. 蒋梓骅,译. 南京:译林出版社,2003:129.
② 梅斯勒. 过程—关系哲学:浅释怀特海[M]. 周邦宪,译. 陈维政,校译. 贵阳:贵州人民出版社,2009:47.
③ 郑旭东,王美倩,饶景阳. 论具身学习及其设计:基于具身认知的视角[J]. 电化教育研究,2019,40(1):25-32.
④ 叶浩生. 身体与学习:具身认知及其对传统教育观的挑战[J]. 教育研究,2015,36(4):104-114.

知、体验、情绪的存在之所"①,一切外来知识、观念、思想、理论对教师最终学习影响的发生都必须借助上诉身体感应来实现。

有学者研究指出:身体运动直接获得的原初体验是种种"触觉体验","身体的'触觉意向性'通过身体的运动机能表现出来"②,它才是链接人的身体与世界的真实通道。换言之,"身体的感觉及运动成了学习的关键,人是通过身体来认识世界的"③。在这一意义上,教师学习的基本形态是"身学",是其身体与周遭世界接触中发生的种种感应活动,教师是通过身体来认识世界、作用世界、改变世界的。

3.机制变革:由"表象媒介"到"镜像反映"

在传统教师学习观念系统中,教师学习离不开表象与符号,因为制造表象、加工符号、处理学习是大脑的核心功能,其中表象更具有基础性,它既是客观现象的反映,又是抽象符号的前身。与之相应,教师学习的机制就是丰富表象的生成与运演,是人用表象来构筑世界、塑造主体、引控身体的理性实践。随着具身认知的出现,"表象瓶颈"问题日益凸显,因为"当情境要求认知主体快速、连续地做出反应时,认知主体无法形成关于环境的完整心理模型以获得行动计划"④。基于这一现实问题,国外研究指出:"心灵不是内在模型和表征集聚的特殊内在场所,而是一个大脑、身体和环境整合的、相互交织的复杂系统的活动和过程。"⑤面对这一困局,科学家发现了一种特殊神经元——"镜像神经元",打开了人的身体与环境直接交换的一条特殊通道——知觉通道,开启了教师学习研究的新纪元。相对大脑反映而言,基于知觉与镜像神经元的身体反映具有多模态

---

① 毕亚莉,张永飞.教师专业学习的身体性路径研究[J].当代教育科学,2019(3):47-51.

② 李金辉."身体"体现:一种触觉现象学的反思[J].江海学刊,2012(1):63-67.

③ 杨子舟,史雪琳,荀关玉.从无身走向有身:具身学习探析[J].教育理论与实践,2017,37(5):3-6.

④ EPELBOIM J. Deictic codes, embodiment of cognition, and the real world[J]. Behavioral and brain sciences,1997,20(4):746-746.

⑤ CLARK A. An embodied cognitive science? [J]. Trends in cognitive sciences,1999,3(9):345-351.

性、多维立体性，而非单一的知识信息传入，其中包含着动觉直觉、内省经验、本体感觉、感觉"通觉"①，成为综合反映外部世界的一种特殊形态——镜像式反映。

从这一角度看，"镜像神经元就成为连接认知和身体的通道"②，教师身体对外部世界的认知首先源自一种镜像式知觉反映，源自人的身体意象、身体知觉，而不像传统认知理论所想象的那样，教师仅仅通过简单、机械的概念符号来认识世界、作用世界。其实，人天生具有一些行动图式——身体图式，其特异功能是"通过对身体姿势和身体运动无意识的调适，使得世界中许多有意义的部分被整合到我们的经验中"③。显然，这种"无意识调适"发生的原因就在于人的镜像神经元的存在，它为我们解释教师具身学习的发生机制提供了客观证据。

二、教师具身学习链环分析

在阐明"教师具身学习"含义之后，我们将转向另一个重要问题：教师具身学习是如何进行的？无疑，教师具身学习一定是一个可持续的链环，而非片段性要素的机械拼接，连续性、自然性、流体性是教师具身学习的固有特征。进而思之，具身学习有三个关键节点——身体、环境与互动，其中身体是学习的发生部位，环境是学习资源的储存部位，互动是身体与环境交互作用的工作部位，教师具身学习就是教师身体在情境压力驱动下引发身体感应、生成学习经验体验的过程，基于情境压力的启动机制、"身体-情境"交互的感应机制、身体学习经验的生发机制，构成了教师具身学习的关键链环，它科学解释了教师学习的三个关键问题：学习动因问题——教师为什么要学习；学习方式问题——教师怎样学习；学习结果问题——教师学习收获什么。教师具身学习的链

---

① 李金辉."身体"体现：一种触觉现象学的反思[J].江海学刊,2012(1):63-67.
② 叶浩生.镜像神经元：认知具身性的神经生物学证据[J].心理学探新,2012,32(1):3-7.
③ 何静.身体意象与身体图式：具身认知研究[M].上海：华东师范大学出版社,2013:232.

环过程如图 4-1 所示。

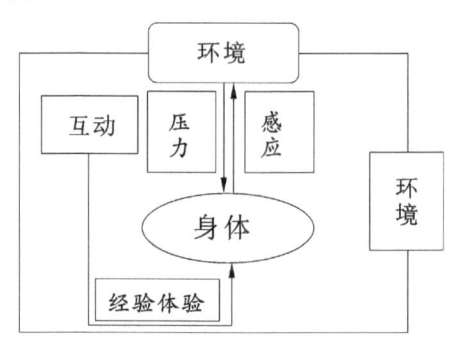

图 4-1 教师具身学习的链环过程示意图

上图表明：教师具身学习的核心是内嵌于环境中教师身体与周遭环境间发生的一场互动，即在环境压力下教师身体对环境产生的感应，这一互动的结果是教师学习体验经验的获得与形成。与之相应，教师具身学习包括三个关键环节：情境压力驱动、身体感应发生、学习经验体验的获得。

（一）情境压力驱动

如上所言，教师具身学习的始发点是情境压力的作用，这是因为"认知、身体和环境形成一个动力系统，认知是身体的物理属性同社会环境相互作用的结果"[1]。在常态下，教师身体、大脑、环境三者处于一种平衡状态，一旦外界环境中加入了新信息、新刺激，尤其是那些引发教师身体不适的信息、刺激，身体、大脑与环境间的平衡态由此被打破，身体与环境间的互动调适机制随之启动。进言之，在具身学习中，教师学习行为的发生不是始于大脑中的认知失调，而是始于身体与环境间的状态失调；一旦这种失调发生，教师会感受到一种"情境压力"或"实践感"，其身体会被这种"实践感""压力感"牵着走，引发教师身体图式或日常行为图式的调适反应。有学者指出："具身的事实影响或前意向性地构造了与意识

---

[1] 李恒威,盛晓明.认知的具身化[J].科学研究,2006,24(2):184-190.

和认知过程相关的知觉、记忆、想象、信念、判断等。"[1] 所以，是身体内嵌于环境的事实及其本体感觉、身体意象等决定着教师学习的命脉，而非传统认知理论所认为的那样，学习始于学习者的自觉意识、认知失调与自由意志。一句话，人的身体不是被大脑指令"牵"着走，而是被情境"带"着走，一切外来知识学习都必须经由环境媒介来实现。诚如杜威所言："儿童是在环境中学习的，教育儿童也是以环境为中介的。"[2] 教师具身学习的原理也是如此，环境情境与教师身体意向、行动图式之间是高度契合关系。即是说，认知失调只可能导致教师大脑学习活动的发生，而难以将学习效果延伸到教师全身，演变为教师的全身学习行为。

（二）身体感应发生

身体不仅会自动响应环境的变化并产生压力感，而且置身环境中的身体还会对周遭环境、身边世界进行感应，在环境中产生身体感应是人的一项本能，这一感应的结果必然带动主体的身体行动轨迹发生变化，这就是教师具身学习发生的潜在原理。研究表明：教师身体与环境互动的中介是"镜像神经系统的激活"，其互动的媒介是多模态的知觉反应，其互动的直接表现是各种知觉、直觉、经验、体验、意象的生成，具有明显的全通道性、多维度性、整体参与性，而不像表征表象思维那样，学习仅仅是大脑的某一部位、身体的某一点位、认识的某一局部被激活参与其中。有学者指出，"认知的发生不仅涉及身体构造、神经结构、感官和运动系统等的参与，还涉及身体的感受、体验、经历等经验层面的嵌入"[3]，这就是身体感应的具体体现。

进言之，教师身上存在两种行为图式：一种是原生的、伴随婴儿出生就具备的种种身体图式，一种是在后天环境中习得的新行为图式，后者是教师具身学习的主要内容。这种学习行为的前身是教师身体在与环境互动中形成的种种经验体验，其形成的一般流程就是：经验环境—身体感应—

---

[1] 何静.身体意象与身体图式:具身认知研究[M].上海:华东师范大学出版社,2013:5.
[2] 杜威.杜威教育名篇[M].赵祥麟,王承绪,编译.北京:教育科学出版社,2006:119.
[3] 张良.论具身认知理论的课程与教学意蕴[J].全球教育展望,2013,42(4):27-32.

身体反应—图式生成。它表明：教师学习是整个身体与周围世界、周遭环境间的一次感验实践，是教师身体经由知觉通道与外部世界互动互联的结果。在这一意义上，"认知是被身体及其活动方式塑造出来的"，而非"运行在'身体硬件'之上并可以指挥身体的'心理程序软件'"[①]，与教师身体共生共长是教师具身认知的鲜明特征。

（三）学习体验经验生成

身体与环境间的交感、交互都会导致教师学习经验体验的形成，它构成了教师具身学习链环中的尾环。研究发现，人在活动情境中的具身方式有两种，即情境具身和想象具身，不同具身方式会产生不同的学习体验经验：在情境具身中，教师的学习具有现场感、真切感，一系列身体感应与经验自然涌现而出；在想象具身中，教师的学习具有虚拟性、仿真性，教师在经验虚拟情境环境中生成的是替代性经验、虚拟现实经验。

在当代，随着3D、4D以及虚拟现实的出现，基于仿真场景的学习经验随之诞生，并在职前教师学习中频频使用。就学习体验经验的发生机制来看，教师亲历场景、亲感现场、亲身遭遇是其生发机理。这种学习经验体验形成的方式不是语言转达、符号借用，而是现场触发下在教师身体上发生的一种涌现现象——学习经验体验好似泉水一样一下子从教师身体中"冒"出来。有学者指出："表征和计算并不是理解和建构人类认知活动的唯一方式，隐喻和模拟才是映射和建立概念意义的最根本基础。"[②] 其意即，"隐喻和模拟机制"是教师身体应对外部世界、建构存在意义的基本方式。一旦教师用身体模拟他人身体的表现，比拟他人身体的姿态，响应环境对身体的暗示时，学习体验经验就会不断涌现，真正意义上的教师学习成果随之出现。

[①] 叶浩生.具身认知:认知心理学的新取向[J].心理科学进展,2010,18(5):705-710.
[②] 郑旭东,王美倩,饶景阳.论具身学习及其设计:基于具身认知的视角[J].电化教育研究,2019,40(1):25-32.

三、面向具身学习的教师学习形态变革

由上述分析可知,教师具身学习是"基于身体感知的即时性行动"[①],是"大脑、身体以及环境的各个因素耦合而生成的动态系统"[②],具有涉身性、情境性、生成性等特点。在这一新学习系统中,教师身体成为教师学习的中心,教育环境成为教师学习的资源,身体感验成为教师学习的车间。与理性教师学习观相比,大脑、课堂、意识日渐淡出幕后,教师学习成为着生在教师身体学习母基之上的一种特殊教师学习形态。在具身学习的视野中,传统教师学习方式面临着挑战与变革,"情境创设—身体卷入—互动交感—知觉反馈"成为现代教师学习的新流程、新形态。

(一)情境创设:改变教师身体的感觉

知识源自大脑,大脑栖身身体,身体嵌于环境,"在与情境相互对话,大脑、身体以及环境三者组成了一个动态的统一体"[③],这是教师学习面临的基本事实,它决定了:身体才是教师与外部环境接触、互动、作用的界面,环境是引发教师学习、中转教育资源、传导学习能量的必经链环,教师身体学习活动是在环境的怀抱与触发中发生并进行的。更进一步看,情境是更微观、更贴身、更感人的环境,是最具鲜活性、亲身性、直接性的近身环境,理应成为教师学习发生的直接部位与真实现场。因此,创设学习情境,融入学习资源,诱发情境压力,引发身体知觉,敦促教师与近身情境间的互动与交感,正是启动教师具身学习的首始链环。具身认知研究得出的一条重要结论是:"认知信息不仅储存于大脑和身体结构之中,还储存于周围的环境之中。"[④] 所以,身体可以通过"适应物理环境和人际环境"从而获得其中承载的认知信息,尤其在人际互动中,大量的信息寓于

---

① 郑旭东,王美倩,饶景阳.论具身学习及其设计:基于具身认知的视角[J].电化教育研究,2019,40(1):25-32.
② 张良.论具身认知理论的课程与教学意蕴[J].全球教育展望,2013,42(4):27-32.
③ 同②.
④ 杨子舟,史雪琳,苟关玉.从无身走向有身:具身学习探析[J].教育理论与实践,2017,37(5):3-6.

环境之中，成为节省交际语言的物质依托。在教师具身学习中也是如此，学习情境创设是有效传递学习信息、传送学习资源、还原知识原形、提升学习魅力的便捷路径。有学者也指出，具身认知的重要含义之一是"扩展认知的传统概念，不仅把身体，而且把环境的方方面面包含在认知加工中"[1]。这一观点再次表明：教师具身学习效能首先取决于周遭环境情境的品质与营建，通过人工创设真实学习情境、技术再造逼真学习场景，可以大幅度提高教师学习的效能，扩展教师学习活动的信息容量。在具身学习探究中，还有研究者引入了一系列富有创意的举措，譬如，将工作场景转化为游戏场景、开展角色扮演、表演教育剧等[2]，可见，鲜活的教育场景激活了学生多模态体验，提高了学生的身体参与度，学习效能大大提升。我们相信：这一具身学习的探索与经验同样适用于教师具身学习实践。

（二）身体卷入：把教师身体带入情境

在具身学习中，学习不再是身体离线、心灵独转的活动，而是嵌入身体和环境的活动，其中"嵌入环境"意味着知识生发于情境，而"嵌入身体"则意味着身体的卷入与实践，意味着身体全面介入学习的过程。有学者认为："认知植根于身体，而身体则以进化的方式由环境塑造。"[3] 教师身体不仅仅是学习发生的动因所在、学习发生的实体部位，更是经历学习活动的结果与产物。在这一意义上看，没有身体的进入、参与、活动、变化，具身学习根本不可能存在、发生，正所谓"身体的经验在情境的展开中获得实现"[4]。

我们有理由相信：教师身体具有吸附经验体验、生产经验体验、调适经验体验的特殊功能，一切寓于学习情境中的知识、信息、观念等被教师

---

[1] 叶浩生.有关具身认知思潮的理论心理学思考[J].心理学报,2011,43(5):589-598.
[2] CROWDES M S. Embodying sociological imagination:pedagogical support for linking bodies to minds[J]. Teaching sociology,2000,28(1):24-40.
[3] 杨子舟,史雪琳,荀关玉.从无身走向有身:具身学习探析[J].教育理论与实践,2017,37(5):3-6.
[4] 邱关军.从离身到具身:当代教学思维方式的转型[J].教育理论与实践,2013,33(1):61-64.

身体经历之后都可能转变为"身体的痕迹"并储存下来。当然，教师身体与其身体图式、身体意象、身体经验等是同在同体的，进入教师学习情境中，教师身体绝非纯粹的肉体（flesh），而是具有文化吸收力、经验生产力、自我调适力的身体（body）。在这一意义上，教师身体始终在学习情境中发生着自我进化、自我蜕变，其对外界教育问题与情境的知觉力、反应力始终处在持续增长中。应该说，与新学习情境的每一次相遇都是教师身体进化的一个契机，都是教师身体从外部世界汲取成长营养的一个站点。

（三）交感互动：用交互重塑教师身体

身体与环境好似教师具身学习的两端，二者间的交互交感意味着教师学习的真正发生，感应反应是教师身体响应学习情境的基本方式。从教师身体与周遭环境互动的方式来看，大致有两种：一种是交感，即教师身体对外部环境信息产生了共鸣、共情效应，导致一种身体体验的形成，其基本特征是身体不与环境发生信息的交换，只发生身体能量的共生现象，这一体验是教师学习专业态度、专业精神、专业信念、专业情操、专业价值观的情感机制，是教师人格形象形成的物质渊源。一种是交换，即教师身体与外部环境信息间发生的交换、交流、共享、共生现象，通过交换，外部环境中承载的教育信息会浸入教师的身体，影响教师身体图式，引发教师行为方式的悄然转变。

无疑，不经过教育环境转载、复原、稀释的专业知识观念是难以与教师身体发生共鸣、共生、共享反应的，因为教师身体对外部世界发生感应反应的前提条件是：这些信息一定是具体、具象、具形式的，而非抽象、单维、片面的符号物。进言之，身体始终以整体为单位对整体的现象、事物、情境发生感应反应，那些抽象的知识符号必须经由具体现象、具体形象、具体事物的搭载，才能输入到教师身体中去。正是如此，身体认知世界的方式是："当认知活动开启后，不断涌入的感觉信息将通过持续影响学习者的快速认知加工而影响任务完成过程中与外界环境的交互。"① 这就是整体式、知觉式、全通道式的"身体—环境"交互方式。教师正是经由这一方式实现了对外界知识、信息的输入、加工与摄入。

（四）感觉反馈：持续优化教师学习效能

教师具身学习是一个持续调整、不断完善的闭路循环系统，其重要构成环节是感觉反馈，即教师身体经验的返回传入。有学者指出："具身学习不仅需要学习者身体的积极参与和投入，同时，更需要其对特定情境中的自身行为、感受、思想和经验等进行主动反思和感悟。"② 这就是以教师身体感觉为主要内容的反馈传入系统。其实，人的学习反馈系统的主要形式是伴随学习全程的反思，即舍恩所言的"行动中反思""对行动中反思的反思"与"对反思描述的反思"③，其中最为根本的反思形式是"行动中反思"，具体体现为人在学习中返回传入的动觉信息、直觉反应、知觉经验、情感状态等。这些返回传入信息的共同特征是感验性、直接性、全通道性，没有加入任何中间信息处理系统，而非像机器那样，只接受一种形式、一个维度的信息形态。

在具身学习中，一切返回传入信息影响人的唯一部位是教师身体的状态，唯一关注的问题是：先前感受到的"环境压力"消失了没有？或者说身体与外界间的平衡态是否找到？如果这一平衡态未找到，教师身体与环境间的交感互动持续存在，学习活动持续进行，教师身体图式处在持续重构状态之中；如果这一平衡态达成，教师身体与环境间的交感互动暂时停止，本阶段教师找到了相对稳定的身体行动图式。在教师学习中，身体感觉反馈信息的传入有效改进了教师身体学习方式，提升了具身学习效能，推动了教师学习循环的持续优化。

---

① 郑旭东,王美倩,饶景阳.论具身学习及其设计:基于具身认知的视角[J].电化教育研究,2019,40(1):25-32.
② 同①.
③ 舍恩.培养反映的实践者[M].郝彩虹,张玉荣,雷月梅,等译.北京:教育科学出版社,2008:27.

总之，在具身学习视野中，教师学习是在情境与身体间发生的一场多元交感与多通道反馈实践。其中，情境是教师学习发生的重要环境与物质依托，身体是教师学习发生的关键部位与主体条件，交感互动是教师学习发生的一般机制与运转方式，而感觉反馈则是教师学习的返回传输与校正系统。在一个完整的教师具身学习单元中，教师只有全身投入、经历环境、感验体验、双向交互，才可能促成真正教师学习现象的发生。而在传统教师学习中，大脑、知识、意志、表象成为教师学习装置的关键要素，教师学习日渐异化成为身体离场、体验缺失、情境退隐的过程，成为教师身体接受教师头脑、教育观念、教育意志控制的过程，教师学习变成了教师一厢情愿的事情。更进一步看，传统教师学习把教师成长视为一场观念洗脑、身体训练的机械过程，而教师具身学习则将教师成长视为身体主动、情境交感、图式生成的复杂过程。在当代教师专业发展中，顺利实现两种教师学习形态间的自然转换与协作互生，自觉推进教师学习方式的转型升级，是增强教师专业学习力，提升教师专业学习效能的现实诉求。

我们相信：学习是教师心灵的修炼、全身的修炼、一生的修炼，是教师身体遭遇优质成长环境而发生的一次自觉升华实践，是教师遭遇情境、进入情境、带动情境、转变情境的全人生长旅程。教师成长绝非仅仅是其脑部世界、精神宇宙、意志心灵中的观念转变、想法更新，更是教师全人、全身的整体转变与真实进步。如果能从教师身体经验体验角度来思考教师的现实发展道路，优化教师专业成长的环境与场景，那么，当代教师一定能够找到一条"脚踩大地、贴地行进、创生发展、全人转变"的正途。

第二节　教师学习进阶

教师专业发展是教师教育的价值归结点，而教师学习则是教师专业发展的根本路径，为教师学习提供"接天连地"的指导与服务是教师教育事业的天命所宿。长期以来，众多教师教育者误以为"教了即学了，学了即学会",无视教师学习主体及其学习层级的存在,无限夸大教师培训的能量,甚至机械地用"教师教育"代替"教师学习""教师专业发展",致使我国教师教育深陷"短路"与"悬空"危机,无法真正走进教师学习者的心灵世界,教师教育的功能难以充分彰显。2006年,美国国家研究委员会(NRC)首先提出"学习进阶"(learning progressions)这一概念,掀起了细化学习过程、重视学习层阶、评价阶段性成效的新主流学习观,敦促当代教师教育者放弃简单、肤浅、线性的教师学习观,转向重过程、分阶段、有层级的教师学习系统建构,无疑代表着当代世界教师教育变革的重要向度。

正如有学者所言,近年来美国之所以重视学习进阶的理念与研发,其实质就在于"一方面帮助学生循序渐进地形成完善的知识体系,另一方面关注教师不同阶段的专业发展"[①]。遗憾的是,世界教育领域中,科学教育的学习进阶研究风靡全球,而"教师学习进阶"研究则门庭冷落、令人心寒!正是基于此,本节试图对"教师学习进阶"的核心理念及其教师教育改革问题加以探究,以期引起教师教育界的关注。

一、教师学习进阶:当代教师教育系统升级的应然路向

理想的教师教育系统是立体的,它具有长、宽、高三个重要维度:"长度"代表着教师教育的时间跨度,终身化是其标志;"宽度"代表着教师教育的空间跨度,全面化是其特征,即用教师职业实践中形成的道德、知识、能力、情感、人格等教育资源多角度影响教师专业成长;"高度"代表着教师专业素养持续攀升的水平跨度,梯级化晋级是其关键内涵。遗憾的是,当代我国教师教育系统的"第三维"研究恰是一个人迹罕至的盲区,"一次受训、全面达成、终生管用"被视为"当然教师教育现象",成为教师行业的民间教育哲学。我们不禁要问:一次教师培训的效

---

① WILSIN M. Measuring progressions: assessment structures underlying a learning progression[J]. Journal of research in science teaching,2009,46(6):716-730.

力到底能够持续多久？教师专业发展目标可否在一次培训中达成？教师职业生涯中经历的多轮培训难度是同级同质的吗？每轮培训到底与教师专业成长阶段有多大契合性？其实，教师专业发展是质与量的统一："质"代表的是每一个成长阶段特有的专业思维方式，"量"代表的是教师专业成长所达到的真实成就水平，笃信量变而忽视质变正是诱发当代中国教师教育三大"症候"的症结所在。

（一）当代中国教师教育的三大"症候"与归因分析

专业化、一体化、标准化、大学化、高端化是当代中国教师教育的显著特征，开展专业资格教育、三段教育一体化、出台专业标准、大学教师教育主导、卓越教师培养计划升级等，勾画出了当代中国教师教育系统的主画面。这一教师教育系统具有三个明显症结：

1. 一次性

"一次受训、内容相似、五年一轮"是我国中小学教师教育系统设计的第一个弊端，正所谓"年年岁岁花相似，岁岁年年人不同"。以教育部2011年颁布的《教师教育课程标准（试行）》为例，整个目标按照"目标领域"与"课程设置"两大维度设计，笼统地倡导"终身化"取向，只设置终端教育目标，却很少考虑教师专业成长的阶段性特点，没有学段性"课标"支持，容易给人一种误解：在职前教育阶段就能够达成这些终端教师培养目标。学习进阶理论认为：学习是螺旋式递进过程，因为"概念学习并非线性的，学生需要不断在新情境中重温概念，以深化对概念的理解"[1]；学习轨迹是"多元多段、较为复杂"的，即多个概念、多种能力同时发展，每个概念、能力分层级形成，正所谓"学习轨迹一般涉及几个进阶层级，以层级间为主、层级内为辅，需规划多个学习阶段"[2]。

---

[1] 翟小铭,郭玉英,李敏.构建学习进阶:本质问题与教学实践策略[J].教育科学,2015,31(2):47-51.

[2] 郭玉英,姚建欣.基于核心素养学习进阶的科学教学设计[J].课程·教材·教法,2016,36(11):64-70.

可见，学习活动具有循环性、层阶性，学习者对核心概念的理解与深化是有"阶"的，每一个完整学习活动都是由若干"学阶"构成的。作为学习活动的下位概念，教师学习也不可能在一次学习活动中"一次形成"，而必须在经历多次学阶递进之后才可能完成。实践也告诉我们：教学专长、教学观念的形成是复杂、曲折、非线性的，"某些专业体验和支持会在特定领域触发成长，而在不熟悉的新环境中可能会出现技能层次临时的倒退"，在整个过程中"教师需要元认知知识来持续不断地完成这个学习循环"[1]，这就决定了：教师专业成长势必是在多元轨迹线路、多次环境互动中曲折前进的。如果盲目按照单通道直线上升的思维来安排教师教育活动，其教育效果无疑是低效的。进言之，当代中国教师教育效能不彰，其根本症结就在于这种"一次性"教师教育思维的根深蒂固。

2. 悬空性

悬空性是我国教师教育的第二个明显弊端，即教师教育内容与活动的设计立足于"抽象教师"的假定之上，立基于研究者的主观经验与理论分析之上，很少沉降到真实的教师专业认知层面与心灵世界中去，无法与教师专业成长的真实状态特征相契合。在教师专业发展标准与目标制定上，重视专家调研而忽视心理测试，看重理性推测而忽视专业测评，笃信教师专业发展阶段的理论预设而忽视教师真实概念理解状况，由此导致教师学习活动的设计无形中脱离了教师的真实思维水平。这种"悬空性"有两大体现：

其一是"学习需求崇拜"，其表现是：在实践中，教师培训需求调研盛行，但其科学性值得质疑，教师真的了解自己的专业发展需要吗？不一定。没有科学的测试作支撑，没有高品质课程资源供给，教师的真实专业需要不仅难以准确呈现，还随时面临被曲解或误传的风险。

其二是"理论家假定"，其表现是：教师教育内容安排往往是基于

---

[1] 肖丹.基于《示范核心教学标准》的美国中小学教师学习进阶[J].教师教育学报，2014,1(5):21-28.

"教师是一个教育理论家"这一隐形前见或设定展开的,其结果,教师教育课程的主体是教育知识,职业技能被视为教育知识的应用延伸,"植根实践、能力为本、知识为辅"的科学教师学习理念始终难以得到认可与践行,肤浅的教师教育行动滋生蔓延。

早在2001年,美国国家研究委员会(NRC)就指出:"知道学生知道什么"是学习进阶研究的起点。正因为如此,欧美国家基础教育研究中尤为强调"基于事实、数据的研究与设计",为学习进阶开发指出了一条科学方向。其给教师学习进阶研究的启示就是:所有教师教育内容与活动安排必须首先搞清楚"教师学习者知道什么""教师学习者已经会干什么"这两个问题,然后才是教师学习需求分析与教师教育活动安排问题。显然,我国教师教育的悬空性就导源于对教师认知与思维现状的忽略,而专业测试恰恰是补齐这一短板的一把利器,构建基于教师学阶测试的教师教育系统是中国教师教育改革的大势所趋。

3. 离散性

我国教师教育课程、教师培训活动设计往往是分维度、分序列来进行的。例如,按照专业信念责任、专业知识能力、专业实践体验等教师素质维度来设计课程标准;再如,按照"专家讲座—研讨研磨—实践观摩"这一序列来设计教师培训活动。其最大特点是:关注教师一线实践需要而不是核心观念逐步形成,使教师教育活动陷入功利化、琐碎化的困局,不利于完整、连贯的教师教育系统形成。如果说理想教师教育系统好似一棵大树,其主干一定是教育教学领域的大概念,它将琐碎的教育知识、技能、态度有机关联起来,成为一个教师教育活动的有机体。有学者指出,"大概念是指一种强有力的解释模型,是能够用于解释和预测较大范围自然界现象的概念"[1],教育领域中的基本核心教育概念正扮演着"大概念"的角色。然而,当代中国教师教育系统的设计几乎都是理想教师素养及其相

---

[1] 孙影,毕华林.科学教育中学习进阶的开发模式研究述评:以ChemQuery评价系统为例[J].全球教育展望,2015,44(8):104-113.

应课程资源图谱的分解，而没有严格依照教育大概念这一主干来展开，导致教师教育活动常常是分领域、分模块、分素养来编排的，许多与教师工作相关的知识、技能、态度要求被简单地打包在教师教育课程群落之中，其内在的连贯性、系统性难以保证。

在学习进阶理念中，学科大概念好似所有学习内容的"中心骨架"，是将所有学科知识能力串联起来的一道主线，它为其他琐屑的相关知识点、能力点、素质点提供了牢靠的固着点与融合点，在它的牵引下，学生学习变成了一个顺藤摸瓜的事情。这一理念对教师学习水平的提升有明显指导意义。在教师学习进阶开发中，如若按照核心教育概念，如教师、教育、课程、教学等，系统、连贯、有序地设计教师教育活动流程与课程资源体系，据此持续深化教师对核心概念的理解，促使以核心概念为轴心的教育概念网络在教师大脑设计中逐步形成，我国教师教育的现实效能势必大大提升。

针对上述三个短板，构建循环性、一致性、连贯性教师教育系统，无疑是当代中国教师教育改革的方向，而教师学习进阶理念正是构建这一新型教师教育系统的最佳导航与理念支持。对教师成长而言，每一个概念的深度理解与熟练运用都要经历多个梯度来达成，它需要的是与教师的专业思维方式高度一致且连贯持续展开的教师教育系统支撑。因此，将学习进阶理念迁移到教师学习领域中去，用"教师学习进阶"理念重塑中国教师教育系统，其现实意义是非凡的。

（二）走向教师学习进阶

人类学习形态是形形色色的，但万变不离其宗的是对学习规律的承认与遵循，学习进阶理念对教师学习进阶领域无疑具有可适用性。其实，只有按照"进阶"的理念来设计教师学习进程，契合教师学阶特征，其学习效果才有保证，否则，忽视教师学习层阶现象的存在，缺乏对学习层阶的遵循意识，教师教育活动只会继续受困于"实效性质疑"。走向教师学习进阶，向我国教师教育系统植入"学阶"的观念，构建教师学习连续体，是创建有效教师教育的客观要求。

1. 从"学习进阶"到"教师学习进阶"

学习进阶发端于学生学习领域,要将之引入教师学习领域,无疑需要做必要的"形变"与"调适"才有可能。学生学习的对象是普通知识能力,而教师学习的对象是专业知识能力;学生学习的层阶划分历史悠久,而教师学习的层阶划分研究则刚刚起步。这就决定了"教师学习进阶"必定有独特的内涵与后来居上的开发路径。

从本意上看,学习进阶的核心内涵是:某一知识能力在学习者身上发生的持续性发展过程,其典型理解是:"学生连贯且逐渐深入的思维方式的假定描述"[1] "对某一核心概念的理解以及对某种技能的掌握连贯且逐渐深入的典型发展路径"[2] "学习者在相关内容领域获得发展的连续性描述"[3],以及"儿童学习或者探究某主题时,其思维方式(way of thinking)的连续且不断精致化发展的描述"[4] 等。这些描述中有四个关键词:学习者、大概念、思维方式发展、连续性描述,其侧重点是:关注学习者对某一大概念真实的、阶段性的、渐进性的理解方式变化。据此,我们认为,教师学习进阶是教师学习者对某一核心教育概念或"教育大概念"真实的、阶段的、渐进的理解变化过程,它关注的是教师学习进程中真实显现出来的轨迹、路径与梯级。形象地说,教师学习好似"爬楼梯",其起点水平或"脚踏点"是职前发展状况,其目标水平是专业概念理解成熟、教学专长形成,二者之间是由一个个层阶或台阶链接起来的,每一个层阶就是一个"教师学阶",经由这些学阶渐次攀升、逐步达到专业成熟的过程就

---

[1] National Research Council. Taking science to school:learning and teaching science in grade K - 8[M]. Washington D C:The National Academics Press,2007:236.

[2] 郑曼瑶,张军朋."学习进阶"的研究及其在物理教学中的应用[J]. 物理通报,2014(12):2-6.

[3] 肖丹. 基于《示范核心教学标准》的美国中小学教师学习进阶[J]. 教师教育学报,2014,1(5):21-28.

[4] SMITH C L, WISER M, ANDERSON C W, et al. Implications of research on children's learning for standards and assessment:a proposed learning progression for matter and the atomic-molecular theory[J]. Measurement-interdisciplinary research and perspective,2006,(1/2):1-98.

是教师学习进阶。正如学者所言，教师学习进阶描述的是教师"在核心教学标准各级指标下，教学实践复杂性不断增强的教师学习递进发展的层次"[①]。

2. 教师学习进阶的完整构成

作为一个基本概念，教师学习进阶很容易理解，但要将之行动化、实操化，还需要完整实践系统的搭建。围绕"教师学习进阶"这个问题，研究者还必须关注四个延伸性问题：其一，教师素养是在什么维度上进阶？其二，如何划分教师专业学习过程中的"学阶"？其三，如何定位教师学习达到了哪一学阶？其四，应该用什么课程与活动来干预教师学习进阶过程？对这四个问题的回答依次是：教育领域中的"大概念"（即核心概念）、学习达到的水平层次（即学阶）、学阶测评工具、教师教育干预变量等，它们共同构成了教师学习进阶系统，推动着教师专业认知、专业思维、专业能力、专业态度等素养的梯次式发展。在此，我们将教师学习进阶的完整系统图示如下（图4-2）：

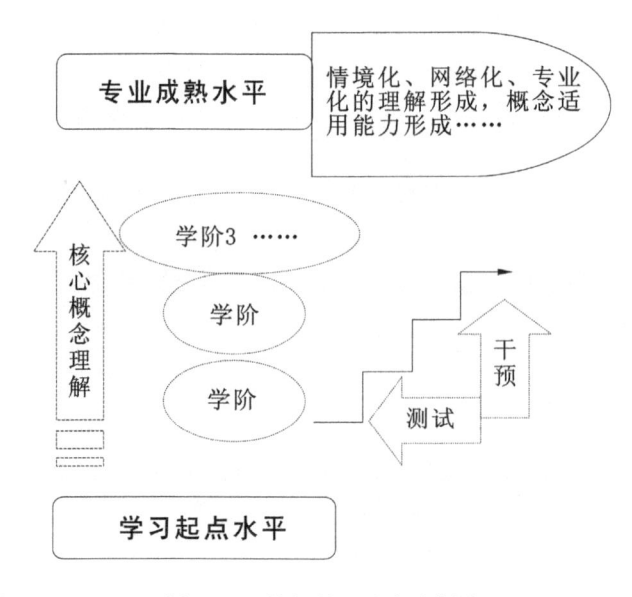

图4-2 教师学习进阶示意图

---

① 肖丹.基于《示范核心教学标准》的美国中小学教师学习进阶[J].教师教育学报，2014,1(5):21-28.

上图表明：教师学习进阶是教师素养经由核心概念理解日渐深化而实现的由专业起点水平向专业成熟水平不断迈进的过程，该过程由若干可测的学阶组成；教师专业成熟的标志是其对核心教育概念的理解日益情境化、网络化、专业化且能灵活适用于特定教学情境。借助教师教育活动来干预教师学习过程，促使其发生进阶升级现象，是教师教育服务介入教师专业成长的基本方式。整个教师学习进阶现象由三个子系统构成：概念理解系统、学阶测评系统与教育干预系统，三者交互作用、有机配合，共同推动教师专业学习水平的持续提升。正如国外学者研究所言，学习进阶的四个构成要素是进阶变量、水平层次、学习表现、测试评价，与之相应，教师学习进阶也包括核心概念理解、层次及表现、学阶定位测评等构成要素，增加"教师教育干预"环节则使这一过程更符合教师教育现实需要。

由上可见，引入教师学习进阶思维，基于教师学习进阶理念来重构我国教师教育系统，无疑是应对上述三大教师教育系统症结的有力举措。在本节中，我们期待在教师学习进阶理念的指导下，构筑出具有渐进性、连贯性、可测性的教师教育系统，为教师专业学习搭建一种坚强有力的教育支持系统。

二、教师学习进阶的核心理念剖析

有学者指出："教师成长是朝着高水平实践特性发展的一个连续统。"[1]教师学习进阶的实质是建立教师专业发展的连续统，促使教师认知发展阶段与教师教育服务间实现"无缝对接"，由此构筑出一种始终处在"教师最近发展区"的教师教育服务系统。从这个角度来看，让教师成为"学习者"，成为清楚自己专业发展层级的"专业学习者"，是教师学习进阶研究的前提。相对于传统教师教育理念，教师学习进阶理念的先进性就体现在它所依托的全新教师学习观，对这种新型教师学习观面貌的刻画，有助于

---

[1] 肖丹.基于《示范核心教学标准》的美国中小学教师学习进阶[J].教师教育学报，2014,1(5):21-28.

我们精准把握教师学习进阶与传统教师教育观之间的根本分界线。

（一）演进式教师成长轨迹的预设

教师学习是教师专业思维方式与教师教育活动间的互促共进过程：教师用自己已有认识视野、教育思维来同化吸附外来教育知识经验，建构自我的教育经验系统或教育认知地图，这种因应新教育知识经验而发生的教师专业自我或教育认知地图重构过程就是教师成长。显然，一旦外来教育知识经验与教师个体知识经验之间找到了"接触点"或"共生点"，教师学习活动就会发生，否则，在教师身上就会产生大量的过度学习、虚假学习、无效学习现象。与之相应，教师专业成长是渐进累进的过程，是经历若干专业发展阶段而抵达专业成熟的过程，每一个阶段的标志就是一套相对固定的思维模式、认知方式的存在，它好似一道台阶，教师一旦跨越了这一学习梯级，全新的发展模式就会被开启。因此，对准这一学习梯级开展教师教育活动是决定教师教育活动有无效能、效能大小的关键因素，只有教师教育活动与教师发展层级上的主导思维方式之间发生"共鸣"或"反应"，有效教师学习活动才可能发生。从这一角度看，传统教师教育的理念基点是教师的激进性成长观，即任何教师都可以接受最高发展层级的教育知识观念，并瞬间消化理解，直达教师专业成长阶梯的最顶层。

相对而言，教师学习进阶的理念基点是教师的演进性成长观，即新教师要接受最高层级的教育知识观念，必须经历"多轮学习循环"，借助多个"中间概念"或"辅助阶梯"的中转才可能最终消化。在此，每一个"中间概念"其实就是教师在特定认知阶段理解教育领域"大概念"的中间产物。受学习进阶观念的启示，我们相信："教师学习进阶"中的关键词是"进阶"。其中，"进"关注的是教师成长过程，关注的是教师对教育领域核心概念理解的日渐深化过程；"阶"关注的是教师成长过程中的阶段性、"关键点"与发展阶梯，它是教师演进式学习中必须翻越的一道道坎。有学者认为，在大概念理解过程中发生的"不再是零散的知识堆砌，这本身是一种价值转换的过程"①，这一价值转换点就是"学阶"的显现点。与学习进阶一样，教师学习进阶的实质内涵就是"以核心概念为主线，内容之间逐渐演进，最终实现概念构建"②，以此为教师构筑起一道"概念轨迹"或"专业发展阶梯"。

（二）迷思概念中转的教师学习线路

传统教师教育其实是一种短路式、直梯式教育，即教育知识观念不经过教师吸收、揣摩、质疑而直达教师头脑与心灵世界的教育，称之为"灌输式教育"亦不为过。相对而言，教师学习进阶观则认为，教师成长是非线性、有波折、有回路的复杂过程，教师教育者向教师学习者传达的知识理论随时都会遭遇教师的质疑、反弹甚至隐性的抵抗，迷思概念的存在便是这一现象的实证。所谓迷思概念，就是教师在学习中产生的一些与核心教育概念不一致的模糊概念、存疑概念，它们常常留存在教师的脑海中，并常常以经验概念的外形体现出来。可以说，迷思概念就是经验概念走向科学概念的中间物或过渡概念，有无迷思概念的存在是检验深度教师学习是否发生的依据之一，迷思概念是真正教师学习发生的前兆。就其产生根源来看，迷思概念源自新概念与教师日常概念之间的冲突，一旦教师的日常理解、思维模式、认知图式难以消化新概念，将之同化、合理化，教师的思维方式会随之发生适应性变化，这是一次艰难的自我调适与专业认知图式重构过程，是教师专业认知图式遭遇反常规现象时发生的"冲突"反应，会使教师陷入疑惑、困顿、焦灼、迷茫状态，迷思概念就是在这种状态中产生的。应该说，迷思概念显现是教师专业认知图式转换发生的显示器，它是教师真正学会专业概念的必经阶段，是教师专业思维发生质变或教师学阶跃升的中转带。所以，有学者指出，"'阶'的产生从本质上是由于学生的许多迷思概念"，"迷思概念的研究对于确立'阶'有重要理论

---

① 翟小铭,郭玉英,李敏.构建学习进阶:本质问题与教学实践策略[J].教育科学,2015,31(2):47-51.
② 同①.

意义"①。在迷思概念的媒介中，教师学习攀登的是步行梯（walker），而非直升梯（escalator），这就是教师学习进阶观。

一般而言，不经过迷思概念阶段的教师学习都处在教师专业发展的量变阶段，而经由迷思概念阶段发生的教师学习大都处在教师专业发展的质变阶段，教师面临新概念时的"迷思"反应其实就是教师理解新旧概念的转换点。在迷思状态中，教师身上不仅会出现疑惑不解等应激反应，还会激活教师全部知识经验，据此展开专业推理、自我调适的自觉努力，最终学会"像教师一样思考"，而这正是教师专业学习的至高目标。正如有学者所言，"并非初学者不能推理，而恰恰是他们不能像化学家那样推理，或用化学家的学科知识进行推理"②。在概念迷思状态中习得专业的推理方式，正是迷思概念带给教师学习者的一件特惠礼物。

（三）核心教育概念的融贯串联

从知识内容的组织性来看，教师学习可以分为两类：碎片学习与整合学习。所谓碎片学习，就是内容零碎、杂陈一起的学习形态，其具体表现是：学习内容的选择维度多样、逻辑跨度较大、主线骨干不清、主题聚合度不高等，这种学习常常在"实践需要"或"工作相关"等名义下随意编选学习内容；所谓整合学习，就是学习内容的主题主线异常清晰的学习形态，其具体表现是：学科大概念一以贯之，学习内容间高度紧凑，毗邻概念间梯度合理、衔接自然等。无疑，传统教师学习基本上是以碎片学习为主的，尽管许多学者会强辩其内在逻辑性与整合性，但这种逻辑线路基本上是粗线条或强加式的，其精细度远远难以满足教师进阶学习的需要。

在"在整合中发展"理念指导下，教师学习进阶是教师对核心教育概念的理解不断精致化、情境化、网络化的过程，这是一个核心概念日益多维化、多态化、具象化的过程，是核心概念内部逐步分化、外部联结丰富

---

① DUIT R. Students' and teachers' conceptions and science education[D]. Kiel: University of Kiel, 2009.
② 孙影,毕华林. 科学教育中学习进阶的开发模式研究述评：以 ChemQuery 评价系统为例[J]. 全球教育展望, 2015, 44(8): 104 – 113.

的过程。其结果,两条大概念衍生线,即概念发展序列线、概念联系辐射线日渐清晰,核心教育概念及其衍生线在教师的教育世界中演变成为一条纵横交错的概念网状图(图4-3)。这就是教师学习进阶所依托的整合学习线路。

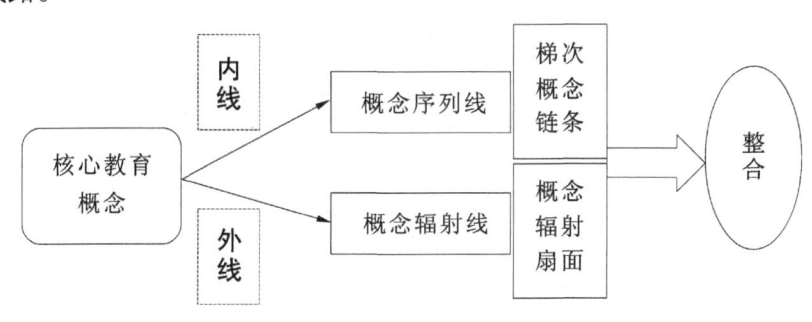

图4-3 核心教育概念的衍生线

上图表明:教师学习进阶是以核心教育概念为主线的知识衍生与整合,这一主线由两条支线——内线与外线构成。其中内线是核心教育概念逐级分化的轨迹,由此会形成一个由不同层级中间概念构成的教育概念序列,即梯次性概念链条;外线是概念在与各种教育生活具象关联中形成的各种概念适应方向,每个概念适应方向会衍射出一道概念辐射线,所有概念辐射线围绕核心教育概念构成了一个概念辐射扇面。两条核心概念衍生线路都逼近一个目标状态——网络状整合型概念网络,导致了知识整合学习在教师身上的发生。正如学习进阶那样,"学生对记忆的事实、公式、潜在的迷思概念建立起成对联结,当学生建立起大量整合的联结时,便达到了深层次的概念理解"[1]。与之相应,深度教师学习发生的另一重要标志就是网络状概念关联的形成。

(四)"建模+实证"的互动学习观

传统教师教育秉持的教师学习观是单向、单线的,其内在假定是:教育知识技能的传授必定会带来教师素养的自然成长,教师教育者只需控制

---

[1] 孙影,毕华林.科学教育中学习进阶的开发模式研究述评:以ChemQuery评价系统为例[J].全球教育展望,2015,44(8):104-113.

好教师教育影响源即可，无须顾及这种影响的现实效能。实则不然，这一预设性前见（prejudice）具有两个明显疑点：其一，教师教育影响源是否真的会见效，很少有人去验证过；其二，衡量教师教育影响源品质的尺度不可能是专家推理，而是其现实社会效应或教师学习者事后生成的专业获得感。进言之，教师教育质量是建立在双向互动，即教育影响与教育实践、教师教育者与教师学习者间的双重双通道互动基础上的，真实有效的教师学习观必须是互动学习观。所谓互动学习观，其内在含义是：教师学习是其在与教育影响源间的反复互动回环中发生的，是在授受双方的多轮互动磨合中推进的，绝非一个机械单向的"授-受"传导过程。

为此，教师学习进阶观强调，教师学习是在两个互动回环中展开的：一个是"假设-验证"的回环，即教师教育者基于一定的教育假定、学阶建模来开展教师学习活动，然后借助测评、验证、取证等数据收集工具来反馈其实际教育效应，对预定教育假定进行返回调整，即对之加以验证、证伪或调适，这是一个促使教师教育假定持续进化的过程；另一个是"教学-发展"的回环，即借助教师教育者自构的教师教育活动、教师教育资源来干预教师学习过程，实施专业教学活动，收集教师发展效能数据，并据此调适其教育影响与方案，教学干预与效果反馈间构成了一个完美闭环。

正是如此，国外学习进阶理论认为，学习进阶是一种"验证性进阶研究"或"建模+实证"的思维[1]，是一种"教学辅助下的发展"（instruction-assisted development）[2]。前者强调，每一个教师学阶水平的勘定都应基于事实及实践反馈来进行；后者强调，每一次教师学习进阶都是在教学干预下螺旋升级的，教师教育要考虑的关键问题是"如何铺设路径促进发

---

[1] 姚建欣,郭玉英.为学生认知发展建模：学习进阶十年研究回顾及展望[J].教育学报,2014,10(5)：35-42.

[2] DUSCHL R,MAENG S,SEZEN A. Learning progressions and teaching sequences：a review and analysis[J]. Studies in science education,2011,47(2)：123-182.

展"①。无疑，互动学习的基本构成单元就是回环。每一个回环都是一次理念与实践、教师教育者与教师学习者间相协调、相融合、相逼近的过程，都是真实教师学阶水平"显露"的契机。从这一角度看，教师学阶是在教育理念与教育实践间碰撞、互适、相向运动中显露出来的，基于真实的教师学阶水平来调配教师教育方案才能创建高效教师教育服务的枢纽链环。

三、面向教师学习进阶的教师教育行动路线

教师学习进阶其实是由两部分构成的：其一是教师认知思维方式的阶段性呈现，其二是教师教育影响的梯次性供给，二者之间无缝匹配与交互催生是教师学习进阶的全景图。因此，教师学习进阶开发的意图是为教师核心知识与关键能力的持续发展拟定一条科学线路，并借助效能测试与教育服务来有效干预教师学习轨迹，努力凸显教师教育活动的整体性、连贯性与梯次性。在此，本书将从教师学阶开发的意图、方法、模型三个角度对当代我国教师教育行动线路图进行分析。

（一）宗旨：研发引领教师专业发展的系统模型

意图决定线路、方法与方向，改革意图是联结各事物构成要素的轴心点，阐明教师学习进阶开发意图是科学推进开发进程的起始点。学者认为：在学习进阶研究上，"与其倾全力于构想完美贴合认知过程的表征方式，倒不如将研究重点放在能促进学生发展的系统模型上"②。这一观点切中学习进阶开发的要害，对教师学习进阶开发无疑也具有指导意义。推而广之，教师学习进阶开发的意图是要设计出一套严格基于教师"学习轨迹"且能促进教师学习发生、展开、深化的教师教育模型，构建教师专业发展与教师教育影响间的无缝对接方式。教师学习进阶涉及三大

---

① 郭玉英,姚建欣.基于核心素养学习进阶的科学教学设计[J].课程·教材·教法,2016,36(11):64-70.

② TABER K S. Modelling learners and learning in science education[M]. Berlin: Springer, 2013:119.

核心要素：教师学习阶段、教师教育课程、教师发展评价，三者间构成了一个交互影响的闭路循环（图4-4）。

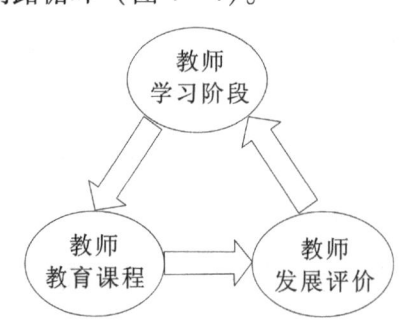

图4-4 教师学习进阶的核心要素及其关联

上图表明：教师学习进阶开发涉及的三个关键要素是：教师学习阶段（或"教师学阶"）、教师教育课程与教师发展评价，其中，教师学习阶段是教师对核心教育概念理解及其适用能力的发展水平层次，它决定了教师教育课程安排及其实施；教师教育课程是用以适应、干预教师学习阶段变迁的主要影响源，其实施效果有待于教师专业发展效能测评来检验；教师发展评价是甄别教师学习水平层次、判定教师教育课程实施效能的主要工具，其核心功能是：使教师学阶水平可视化，勘定教师教育课程与教师学阶间的"离心率"，指导教师教育课程保持适度的挑战性与鲜明的迭代性，促使教师教育课程与活动的安排恰好处于教师学习的最近发展区之内。

在这一框架中，教师学习进阶开发的核心内容是：基于教师学阶层次开发相应教师教育课程与学阶测评系统，梯次性地推动教师专业学习层级持续升级，搭建出一个引领教师专业发展的教师教育系统。为了开发出这一系统，教师教育研究者需要做好三项准备：绘制教师学阶构成图、实施教师学习阶段测评、开发学段型教师教育课程，它们构成了教师学阶开发的核心工作内容。

（二）方法：引入全景图法与逐级进展法

教师学习进阶开发是当代教师教育改革的核心环节，其焦点是教师学阶开发方法探究，在借鉴基础上形成创造性教师进阶图谱，无疑是中国特色教师学阶开发的科学思路。在国外，目前已经出现了两种较为成熟的学阶开发方法，这就是全景图法与逐级进展法，将之予以变通并引入教师学阶开发实践，无疑具有重要意义。

所谓全景图法，就是以教师对核心教育概念的阶段性理解为基础，利用纵横交错的概念网络图式来反映教师学阶演进状况，并据此设计教师教育课程的内容与活动，为教师专业学习设计出科学的谱系图。基于全景图法设计出的教师学习进阶图一般由三个要素构成：进阶起点、概念网络、进阶终端，彼此间用单向箭头连接凸显教师学习构成的梯次性、关联性与连贯性。以下是笔者基于教师"课程"概念理解设计出来的一幅教师学习进阶假想图（图4-5），供学界参考，其科学性有待于后续教师发展评价来验证与完善。

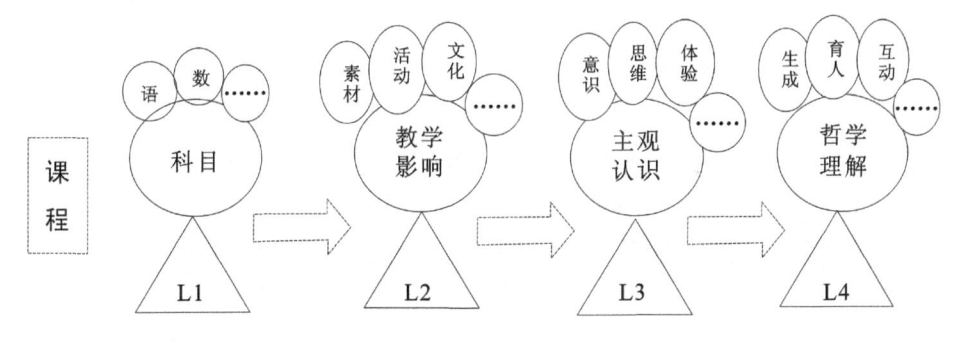

图4-5 基于"课程"概念理解主线的教师学习进阶全景图

上图表明：教师学习者对"课程"这一核心教育概念的理解分为四个梯级，即"科目—教学影响—主观认识—哲学理解"；在每一学段，教师的课程认知方式是不一样的，依次经历了"大众日常理解—客观理解—主观理解—哲学理解"等四个层级；教师教育活动只有遵循四个阶段拾级而上才可能见效。

所谓逐级进展法，就是从认知科学角度出发，借助教师专业发展水平测评工具，逐步探测教师专业发展中表现出来的多个成就水平，据此科学划分等级，构建教师学习的层级系统。这一开发方法重视测评工具的全程辅助，关注教师真实学习过程中体现出来的阶段性差异，重视教师专业思维方式的质变，故具有较强的探索性与客观性。借鉴国外科学学习进阶理论研究成果，我们可以把教师专业学习思维方式划分为以下五个等级（表4-1），供学者参考。

表4-1 教师核心概念学习层级递进图

水平	层级名称	关键概念理解特征	教师教育课程匹配
L5（Levle5）	整合	能以核心概念来统整某一类观念理解，并建立起本观念与相关学科间的跨学科联系；能对指涉现象进行科学解释，并灵活适用于现实	开展概念外延教学、关联教学，如课程功能教学、课程社会学教学等
L4（Levle4）	系统	能协调理解教育事物的多个具体要素间的互动变化关系，能对指涉现象进行专业解释	分析核心教育概念指涉的教育活动运行系统
L3（Levle3）	关联	能建立起概念术语与教育事物的多个具体特征间的关联，能对指涉现象进行多角度解释	核心教育概念内涵教学：利用变式抓住核心概念的关键特征
L2（Levle2）	映射	能建立起概念术语与教育事物的某个具体特征间的映射、对应或指称关系，能对指涉现象进行表层解释	
L1（Levle1）	经验	具有与核心概念相关的日常经验、零碎事实或前概念，能描述出概念指涉的教育现象	感知相关现象，如教育生活中的课程现象、教育案例等

借助上述两种教学方法，教师学习进阶开发便具有了具体操作程序的支撑，同时也为我国教师教育政策制定、教师教育方案设计提供了理念依托。

（三）模型：构建服务教师学习进阶的教师教育新体系

教师学阶开发是科学教师教育系统设计的心脏，围绕这一学阶晋级图来优化教师教育工作系统，是本节的落脚点。我们相信：基于自然学阶升级的教师专业成长线路是教师教育系统设计的本体依据，教师教育事业存在的意义是催生教师学阶升级现象的发生，助推教师学阶超前递升。要实现这一目标，就必须研发出一种基于教师学习进阶的教师教育工作系统，形成教师学阶递进与教师教育活动干预交互促进的全新教师教育系统架构。

依据上述分析可见，面向教师学习进阶的教师教育工作系统起码由三个子系统构成：教师学阶系统、教师评价系统与教师教育系统。三者间的基本关系是：教师学阶系统是教师教育系统的物质基础，教师教育系统是推动教师学阶系统运转的外力驱动，教师评价系统则是两者间的调适者与媒介者，其功能是确保教师教育影响始终位于教师学阶的最近发展区之内。更进一步看，教师学阶系统由三个要素——起点学阶、中间学阶与终端学阶构成，每一次学阶递进都有两条路径可循：一是自然成长路径，二是教育催发路径。教师评价系统的三个主功能是：鉴别教师学阶层级水平、监测教师学阶变化态势、判定先期学阶分级假定的科学性。教师教育系统主要包括三个要素——目标、课程、活动，围绕教师教育目标而研发课程、组织活动，助推教师学阶晋级是其主要任务。在此，我们将这一教师教育工作系统的运行图直观图示如下（图4-6）：

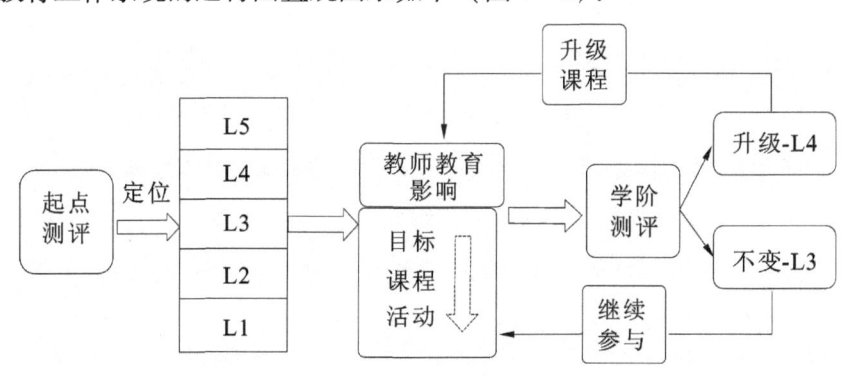

图4-6 教师核心概念学习层级递进图

上图表明：基于教师学习进阶的教师教育系统包括三个环节，一是起点测评环节，其内容是借助教师发展测评，准确判定教师所处的学阶位置，开始教师教育工作的系统干预；二是教师学习环节，即借助教师教育影响对教师学阶水平进行干预，助推教师学阶递进的发生；三是学阶测评与反馈调节环节，即借助教师学阶测评，对教师教育影响的效能进行评定，判断教师学阶变化情况，并据此升级教师教育课程，或保持教师教育课程的难度、梯度、挑战性等不变。无疑，构建这一基于教师学阶划分与测评的教师教育工作循环，正是创造高品质教师教育服务系统的核心要义。

第三节　数字化时代的教师专业自主学习

教师是最具能动性、增值性、关键性的教育发展资源，推进教师专业深入、持续、快速发展，造就一支高素质专业化创新型教师队伍，是中国式基础教育现代化的坚强依托。《中国教育现代化2035》要求"夯实教师专业发展体系，推动教师终身学习和专业自主发展"，教育部、财政部《关于实施中小学幼儿园教师国家级培训计划（2021—2025年）的通知》明确了"建立教师自主发展机制，探索教师自主选学等模式，推进人工智能与教师培训融合发展"发展方向；2023年《教育部教师工作司工作要点》也将"深化'国培计划'改革，深入推进需求导向的精准培训，落实教师培训数字化转型"列入重点工作内容。在数字化时代，教师专业自主学习将获得历史上最强大的资源、平台与服务支持，如何利用好"教育数字转型、智能升级、融合创新"[①] 机遇，助力教师专业发展方式转型升级，事关我国基础教育高质量发展目标的达成。

---

① 黎竹，刘旺.ChatGPT＋教育热背后：数字化转型落地进行时[N].中国经营报，2023－02－13(1).

所谓数字化，就是立基信息与通信技术，尤其是大数据、云计算、人工智能等，借助多模态数据生产、数据推荐共享、"人－机"协同应用等手段，推动人类社会生产生活方式的信息化转变过程。有了数字技术及其特有性能的辅助，我国教师专业发展就可能超越传统模式——工匠模式、专家模式、反思模式，迅速进入适己化、自主化、泛在化的专业发展新阶段，数据驱动的教师专业自主学习模式可能成为教师专业学习的主流。在这一趋势下，探讨数字技术辅助的教师专业自主发展形态意义明显。可以预见，一旦全新技术逻辑被嵌入教师发展系统，触发全系统发生面向新技术的整体性"蝶变"，教师专业发展将步入一个全新的生态系统与前进轨道。作为信息技术的最新形态，数智技术正是一种可以引发整个教师专业发展系统"蝶变"的技术，它的降生意味着教师专业发展的每一个要素、环节、层面将被重塑，而自主化、数智化正是这一场变革进程中最为闪亮的一个光点。

一、数字化时代教师专业自主学习的目标重构

数字化时代是一个电子数据涌流狂飙的时代，是数据生产、共享、处理、应用普遍化的时代，数据创价、数据增值、数据孪生是其最为引人注目的社会生产方式。在这一时代，"数据"将取代"知识"成为教师专业发展的核心资源，生产数据、挖掘数据、分享数据演变为教师专业发展的常态实践。可以说，有了数据蓝海、人工智能、ChatGPT联网，教师完全可能摆脱原生教师成长环境、教师教育者的依赖，进而走上一条真正独立、全面自主、更加随性的专业发展新轨道，教师专业发展目标随之被重新定位。

（一）被自主学习：教师专业发展目标确立的新基点

在自然环境中，由于受培训现场、资源有限、路径依赖等条件所限，自主发展、率性成长成为教师专业成长的一种奢望或梦想；而在数字化环境中，数字技术自身蕴含的"技术意向"迫使教师走上自主发展的轨道，教师工作被迫面向数智化重组，"被自主发展"成为教师专业更新的一种

常态。诚如学者所言,"教师在这样一个技术迅速迭代的进程中几乎没有任何选择:无论是主动或被动,都会由于被数据'服务'和被系统'提出要求'而跨入迭代更新不断加快的信息时代"①。其实,教师发展方式及其呈现出的历史性特征,在很大程度上是"技术轨道"、媒体性能胁迫的结果:在"粉笔+黑板"时代,教师发展方式一定是课堂学习、师徒相传为主的,教师难以完全抽身于教师课堂实践之外去发展;在无线电时代,教师发展方式一定是依靠音频、图像、符号的单向传输实现的,教师发展活动受控于音频图像传输的速度、模态与品质;在数字化时代,教师发展方式一定是借助数据生产发送、数据智能处理、数据主动服务实现的,"人-机"协同不仅改变了教师专业学习的丰富度、自由度、精准度、便捷度,还为满足教师多样化学习要求创造了新条件、新平台,教师自主发展由此获得历史上最好的硬件条件支持。进言之,在数字化环境中,教师之所以必须"被自主发展",是因为两方面原因使然:

一是数字技术意向的固有力量推动。技术意向是指技术以"用具的形式指引"着人的方式,就如同技术的设计者将所期待的行为方式铭刻在技术人工物(软件或硬件)中,只要使用了技术,使用者就需要将自己已有的行为模式调向技术所期待的行为方式②,其实质是固化、凝结、沉积在技术设备设施中的"技术者思维、理念、偏向",称之为"技术轨道"毫不为过。数字技术意向的内核是助力人的个性化、多样化发展。数字技术一旦被教师征用,教师就会顺势走上一条教育数据助力教师个人多样化专业发展的新轨道,甚至,能否借力数字技术的属性与优势来创新自己的专业发展方式,决定着教师专业的品质与生命。

二是教育数字技术的发明初心使然。数字技术为人的适性发展、多样化发展而生,服务于人的自定步调发展目标实现。对教育领域而言,教育数字技术承载着教育领域数字技术开发者、原创者的美好教育愿景,这就

---

① 赵健.技术时代的教师负担:理解教育数字化转型的一个新视角[J].教育研究,2021,42(11):151-159.

② 韩连庆.技术意向性的含义与功能[J].哲学研究,2012(10):97-103.

是"有教无类、因材施教、深度学习等人类关于教育的一切美好愿景"[1]，它先天规定了"以学习者为中心的技术驱动学习模式"[2]。可以说，在数字化发展环境中，教师"被专业自主发展"基本上是数字技术意向性在教师专业发展实践中全面"渗透"、不断"涌现"、日渐"外露"的结果。从这一意义看，数字技术将为教师创造一个更具开放性、柔韧性、自由性、丰富性的教师发展生态，教师发展被迫实现由"知能习得"向"适性发展"、由"课堂授受"向"个人定制"、由"供给驱动"向"需求驱动"的历史性转变，教师本位、需求中心、学程自主设计、场景自由搭建将成为数字化时代教师专业发展的基本范型。

正是由于上述原因，在数字化时代，教师专业发展目标定位发生了历史性转变，即由"向往专业自主"走向响应"被自主发展"要求，由"技术轨道中的专业自主"走向"人－机"共生意义上的"超级专业自主"，教师专业自主学习的内涵与目标由此被重新定义定位。

（二）自主学习力培育：数字化背景中教师专业发展的新目标

显然，面对数字技术意向的幕后引控，教师发展不能完全被技术"拽着走"，而应善于利用技术、为我所用，坚定走专业自我本位、"人－技"互适互生的发展道路，全面彰显教师专业发展的主体性，这就要求教师树立"技术环境下的专业自主观"。教师要在数字化环境中实现自主化生存，充分发挥自己的主体性、能动性和行动能力，让自己成为一定技术结构中的能动者，以此全面开掘自己在数字技术框架中的"自主学习力"。教师自主学习的力源大致有三种：一是教师被先进教育媒体技术意向或在外力压迫下发生的迫动式自主；二是教师出自专业更新、发展要求与对专业发展理想追求而产生的自动式自主；三是教师面对外界环境氛围、技术性意向规限而产生的机变应对与自觉回应，即能动式自主，其内核是对技术胁

---

[1] 赵健.技术时代的教师负担:理解教育数字化转型的一个新视角[J].教育研究,2021,42(11):151-159.

[2] 陈云龙,翟晓磊.教育数字化转型的构想与策略[J].中国电化教育,2022(12):101-106.

迫、情境引控有主导能力的自主行动。

在数字化时代，教师专业"自主学习力"是在第三种意义上来讲的，它是指教师能动地应对数字技术规限，因应数字技术意向而灵活驾驭数字技术，使之服务于教师专业素养提升、专业自我升级的一种人格性能量。随着数字技术的介入，教师专业发展要素发生了根本性质变：教师学习对象——教师教育者具有了可分身性，教师教育机器人成为教师"召之即来挥之即去"的教师专业发展指导者，具有超强算力的人工智能将作为教师发展的智能化"外脑"[1] 参与教师学习发展活动。教师教育内容——专业知识不再是书本搭载的文本知识，而是与智能设备及其教育数据处理能力融为一体的分布式专家知识系统，是有结构性、意义性、智慧性的数据组块或链条，教师将融身于广袤的泛在教育知识海洋之中；教师培训课堂具有了可复制、可自构、可编辑的属性，借助元宇宙与AR、VR技术，教师发展的自主空间被无限放大。教师教育资源——信息数据资源具有了海量性、扩展性、共享性、定制性、增值性与推荐性，其存量、质量、用量大幅度飙升，教师自主学习真正超越了资源局限。教师由此转变为"社会"学习者、"全面"学习者、"无缝"学习者，教师专业自主学习的关键不再是激发学习动机、争夺学习机会、寻求教育资源、走近专业导师、理解专业知识，而是在数字技术平台上搭建适己性学习发展场景，进而在自己身上催生出更强大的情境适应能力、资源融创力、"人－机"协同力、专业实践力，它们共同构成了数字化时代教师专业自主学习的新力系。正如学者所言，在"精准、个性、优化、协同、思维、创造"的原则指引下，充分发挥"人机协同的数据智慧、教学智慧与文化智慧"[2]，正是数字化时代教师专业自主力的生发之源。

（三）"数字三力"：数字化境遇中教师专业自主学习力的核心构成

有学者研究指出，"技术对教育系统结构的四大赋能作用"[3]，即替代、

---

[1] 桑新民.教育数字化转型:热点中的"冷思考"[J].现代教育技术,2023,33(1):5-16.
[2] 祝智庭,胡姣.教育数字化转型的理论框架[J].中国教育学刊,2022(4):41-49.
[3] 祝智庭.教育数字化转型新认知[J].教育家,2023(4):13-15.

扩增、改进、重构等，数字技术参与教师教育的结果必然是重构教师学习的目标、场景、方式与样态，这一"重构"的焦点是：迫使教师成为应对数字技术场景的能动学习者，教师专业自主学习力的要素构成随之发生微妙变化，教师利用、驾驭、发挥数字技术工具的数字胜任力成为教师专业自主学习力的核心构成。在这一新背景下，教师必须成为"超越信息技术工具属性的适应性专家（adaptive experts）"[1]，必须具备借力、发力、专力数字技术的教育行家，在教育世界真正获得三大核心数字胜任力——数字生存力、数字创造力与数字领导力，即"数字三力"。

如果说数字技术赋能教师专业发展的三大基本途径是数据流通、场景构建、智能推送，那么，在数字化时代，教师专业自主学习力的三个核心构成要素就是数据流链驾驭力、数字场景建构力、人机协同智慧力。其中，数据流链驾驭力要求教师具备在教育教学工作实践中生产、共享、分析、调用教育工作数据的意识与能力，善于实现利用数据资源来同步更新教育教学的理念与方式；数字空间建构力要求教师具备综合利用虚拟教育场景、现实教育场景，实现虚实场景混融发展、改变教师沉浸学习体验的意识与能力；人机协同智慧力要求教师善于利用机器人助理提供的资源、数据、信息开展教育决策判断、升级教育模式，在分布式认知理念指引下实现机器的人工智能智慧与教师自然智能智慧在教育教学工作中的有机融合。

在此，我们将数字化时代教师专业自主学习力的具体要素构成以图展示（图4-7）。此图表明：面向教育数字化变革的教师专业自主学习力主要由数据流链驾驭力、数字场景建构力与人机协同智慧力等要素构成，教师专业自主学习的主要实现路径是全力提升教师在教育环境中的数字生存力、创造力与领导力，具体体现为：提升教师的数据生产力、判断力、处理力，增强教师的教育场景建构力、融创力与数字教育平台搭建力，借此

---

[1] 梁茜.教师信息技术应用能力国际比较及提升策略：基于TALIS 2018上海教师数据[J].开放教育研究,2020,26(1):50-59.

强化教师的智慧课堂创建力、人机学习整合力与人机混合教育创生力。

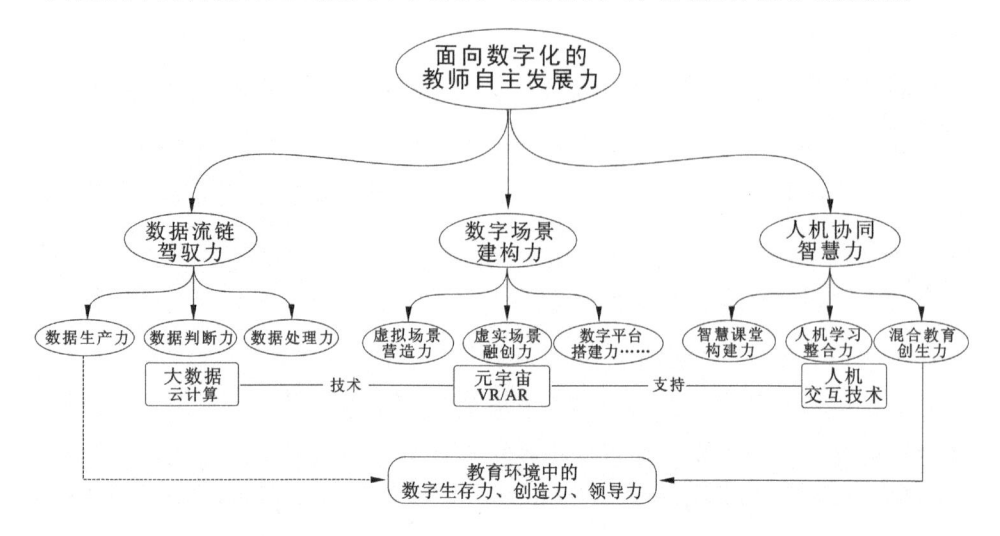

图 4-7 数字化时代教师专业自主学习力的要素构成示意图

概言之，教师专业自主的实质是教师在特定发展环境或社会结构中自我、自主、自由掌控自己发展命运的能量与实力。在数字化背景中，教师专业自主学习力是教师借力丰富数字设备、数字产品、数字服务，来自由设计职业未来、有力应对专业发展问题、实现专业自我发展目标的专业实力。为此，教师的上述自主学习力——数据流链驾驭力、数字场景建构力、人机协同智慧力的获致，要求教师具备将数字技术与学科教学活动有机整合的 TPCK 或 DPCK（digital pedagogical content knowledge），需要具备将数字胜任力"整合到教师的学科教学与育人工作能力体系中"的数字教育教学能力（digital educational teaching ability）[①]，需要教师具备结合数字技术特性来设计专业发展规划与未来愿景的意识（digital vocational planning awareness），等等。一句话，将数字生存、数字创造、数字领导能力应用到职业发展进程中去，是数字化时代教师专业自主学习力要面临的核心问题与根本内容。

---

① 赵健.技术时代的教师负担:理解教育数字化转型的一个新视角[J].教育研究,2021,42(11):151-159.

二、基于数字智慧的教师专业自主学习框架

数字时代赋予人类的一种全新智慧类型是数字智慧，它不同于人的自然智慧——灵智、心智、神智，而是一种利用数据来生产知识能力、经验体验、精神意志的智慧类型，其核心内容是数据共生智慧与数据设计智慧。前者是指人类借助数据分享挖掘，实现数据增值创价，人与数据、机器协同共长的智慧；后者是指人在海量数据资源库中设计未来生活实践、提供社会"刚需"服务、实现美好生活愿望的智慧。正如学者所言，设计智慧不同于科学智慧、艺术智慧，而是一种"面向未来和设计未来的唯一智慧"，是人类最原始的"第一智慧"[1]。

在数字化时代，教师完全可以借力数据智慧，利用数字技术的三大工具——数据、算法、算力来自由设计自己的职场生存方式，为自己找到一条个性化的数字服务定制发展之路，找到一条泛在化、社会化、自主化的专业自主成长之路，全面提升教师学习的适应性与选择性。我们相信：在数字化时代，教师专业自主学习可以凭依的主要手段是数字画像、场景构建、虚实混融与数据流通。其中，数字画像是教师自主学习的功能单元，场景构建是教师自主学习的具身时空，虚实混融是教师自主发展的基本手段，数据流通是教师自主发展的实现方式，由此构成一个以教师自我数字画像重构为中心的"场景建构—虚实混融—数据串联"的教师专业自主发展链环（图4-8）。

（一）数字画像：教师专业自主发展的基座

在数字化时代，教师专业自我无疑位居核心地位，而教师专业自我的具象化、电子化、直观化写照为其自我更新、自主发展提供了可视化、影像化的参照，意味着教师"第二自我"，即虚拟自我形象的诞生。在教育数字化时代，它将成为教师专业自主发展的枢纽与中心，教师专业自主发展状态由此具备了即时可知、可感、可视性。所谓数字画像，就是在数字

---

[1] 祝智庭.教育数字化转型新认知[J].教育家,2023(4):13-15.

场景构建
（沉浸式学习体验）

01

自动发展

虚实混融
（融合共生发展状态）

02

教师自我数字画像

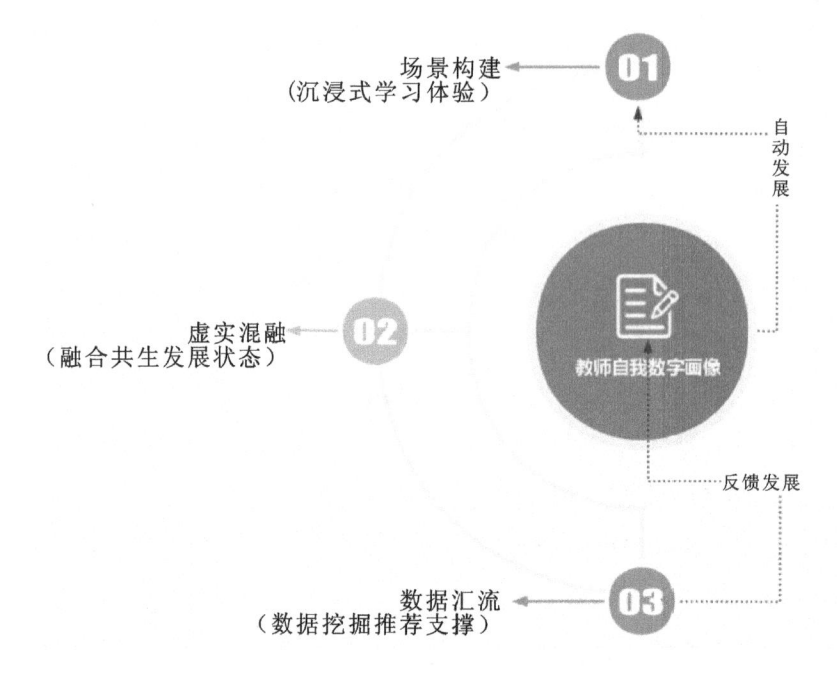

反馈发展

数据汇流
（数据挖掘推荐支撑）

03

图4-8 基于数字智慧的教师专业自主发展框架

化平台上，以数据伴生为基础，以数据单元为像元，以批量、定向、分块数据收集为工具，在对个体人的特定数据流量进行集成、处理与表达之后形成的一个数据模块及其直观画面表达。对教师发展而言，利用数字成像技术、跟踪评估数据生产、数据信息收集活动，将教师专业自我或专业发展状态的核心数据，如教育教学认识、课堂教学行为、日常师生互动、职业情感表达、教育活动作品等，进行分类收集、量化处理，为教师专业自我成长状态绘制一份直观生动的数字画像，教师专业自主发展由此获得强有力的发展蓝图、成长导航与反馈支持。进言之，教师数字画像的实质是教师个人职业生活史的数字映射物，是数据"画笔"对教师专业自我及其发展轨迹的一种虚拟描绘。换个角度看，教师数字画像在技术上走的是一条"整合数据资产，构建标签画像体系，赋能数字化运营之路"[1]。在这一意义上，我们认为，教师数字画像是数字化时代教师专业自主发展的功能

---

[1] 吴文滔.用户画像技术及其应用分析[J].中国科技纵横,2019(21):255-256.

单元与电子基座，是教师专业发展状态基础数据的存储交换中心，以它为枢纽，其他一切自主发展活动得以有机串联，进而赋予教师专业自主发展以"第二生命线"。

从以上角度看，教师数字画像涉及三个重要节点：一是个性化教师数字发展平台的搭建，它要求从科学教师素养构成、多维专业发展理念出发，锚定教师自我发展核心指标，贯通联结教师发展数据流协议，开展多轮数字画像模型训练，逐步搭建出一个功能强大、图像直观、分析精准的教师数字画像平台。二是教师个体跟踪伴随数据的生产，它要求在教师公共活动空间、主要工作空间、学习培训空间内布设数据采集设备、嵌入多种传感器设施，收集多模态电子数据，借助计算机视觉技术对之进行智能处理，敏捷迅速地生成教师专业发展状态数据流体，及时上传数字画像平台，完成画像生成工作。三是数字画像推荐反馈系统的建设，它要求建立数字平台与教师个体间的双向交互通道，通过数字画像的定向推送、教师对画像的反馈评议、数字画像的反馈调适等方式，促使更为精准、有效、丰富的教师专业发展数字画像形成。

（二）场景自构：教师专业自主发展的时空

研究认为，"数字技术、教育组织、环境空间与行为实践是影响教育数字化转型的四大因素系统"[①]，这一环境空间的变构方式正是虚拟学习场景创编。在数字化时代，教师学习资源弥散在教师专业生存的一切时空之中，泛在学习、沉浸体验、无缝学习、主动式碎片学习、零存整取式学习等成为教师专业发展的主要方式，由此，场景建构变成了教师专业自主发展的基本功，"通过已有的数字化渠道从所建构的场景中获取知识，并进行社会化认证与经验性总结"[②]，成为教师专业发展的新渠道。泛在学习是数字化时代的基本学习方式，其实质是构建一种虚拟学习场景，让学习者融身其中发生一种潜移默化的学习行为。对教师而言，以数据资源平台为

---

① 胡姣,彭红超,祝智庭.教育数字化转型的现实困境与突破路径[J].现代远程教育研究,2022,34(5):72-81.

② 翟琨.教育数字化转型:问题与思路:"学习者"视角下[J].教育视界,2022(34):5-8.

依托，借助虚拟现实、元宇宙等技术，构筑出最适合自己学习需要的虚拟场景，将丰富学习资源、教师学伴同伴、专业发展问题任务等导入其中，再构一个与线下学习场景同步同在、平行发展的学习场景情景，让教师融身场景、体验感受、自主参与、研讨交流，进而"营造一种全时空的智能化、交互化学习环境，帮助学习者完成随时随地学习的场景化体验"[1]，这正是数字化时代教师专业自主发展的特有方式——基于场景自构的泛在发展方式。

不同于线下的教师实体学习场景，虚拟教师专业学习场景具有诸多特点与优势：一是随意性，教师可以随时随处出入场景、检索资源、组织同伴、开展学习，可以随时随地进行分段、分步、分阶的专业学习活动，充分彰显"碎片学习""泛在学习"的优势，实现在传统学习环境中不可能获得的随时随地、任意场景的自主学习体验，深度满足教师自主学习发展的权利。二是可编辑性，数字学习场景具有随意拉伸、组合、撕扯、调配的机动性，甚至具有可编辑性，教师完全可以根据自己对学习场景环境的理解与喜好来增删场景要素、自构虚拟场景、创编教学活动、表达专业创意等，这一学习场景的问世，突破了传统三维教师学习场景的固定性、流线性、呆板性特点，为教师专业发展创造了无限自主自由的活动空间。三是全景性，在各种虚拟现实技术，如增强现实（AR）、替代现实（SR）、混合现实（MR）等技术辅助下，虚拟学习场景将具有极强的仿真性、逼真性、全景性、多维性，数字技术实现了对现实学习场景的再造与创编，基于这一虚拟场景创设与体验的教师专业学习活动，能够有力克服静态知识技能学习的缺陷，为教师学习者带来一种超真实的学习发展体验。

因之，数字化教育场景创编既是教师专业自主发展的有力手段，又是教师实现自主发展的具体形式。借助虚拟自建场景体验与参与活动，教师专业发展的自主度、自由度、自适度必将大幅度飙升，它将超越教师学习的课堂场景、自然环境的限制，实现教师专业发展方式的第二次飞跃，其

---

[1] 翟琨.教育数字化转型:问题与思路:"学习者"视角下[J].教育视界,2022(34):5-8.

历史意义尤其明显。不仅如此，有了数字技术的辅助，教师不仅可以自由设计个人学习发展前景，还可以将虚拟教育场景、缩微教育情景灵活嵌入线下实体教育场景环境，创建出一种线上线下、实体虚体有机融合的混合教育场景，大大改进教师专业发展的空间、背景与体验。

（三）虚实混融：教师专业自主发展的手段

数字化时代不是生存在数字世界的时代，而是生存在数字世界与自然世界、虚拟世界与实体世界交联构成的交叠区域、"第三空间"的时代，虚实混融、混合共生是教师专业自主发展的现实形态。为此，如何借助虚拟教育世界与实体教育世界间的联通、联动、交互、映射、互嵌、共生，创造出一个最适合教师专业自主发展的学习或参训模式，将是数字化时代推动教师专业发展方式创变的重要命题与探究领域。可以预见，基于虚实混融、线上线下联动理念的教师专业自主学习方式，一定是借助虚实两类学习时空、学习场景、学习平台、学习资源、学习方式而展开的"平行并进、数据联通"式发展样态。

首先是平行共进的自主学习方式。由于有了数字资源、数字平台、数字媒体、数字环境的支持，教师获得了线上线下学习自主选择的自由权力，可以根据自己学习的偏好、特定学习任务要求、两种学习形态特点，自由选择线下学习或线上学习，形成两种学习平台、资源、环境、方式间的互补耦合之势，教师专业发展服务的适应性与可选择性大大增加，教师自主学习空间随之被放大。无疑，自然教育世界中的教师学习方式的具身性、可感性、立体性、真实性远远优于数字世界中教师学习活动的虚拟具身性、想象可感性、仿造立体性、仿真真实性，更容易获致最真切、最真实的专业学习体验，虚拟教育世界中的教师学习所特有的时空无限性、资源海量性、方式多变性、活动丰富性等，则大大超过了自然情景中的教师学习方式，成为一个前景无限、潜能无限的教师专业发展领域，其赋予教师专业学习的自主性无疑是史无前例的。

其次是联通交融的自主学习方式。数字化时代的教师自主学习不仅可以兼顾线上线下两种学习方式的优势，还可以实现两种学习资源、平台、场景间的融合创生，教师完全可以借此自由穿梭两个世界、整合利用两类资源、交互嵌入两类学习、耦合互转两种学习场景，进而创造一种更高级的教师专业自主发展方式——混合融生的发展方式。教师还可以借助虚拟场景映射的方式将他人的学习世界带入自己的学习世界，还可以通过虚拟仿真技术将自然环境中的教师学习场景载入虚拟学习时空，还可以将理想化的虚拟世界学习方式转化为自然世界的教师学习方式，实现两种学习方式间的自由转场、转换、转变、转移。诚如学者所言，"基于互动视频、虚拟仿真、全息投影、数字孪生、协同建构的课程资源"[1] 将促使两种教师学习形态间的界限消失，一种虚实学习形态无缝对接、深度交融、交互生发的新型教师学习形态随之产生。

（四）数据串联：教师专业自主学习的引线

从实现方式上看，数字技术通过三种途径参与教师专业自主学习：数字成像、数字传输、数字资源，无论哪种方式，都离不开数据伴生、储存、传输、访问、分析、应用，都离不开奔涌不息的数据流、数据链，利用数据汇流及其智能属性助推教师专业自主学习是数字技术的特有优势，数据流链是贯穿数字化教师专业发展活动的一条内线，是触发、引领、支持教师专业自主学习的一条引线、引道。在数字技术辅助下，教师专业发展全程都可能被数据化，教师专业发展营养都会经由这条数据链来完成输送，专业发展数据流成为贯通教师全身发展的"大动脉"：借助语音识别、图像识别、机器翻译等技术，教师专业发展目标、内容、方法、形式等信息都可以被数据化，教师专业发展的优势、劣势、态势等都可以借助对这些数据的分析处理来获知，教师还可以借助数据共享、智能推荐、方案建议等方式获得个性化针对性定向数据推荐服务……可以说，数字化时代的教师就生存在专业发展数据流之中，教师专业自主学习的实质是"构建数据的采集、传输、存储、处理和反馈的闭环"[2]，在培训、学习、实践活动

---

[1] 祝智庭,胡姣.教育数字化转型的实践逻辑与发展机遇[J].电化教育研究,2022,43(1):5-15.

[2] 安筱鹏.数字化转型的关键词[J].信息化建设,2019(6):50-53.

数据链支撑下开展自主自由的专业学习发展活动。

进一步看，专业发展数据流推进教师专业自主学习的基本途径有两个：

一是建立高密度、全覆盖、高价值的教师专业发展数据网。教师专业自主发展活动其实包括两个：参与教师专业发展活动与接受发展活动影响，其中前者具有一定的主动性，后者具有明显的受动性，教师专业发展效能是在将二者有机勾连、双路径反馈中产生的。在数字化时代，这一"勾连""反馈"是借助教师学习、参训、实践的信息链来完成的。因之，充分利用现代数字技术的算力算法优势、深度学习技术优势、大数据库存优势，为教师专业发展活动提供密集、优质、灵敏的数据反馈信息，利用数据信息流带动教师专业发展活动品质升级，加快教师专业自我成熟节奏，是教师发展数据链建设的意义所在。"信息是用来减少随机不确定性的东西，信息的价值是确定性的增加。"[1] 借助数据链、数据网络建设来为教师专业自主学习铺设一条高速公路，充分扩展教师专业自主的宽度、深度与力度，是"数字技术+"教师专业发展的努力方向。

二是推动教师专业发展数据的沉淀、共享与增值。在数字化时代，数据取代知识成为更具价值性、战略性、扩展性的教师专业发展资源，教师学习发展数据的生产、收集、传输、链接、处理、挖掘成为教师专业发展的重要内容，教师成长数据链成为干预、改变、决定教师专业发展轨迹、态势、走向、节奏的重要变量。在这一意义上，教师专业自主学习的实质是借助"数字技术全价值链重组升级"[2] 来提升教师专业发展的自由度与自主性，实现各类教师学习参训活动数据在教师个性化发展需求这一焦点上的汇流与聚合。为此，面向教师专业发展的数据系统建设方向是：加快有效教师专业发展数据的收集储存，针对性开发教师发展数据"私人定制"服务或个性化教师发展数据库建设，充分利用教师发展数据的表达功

---

[1] SHANNON C E. A mathematical theory of communication[J]. ACM SIGMOBILE mobile computing and communications review,2001,5(1):3-55.

[2] 苗逢春.教育数字化转型的跨维层辨析与实施[J].上海教育,2022(36):14.

能、反馈功能、分析功能、互生功能来支持教师专业自主学习实践，全程全面服务于教师专业发展问题的解决与教师专业品质的提升。

三、数据驱动教师专业自主学习的行动路径

在数字化时代，教师专业自主学习的核心含义不再是"知识观念"意义上的教师自主学习，而是面向数字技术、数据海洋的教师自主成长，借力数据平台资源、数据功能优势来自主自由达成自己的专业发展目标是其实质性蕴涵。所以，数据驱动、数据牵引、数据支持意味着一种全新教师专业自主学习形态的出现。要实现数字技术情景下的教师专业自主学习，搭建"数字画像—场景创构—虚实混融—数据串联"的教师专业发展新轨道，教师教育行业就必须做好三件事：建好数字基座、优化数据服务、造就数字新人，与之相应，全力推进教师数字学习生态建设，定向开发数据服务，提升教师数字素养，成为迈向数据驱动型教师专业自主学习的行动路径。

（一）教师数字学习生态的搭建

在数字化时代，教师专业自主学习需要的不仅仅是数字设备、数字场景、数字资源、数字智能的辅助，更需要一个教师可以沉浸其中、生活其中、成长其中的生态系统。换言之，教师全面、深度、充分的专业自主学习既需要"战略层面的价值引领、教育领域的系统性变革、数字能力与素养的全面提升、数据要素的深度挖掘与关键驱动"[1]，更需要"开放性、适应性、柔韧性、永续性"[2]的教师学习生态搭建。无疑，面向教师专业自主学习的教育数字化变革绝非要素性、工具性、环节性、枝节性转变，而是一场系统性、全局性、立体性转变，一场涉及教师学习活动全过程、全要素、全方位的变革，教师学习的时空、组织、架构、范式、制度、评价等都将牵涉其中。因之，教师数字学习生态建设要求构建数字技术融合的

---

[1] 黄荣怀,杨俊锋.教育数字化转型的内涵与实施路径[N].中国教育报,2022-04-06(4).
[2] 祝智庭,胡姣.教育数字化转型：一个划时代的教育范式跃迁[J].中国教育政策评论,2022(1):3-21.

生态化教师学习发展环境，要求改革者打造"联通、开放、敏捷、个性化"[①]的新型教师学习生态，为教师数字学习形态创新提供系统性条件支持。直观地看，这一数字学习生态是以教师学习需求满足为驱动，以教师数字学习平台建设、数字学习资源开发、数字学习场景建设、数字学习组织建设、数字学习制度建设为内核，在系统整合教师数字学习要素——人才、设备、平台、资源、场景等基础上构建而成的有机体，其基本运作机理是：需求驱动、诱导催发、开放适应，是始于教师专业发展需求、借助系统性创变来运转、以开放性适应教师专业发展环境要求为目的的生态体。更进一步看，教师数字学习生态其实是搭载在数字技术生态之上的一个教师专业学习子系统，是搭载在数字技术生态之上的教师学习发展小生态，这一生态系统的基本构成与运转机制如下所示（图4-9）：

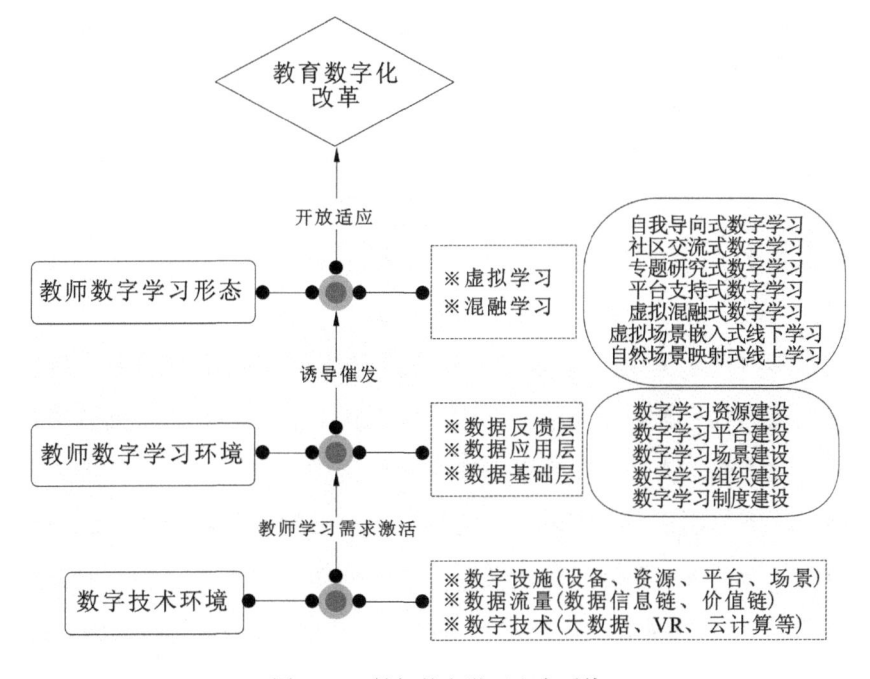

图4-9 教师数字学习生态系统

上图表明，教师数字学习生态的基本构成要素是：数字技术环境、数

---

① 祝智庭,胡姣.教育数字化转型的本质探析与研究展望[J].中国电化教育,2022(4):1-8.

211

字学习环境、数字学习形态，三者在教师专业自主学习要求驱动下有机关联、次第带动、催发教改实践，进而推动教师数字学习环境、数字学习形态的重构与创变。其中，现代数字技术环境是教师数字学习生态的物质基础与底层设施，教师数字学习环境是教师数字学习生态的核心构成，教师数字学习形态是教师数字学习生态的外层实现。教师数字学习生态的运转机理是：教师学习发展需求激活教师数字学习环境创建实践、催发教师数字学习形态创变，助力教师超越传统教师学习环境条件的限制，开放适应教育数字化改革要求，增进教师响应外部教育改革实践要求的能力，提升教师专业自我对外部教育发展环境的适应力、生存力与生命力，最终释放数字化时代教师专业自主学习的潜能与优势。可见，教师数字学习生态建设的主体工作是：借助现代数字技术来搭建教师数字学习环境，有效支撑教师数字学习形态的创变。

（二）教师数字服务的定向开发

数字服务是盘活数字资源、开掘利用数据资本的基本功能单元，面向教师专业自主学习需要来定向定制教师数字服务，是数字数据技术驱动教师专业自主学习的根本实现形式。学习服务不同于学习资源：学习资源是沉睡、固化的教师学习素材，学习服务是鲜活、运行、灵动的教师学习参与形式，学习资源只有在被学习者使用、激活时才叫学习服务，将有营养、有品质的数字教育资源转变成为教师用得上、见真效的教师数字学习服务，是数字技术支撑教师专业自主学习的关键环节。在当前，加大教师公共数字服务体系建设，向教师智能推送针对性数字学习服务，面向教师专业自主学习需求，"打造机制灵活、开放创新、适需服务的学习支持体系"[1]，充分满足教师用户多元化、个性化、专业性的数字学习服务需求，是教师数字学习服务定向批量开发的直接目标。

首先，国家要大力开发教师用户参与的数字学习服务。基础教育具有

---

[1] 胡姣,彭红超,祝智庭.教育数字化转型的现实困境与突破路径[J].现代远程教育研究,2022,34(5):72-81.

公共性，公共教师数字服务建设的责任主体是各级政府，政府与优秀教师联手共建特色教师数字学习服务，为教师专业自主学习提供可便捷获取、免费使用、质量满意的数字学习发展服务，是提高教师专业自主学习品质的直接入手点。其中，政府支持有助于提高教师数字学习服务的共享性、公益性，有利于数字学习服务在共享、共建、共生中走向增值、增容，教师参与有助于提高教师数字学习服务的针对性、实用性、效能性，"政府主导、教师参与"的公共数字学习服务开发机制，是最适合数字技术属性、教育事业优质均衡发展要求的一种数字服务生产模式。

其次，重点培育课堂中心的智能化教师数字学习服务。课程是育人的载体，课堂是教育的中心，针对教师课堂改革、教学专长发展特殊需要，定向开发智能组配、智能推送、智能应用的教师数字学习服务，开展数字场景与数据流链有机结合的数字学习服务，能够充分彰显数智化时代优势，提高教师专业发展的自主度与充分性。因之，教师教育实践者要重视教师教学发展状态数据、课堂改革资源需求数据、课堂教学效能分析数据的收集与处理，尽可能借助教师教学状态数据流的媒介来导航教师专业自主学习，实现教师数字学习服务的供需平衡、灵活配置，以此持续提高数据资源服务的品质。

最后，重视专题领域的教师数字学习服务开发。在职教师专业自主学习需要的主要是教师社区、专家型教师参与开发的实用型数字学习服务，而职前教师专业自主学习需要的主要是领域化、专题化、版块化、系统化的教师专业自主学习服务，例如教学设计、教学管理、教学实施、教学评价、班级管理等领域的专题数字学习服务。为此，教师学习服务提供方要善于利用数据采集、检索、开掘、分类、聚合等技术，推进专题数字学习资源的聚合与集成，推动教师发展数据服务的专业化和定制化，有效满足师范生群体教师专业自主学习的特殊要求。

（三）教师数字素养的全面提升

从技术与人的关系角度看，教师专业自主学习的实质是主体人驾驭技术、为我所用的过程：一旦教师具备了使用技术的技术素养，技术对其自主学习会产生增强、赋能、助力的脚手架作用；如果教师不具备使用技术的素养，技术会对其自主发展产生负担、拖累、阻碍的紧身衣作用。诚如学者所言，"数字技术通过使教师工作的标准化、教师工作的数字化、教师工作的数字化测量、教师工作的数字化拓展等对教师工作进行重组，教师为了适应这种重组，负担将更为增加"[1]。从这一角度看，在教师专业发展上决定数字技术效能正负向的是教师驾驭数字技术的意识、态度与能力，是教师的数字素养，即数字胜任力、数字融创力与数字领导力等。要确保数字技术在教师专业自主学习上发挥增力作用，就必须持续提升教师的数字素养。为此，当代教师要在数字世界中实现充分自主学习，就必须着力提升上述三种数字素养。

其一，增强数字胜任力。教师数字胜任力的核心内容是使用常规数字技术设备、掌握基本数据处理技术、开发基础数字教育资源、恪守基本数字伦理、具备数字数据安全意识等方面的专业素养。没有这些意识、知识、技能、能力的支持，教师就难以突破数字技术的内置技术倾向，成为数字技术的能动使用者，更难以将技术的优势、潜能、属性发挥到极致，真正实现数字技术领域中的专业发展自由。

其二，发展数字融创力。所谓数字融创力，就是将数字技术与教书育人工作深度融合、灵活创新，将数字数据资源、平台、场景、服务灵活植入教学设计、课堂教学、班级管理、教学评价之中，助推新型课堂教学模态、课程育人范式创生的综合创新能力。在数字化时代，虚实混融式课堂、人-机协同式教学、多场景交互式教学、智能推荐资源式教学、多模态资源融合式教学等将进入寻常课堂之中，面对纷繁复杂的教育教学资源、场景与数据，一个具备数字融创力的教师才可能做到游刃有余。

其三，培育数字领导力。领导力是现代人团队化生存中所必需的一种生存、发展能力，是人影响一个团队、组织、社群走向的基本能力。在数

---

[1] NEIL S. Teachers vs technology: rethinking the digitisation of teachers' work[J]. Ethos, 2017, 25(3): 10–13.

字化时代，教师要实现充分的专业自主学习，还必须同时应对技术要求与团队期待，同时在技术领域与社群领域获得思想、行动的自由，这就需要教师具备虚拟世界的领导力——数字领导力。在这一意义上看，教师数字领导力是指教师借助数字技术"去沟通、社交、构建团队、进行变革并加速技术落地"[①]的能力，它包括数字沟通能力、数字团队建构能力、数字社会交往能力、数字变革管理能力、数字社区信任意识等。有了这些能力素养，教师就能够在数字教育社区、数字学习共同体中更自由地实现自己的专业发展目标，而不至于因为数字沟通力或数字变革察觉力弱导致自主学习受挫。

应该说，上述三种数字素养的获致有助于大幅度增强教师在数字发展环境中的生存力、生命力与创造力，有助于增强教师面对现实专业发展问题的机敏反应力、自主应对力与超前变革力。

---

① 马亮.数字领导力的结构与维度[J].求索,2022(6):100-110.

第五章　教师工作负担应对

2019年12月，中共中央办公厅、国务院办公厅印发《关于减轻中小学教师负担 进一步营造教育教学良好环境的若干意见》，引发全国千万名中小学教师的热议与关注。随后，全国各省（市、区）都出台了教师减负清单，成为新时代教育行政部门给广大中小学教师奉上的一份厚礼，着实令人振奋。

对教师而言，"减负"就是工作上减时、减事、减压吗？显然不是。减负工作具有"综合性、复杂性、长期性"[①]，清单式减负仅仅是教师减负工作万里长征的第一步，如若不开展根源减负、精准减负、系统减负，"教师负担"的幽灵终究会持续再生、轮番上演、挥之不去，最终成为广大教师收获职业福祉的一道鬼门关。我们认为：工作负担好似教师工作机体中的一个毒瘤与陷阱，是教育工作系统性失调与病变所致，那些仅仅关注"细节性复杂"（彼得·圣吉）的浅表性减负政策终将无果而终。鉴于此，本章将从根源性、病理性减负的机理探究出发，在全面分析教师负担多维所指及其"死循环"的基础上，探明教师减负工作的"杠杆解"。

---

① 付睿.论中小学教师减负[J].河北师范大学学报（教育科学版），2019,21（2）：13-16.

第一节 教师工作负担问题
研究的现状分析

无论是国内还是国外，学者对教师工作负担问题均表现出较高的关注度，这一问题甚至成为当代教师教育工作研究领域的一大热点。

一、国内外文献研究状况

国内中小学教师负担研究主要涉及三个问题，分别是教师负担界定、教师负担来源与教师负担测定。

（一）教师负担界定

从国内看，中小学教师负担所指涉的主要是："教师应担当的责任、履行的任务和承受的压力"（柳士斌、胡振京，2002），"必须履行的分内的职责并承担的应有工作量"（鄢秀娟，2007），以及"教师在社会生活与学校教育教学中承受与担当的（教育教学）责任、（教育教学）工作、（教育教学）压力以及由此付出的代价"（戴吉亮、李保强，2004）等。还有学者认为，教师工作负担是一个复杂量数，起码涉及五个维度：教师工作时长、教师工作延续时长、教师工作内容、教师工作强度、教师工作评价等（乔磊、朱思静，2020）。还有学者认为，"教师负担"的概念界定通常与"压力""工作量"等关键词密不可分，有时会融为一体，在国内研究中多指向教师担负的责任，也指压力超过合理阈值而带来消极影响（熊建辉、姜蓓佳，2020）。在国外，英国学者认为，教师负担具体包括"时间段和相应的工作任务"，工作量是一个重要参考因素（李新翠，2021）。

（二）教师负担来源

不同学者对教师负担的来源看法不一，由此形成了一系列教师负担分类：生活负担、工作负担与心理负担（柳士斌、胡振京，2002）；家庭负担、学校负担与社会负担，包括职业负担与非职业负担（戴吉亮、李保强，2004）；"社"源性负担、"校"源性负担、"生"源性负担、"师"源性负担（张雅静，2019）；等等。这些负担的具体表现是：上课、批改学生作业、与家长沟通联系、与学生谈话谈心等教师工作时间（韩露露，2002）。

（三）教师负担测定

国内学者大多按照时间量来测定中小学教师负担，如新教育研究院发布的《关于"减少教师非教学工作"的调查报告》显示：真正用于教学及相关准备的时间在整个工作时间中占比不足1/4，剩下的3/4是更为耗时耗力的非教学任务，这就是中小学教师的负担（李镇西，2017）。学者还提出了四象限教师工作时间分析法，将教师一天时间划分为四类："恢复型工作时间""损耗型工作时间""补充型工作时间"与"突破性工作时间"，以此来分析教师工作负担，具有一定的科学性。国外一般按教师周工作时间分配来测定教师工作负担，其重点测量对象为教师周工作时间和"上课"时间。数据表明：上海教师一年中用于各项专业发展活动的天数达62.8天，超过国际均值（27.6天）的两倍，用天数来显示教师负担的量度。

（四）教师"减负"对策

朱秀红等人的研究中建议，要减轻教师工作负担需要考虑以下对策：应增加师资供给，厘清工作边界并提供智能友好的技术支撑，促使乡村教师的工作总量保持在适度水平、工作重心回归教育教学且工作效率能有效提升（朱秀红、刘善槐，2020）。熊建辉课题组研究给出的对策是：打好源头治理、生态优化、长效机制建立等相结合的"组合拳"，具体涉及：摸清教师负担源头，分类看待和处理；明晰教师职责的内容边界，严格遵守目录清单制度；加强治理，优化教师工作的生态环境；建立健全保障广大教师合法权益的长效机制（熊建辉、姜蓓佳，2019）。[1]

二、国内外教师负担监测的代表性项目

本节具有较强的实战性与应用性，尤为关注教师工作负担监测这一侧面，特对相关代表性项目予以分析。

1. OECD 的"教学国际调研"项目（TALIS）

该项目对相关国家及地区教师的"周工作时间"和每周实际"上课时间"进行了调查，调查对象涉及中国上海及日本、新加坡、英国、韩国、加拿大、芬兰的中小学教师。结果表明：各国间教师负担、工作时间差异悬殊。

2. 国家教育发展研究中心教育治理研究部的教师负担调查

2018 年，课题组对全国东中西部地区近 10 万名中小学教师进行了问卷调查，负担源头主要是"检查评比等非教学任务""工作考核及职位晋升""学生学习成绩""薪酬收入""学生家长期待"等方面。

3. 东北师范大学中国农村教育发展研究院的教师负担调研

2019 年，课题组对全国 18 省 35 县教师工作负担进行了调查研究，结果显示：乡村教师平均每天的工作时长为 8.91 小时，有 29.26% 的教师每天工作超过 10 小时，且下班后还需花费 2.29 小时用于处理工作事务。

---

[1] 本部分观点综述，可参看：柳士彬、胡振京《论"减负"背景下教师负担的减轻及其素质的提高》，载《继续教育研究》2002 年第 1 期第 64—66 页；鄢秀娟《教师也需要减负》，载《当代教育论坛（学科教育研究）》2007 年第 3 期第 73—74 页；戴吉亮、李保强《中小学教师负担偏重的现实问题、原因与对策》，载《教育理论与实践》2004 年第 6 期第 32—34 页；乔磊、朱思静《云南省县域内小学教师工作负担调查研究》，载《普洱学院学报》2020 年第 2 期第 82—85 页；熊建辉、姜蓓佳《国内外中小学教师负担研究述评》，载《中国教师》2020 年第 1 期第 13—16 页；张雅静《中小学教师工作负担的来源与排解》，载《教育科学论坛》2019 年第 4 期第 59—64 页；李新翠《英国中小学教师减负：历程、举措、成效及启示》，载《河北师范大学学报（教育科学版）》2021 年第 6 期第 112—120 页；韩露露《南京市中小学教师工作负担情况调研》，载《南京晓庄学院学报》2020 年第 3 期第 38—43 页；李镇西《关于"减少教师非教学工作"的调查报告》，载《教育研究与评论》2017 年第 4 期第 74—79 页；王洁《"双减"背景下如何减轻学生作业负担》，载《陕西教育（教学版）》2023 年第 10 期第 29 页；朱秀红、刘善槐《我国乡村教师工作负担的问题表征、不利影响与调适策略——基于全国 18 省 35 县的调查研究》，载《中国教育学刊》2020 年第 1 期第 88—94 页；等等。

以上调研的共同特点是：其一，研究设计相对制式化，都将某一时期内教师工作时间作为负担调研判定的主要依据，都关注教师教学性负担与非教学性负担两类，都重视教师教育相关工作时间结构的分析。其二，监测方式大都采取调研统计的方式进行，个案性研究较少，量化分析是其主要手段。同时，这些教师工作负担监测方式都有需要改进的方面：其一是对"教师工作负担"认定标准的阐述不够清楚，对教师工作负担形成机理分析不够，导致教师工作负担调研对象有待商榷。其二是对教师工作负担个案的研究与分析不够，无法精细呈现教师工作负担的个体现象，深刻性不够。

三、综述分析

通观上述研究文献，其共同特征是：在研究方法上，一般采取的是量化分析，即时间分析法，时间分析是主要负担分析工具；在研究内容上，较为重视教师工作负担类型的分析，按照工作类型来对教师工作负担进行溯源分析；在研究结论上，大都强调教师工作负担需要综合治理、联合出击。

上述研究为教师工作负担内涵界定、指标分解提供了基础研究成果支持，但其缺陷是：其一，忽视了教师工作负担的双重性，即工作量与工作感的合而为一，而非仅仅指工作时间量意义上的负担。其二，忽视了教师工作负担的绝对性与相对性，即绝对的工作任务与相对的工作压力之间的关系。其三，忽视了教师工作负担与教师专业发展间的关系，将积极性负担与消极性负担不予以区分，陷入机械数量化的误区。其四，将教师工作负担策略单单理解为教师每天、每周的生命时间结构描述，忽视了教师工作负担的复杂内涵。

第二节 教师工作负担问题的理论检视

工作负担是教师减负的对象与标的,对"工作负担"的深刻认知是决定教师减负工作深度、力度、效度的起点变量。学者通常认为,教师负担是指"教育职责、教育义务和压力以及付出的代价"[1]或教师的额外工作时间,这类观点具有明显的绝对性、客观性、机械性、浅表性,忽略了教师工作负担的相对性、体验性、复杂性、潜隐性,容易陷入行为主义的减负思维与套路。教师负担是"质、量、度"的三维一体,确保教师工作的专业资质、适当数量、一定限度是预防工作负担化的一道防洪堤。

一、"教师工作负担"的多维界定

教师工作负担好似一个多面体,从不同视角、层次解读出来的"教师负担"概念是有差异的:从表层来看,教师负担是工作的超时、超量、超负荷;从内源角度看,教师负担是指教师在教育工作中角色超载、方式退化(或去技能化)、孤立无援的一种存在状态;从发生角度看,教师负担是指教师工作压力由量变到质变、由现实到感受的生发过程。

(一)浅表性概念:**教师负担是教师工作紊乱现象**

在工作适度的条件下,教师工作处于正常、有序、健康运行状态;一旦质、量失"度",教师工作会呈现出失范、失调、紊乱的反应,这就是教师负担现象。在诸多学者看来,教师负担的内涵所指是浅表层面显现的"教师工作紊乱现象",这一"紊乱"的三大表征是:工作时间失控,逾越了每日8小时界限,工作与生活间的时间界限变得模糊;工作品质退化,那些非教育教学性工作纷至沓来,教师工作的专业性内容下降,教师

---

[1] 王毓珣,王颖.关于中小学教师减负的理性思索[J].湖南师范大学教育科学学报,2013,12(4):56-62.

身份由"专业人士"向"单位勤杂工"隐性退变；工作体验恶化，面对混杂工作内容、超重工作负荷，教师工作效能感下降，习得性无助感与不可控感剧增，消极负面工作感受持续积累。诚如学者所言，教师一旦"面对繁杂的工作负担难以统筹和有效应对"，就会"对自己的工作产生一种'失控感'"，就会"产生消极的工作体验"。① 这一教师负担概念的持有者主要是教育行政人员，他们认为教师负担是指教师承担的非本职、非规定、非应当的工作内容与任务，及其伴生的消极工作体验。与之相应，持有这种"负担观"的减负行动势必首选"身体性减负"，即试图借助各种各样的规定与命令，把教师身体从繁忙的工作场域中解脱出来，而不会考虑如何消除教师工作负担的"毒瘤"与病根。从这一角度看，决定教师工作负担的两个关键依据是：其一，教师承担的工作是否"应该"，即是否应当归入本职工作；其二，是否超过了教师身心的承受力或载荷量，即适量（图5-1）。

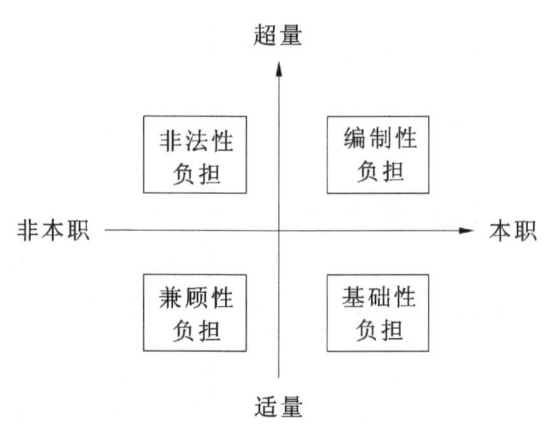

图 5-1 教师工作浅表负担的二维分析

上图表明：教师工作减负必须同时兼顾"该不该""重不重"两个维度：前者涉及教师职责界定问题，是教师工作适量的应然判定标准；后者是教师职责的量度与规定问题，是教师工作是否超量的实然判定标准。站

---

① 李跃雪,赵慧君.中小学教师工作负担异化的生成逻辑与治理思路[J].教师教育研究,2020,32(3):67-72.

在二者纵横交错的角度看，教师工作的浅表负担可以分为四类：基础性负担，即普通教师必须承担的职责性负担量；兼顾性负担，即教师承担的在其可承受范围内的非本职工作负担量，例如适度的教育管理、社会服务、环境治理等额外工作量；编制性负担，即教师本职工作量的绝对过度，一般源自学校教师编制配置不足所致；非法性负担，即教师承担的逾越个人身心限度的额外负担量。上述负担类型中，除了基础性负担无须减除外，其他三种负担分别适用以下三种减负策略：选择性减负，即利用教师专业自觉意识培养的方式来消除这些负担；人事配备减负，如日本设立"资源教师"（resource room teacher），学校酌情增加社会人员编制；法治性减负或行政性减负，即发布政令支持教师拒斥非必要性工作内容，强化法治政府对这些教师负担的抵制力。

（二）内源性概念：教师负担是教师生存环境恶化现象

一般来说，教师工作中产生负担感多半与其生存环境有关，是其职业生存空间受到挤压后引发的一种伴随现象，它一定是多因素参与、多主体交互，并以教师工作状态的整体形式表现出来的一种产物。从这个角度看，教师工作负担的发生一般难以将之归诸如某个确定的病变部位，但可以找到诱发其发生的直接"病原体"。所以，抓住诱生教师工作负担的关键"病原体"，对之进行深度剖解与机制分析，就可能获得一种有深度的"教师工作负担"概念。从根源上看，引发教师工作负担发生的直接原因有三：

一是教师角色迷离。当代教师是"多角色教师"，"职业角色超负荷是教师压力的主要来源"[1]，教书育人的主要角色淹没在非主要角色，如社会调查员、社会公众模范、学生替代父母、学校管理员等角色之中，教师身份被各种角色争夺、分割、挤占等，导致教师主要角色迷离模糊，产生无所适从、碌碌无为、重负难当的感受即为必然。

---

[1] JTU Institute for Education and Culture. An international comparative study on the working conditions of school personnel [EB/OL]. (2008-11-20) [2014-04-08]. http://www.nfer.ac.uk/nfer/publications/JAS01/JAS0.pdf.

二是工作方式退化。在当代教育生活中，各种各样的教学操作规程、育人行为规范、考试分数要求等次第涌现，教师专业的创造性、个性化、自主性空间越来越小，若教师不善于对之整合优化、改进重组、灵活应变，就可能沦为人工智能式的教育机器人，重复性、模式化教育行为增加，教师工作日渐被"去技能化"[1]，不再成为教师收获事业成就、表达创造欲、实现事业梦想的专业空间，产生倦怠感、负担感就成为必然。

三是社会后援薄弱。教师工作在加压、增负、扩容的同时，却没有编制、精神、奖金、权力等配套社会资源的相应增加，没有政府、社会、家庭的社会支持加码，由此导致教师工作总量单极增长，陷入孤立无援境况，其身心载荷极限被打破，被迫选择其他排压方式，如转嫁家长、表达无奈、消极怠工、无声抵制等，来实现工作压力再平衡。

无疑，上述三种方式之间存在着某种互动性关联：教师角色迷离是增负的社会文化根源，在社会期待陡增情况下，如果教师不善于改进工作方式，行政部门不善于及时精准予以援助，教师工作负担感就会发生。可见，在当代中国社会，职业角色的迷离超载、工作专业实践的去技能化是现代教师工作负担加重的直接"病原体"，而忽视了对社会要求增加与国家精准援助这两个因素的综合考虑，我们无法从根源上解释教师工作负担现象。正是基于这一思考，我们认为，教师工作负担是教师职业生存环境的系统性病变现象。

（三）发生性概念：教师负担是教师岗位压力失调现象

从发生学角度看，教师负担是教师工作压力的淤积、郁结与爆发现象，具有其生成演化的内在逻辑。每一种教师负担的原发点一定对应一个特定的压力源，即教师所承担的具体工作、任务与责任，构成了教师负担生成的物质根源；教师工作负担生成的中介环节是教师工作的压力量，即所承担的工作、任务、职责的总量，一旦这一数量超量，即超过了教师身

---

[1] 李新翠.中小学教师工作量的超负荷与有效调适[J].中国教育学刊,2016(2)：56-60.

心的额定载荷,致使教师感到过于繁忙、烦心、疲劳,教师工作负担现象就会显现;教师工作负担来临的最终标志是教师亲身感验到的压力感、紧张感与无助感,这是教师工作负担形成的最终表现。从这一角度看,教师工作负担的发生一般要经历一个"压力源—压力量—压力感"的持续演化过程,教师工作负担是教师承担的职责任务超量而引发的压力感现象,教师工作减负其实就是消除压力源、降低压力量、弱化压力感的过程。用"工作资源理论"[①]来解释,教师职业的职责、岗位、角色向教师提出了如素质、资质、精力、经历、能力等工作资源要求,如若教师具备相应工作资源,甚至有一定的资源过剩,其工作压力量适中或不足,教师就会对教育教学工作产生自信感、掌控感与不可替代感,其职业压力感向积极方向发展;否则,教师工作资源不足,压力量过大,其职业压力感会向消极方向发展,无助感、厌倦感、离职念头随之产生,教师工作负担与压力感接踵而来。因之,从发生学角度看,教师工作负担是指教师由于自身工作资源不足以应对现实需要而出现的一种职业压力超重、消极压力感弥漫现象。

由上可见,教师工作负担的科学界定对于打开减负工作思路、构建减负工作机制、提升减负工作效度具有先导意义。教师的工作负担感一旦出现,其必定会产生三重负面效应:工作重心偏移,即教师偏离教育工作主业,心力被耗费在非教育工作上,潜心从教的工作局面难以形成;工作资源外溢,即教师的教育工作资源,如教师精力、体力、智慧等被消耗在教育行业之外工作上,导致教育资源隐性外溢、流失;工作性质异化,即教师对教育教学本职工作的投入减少,研究揣摩教学的时间减少,高品质教育教学服务的熔炼意识下降,教育教学工作的专业品性退化,机械化成分增加,职业倦怠感更容易滋生,等等。这一分析表明:从工作分析、环境评估与压力追踪等三个角度全面认识教师负担现象,做到对教师工作负担

[①] DEMEROUTI E, BAKKER A B, NACHREINER F, et al. The job demands – resources model of burnout[J]. Journal of applied psychology,2001(86):499 – 512.

的精准识别、系统应对、科学减持,是当代教师减负工作的应有考量,是真正落实党和国家教师工作减负精神的科学思维。进言之,仅仅停留在执行减负清单层面的教师工作减负思维是非常值得警惕的。

二、教师工作负担发生的"三维交互论"

在全新"教师工作负担"概念指引下,我们相信:教师工作负担的生成绝非单因素、单路径所致,而是系统性、再生性、联动性的负担发生机制使然。进言之,教师工作负担的生成机理分析不仅要看负担表象、负担成因、负担影响,更要看到隐藏幕后的"无知之幕"的内控,否则,我们不可能找到破解教师工作负担的杠杆解、终端解,也难以逃出教师工作负担的隐秘回路,跳出"越治越多"的负担生成死循环。教师工作负担生成是教师工作的系统性失调所致,引入系统动力学理论对其成因与机理进行全面解析,无疑有助于我们找到教师工作负担生发与治理的源头。

(一)教师工作负担是系统性失调所致

学习型组织理论之父彼得·圣吉指出:"系统结构所指的是随着时间的推移,影响行为的一些关键性的相互关系。"[1] 这就是系统动力学思想。它告诉我们:任何一个问题、事件、现象的发生都绝非某一单一因素所致,而是取决于潜藏在这一因素背后并与之互动关联的要素互动系统或"反馈环路"。就教师工作负担发生机理而言,它绝非某一单一致病因素或"病原体",如学校瞎指挥、行政部门乱摊派、学校评价高频次等所致,而是教师工作的整个系统发生了病变,即教师工作产生系统的运行性能与运转机制失灵,或教师职业的自身免疫系统崩塌。站在系统动力学角度看,教师工作负担发生问题的分析必须回归整个教师工作系统,回归教师职业的全局背景之中,找到教师工作负担系统的真正病变部位,据此寻求诊治教师工作负担问题的系统性方案。学者指出:"中小

---

[1] 圣吉.第五项修炼:学习型组织的艺术与实务[M].郭进隆,译.2版.上海:上海三联书店,1998:47.

学教师减负是一项充满挑战的系统工程,需要系统谋划、综合布局、长期坚持,需要各级党委政府及各部门联合行动。"①

所谓系统,就是指一系列相关要素在特定环境中交互作用而产生的一个具有自我适应、自我调节、自我涌现等功能的功能体或有机体。教师工作也栖身于一个宏大系统之中,受制于整个系统规约并从系统运转中受益,教师工作负担的出现正是这一工作系统的性能畸变所致。系统动力学也告诉我们,要彻底诊治教师工作负担,就必须放弃有限因素静态归因的思维模式,探明制约教师工作负担生成的多因素复杂互动系统,据此研制出一种基于系统联动思维的负担治理方案。进言之,教师工作系统是"教师专业本位、教书育人主场、学校社会保障"的教育功能体,是具有自我发展、自我约束机能与自我整合、自我修复能力的社会小系统。在这一系统中,一旦教师专业自主权被扼杀,教书育人主题被冲淡,教辅保障部门权力失控,教师工作系统随时会陷入紊乱运行状态,教师工作负担现象随之出现,成为整个系统发生病变的浅表症状。正是如此,彼得·圣吉认为:"系统的反馈观点建议大家,应共同分担系统所产生的问题。"② 教师工作负担问题的产生提醒我们:当前教师工作系统出了问题,该系统中的所有构成要素都部分承担着相应责任,尤其是主要构成要素,其承担的责任更大一些。

(二)发生机理:教师工作负担根源自"三元交互"

上述分析表明:教师负担源自教师工作的系统性病变,教师工作负担发生的内在机理是其内循环失调,因之,找到教师工作系统的核心要素,用"动态复杂性""内循环系统分析"的思维来攻克教师负担问题,才是我国当前应对教师负担问题的上上策。无疑,教师工作负担的根本构成要素是"教师"与"工作":前者涉及教师的角色、能力、资历、期待、理想、承受力、成就欲等主体性要素,后者涉及教师工作的职责、使命、性

---

① 付睿.论中小学教师减负[J].河北师范大学学报(教育科学版),2019,21(2):13-16.
② 圣吉.第五项修炼:学习型组织的艺术与实务[M].郭进隆,译.2版.上海:上海三联书店,1998:86.

质、内容、程序、任务等客体性要素。一般情况下，教师工作向从业者——教师客观上提出了一定素质要求，一旦二者相互匹配，教师肩负的工作都属于本职、分内之事，都属于教师可承受的业务范围，二者之间处于平衡和谐状态。

但在现实中，由于社会进化、国家发展、教育改革的推动，教师工作的内容被迫扩展，工作方式被迫升级，最终逾越教师的角色载荷与素质容量，教师负担发生随之成为必然。在现代社会中，为了预防这种现象的发生，"教师"与"工作"之间会被嵌入一些"中介性变量"或"调节性环节"，这就是：教育行政部门、学校管理机构、教育学术机构等，它们会借助一些特殊手段，如教师职责规定、教师周课时量设定、教师工作研究、课程教学改革、质量目标规定、教师业务培训、学校人事编制等方式，来动态调节"教师"与"工作"间的关系，使其具有在不平衡状态下建立再平衡的机能，确保教师与工作之间始终保持动态平衡关系。这就是教师负担生成的"三元交互论"（图5-2）。

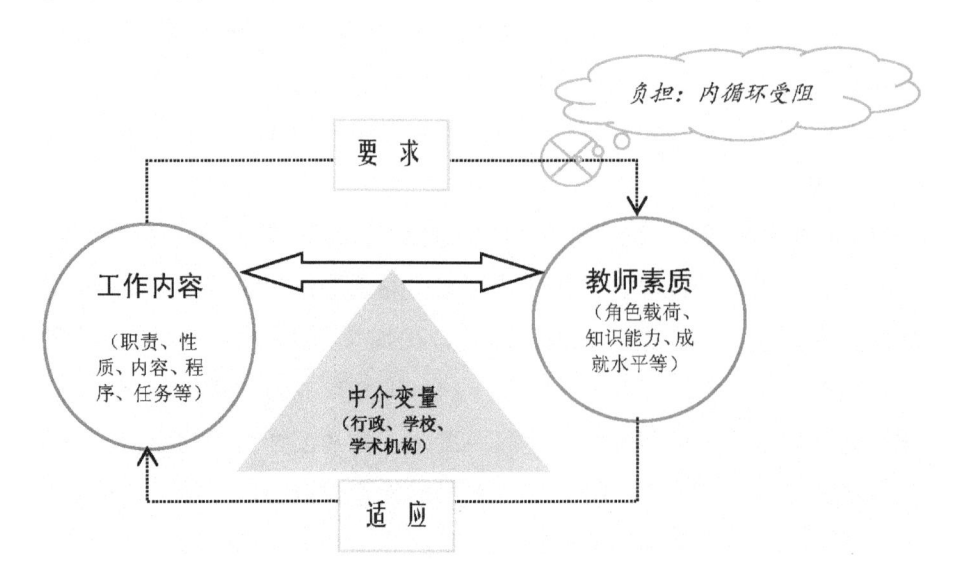

图5-2 教师负担发生的"三元交互论"示意图

上图表明：教师负担是教师工作系统的三个关键要素——教师素质、工作内容、中介变量等三元交互作用的产物。在中介环节的合理匹配下，教师素质能够适应、满足、达成教师工作内容的要求，教师工作无额外负担存在，整个系统良性运转；一旦二者之间发生失调，即要么教师工作要求相对过高，要么教师素质难以胜任，中介变量的调节机制被启动，行政部门、学校与学术机构等可以通过增减教师编制、调整质量指标、勘定教师职责边界、设定教师工作量标准等方式调节"人-业"间的匹配关系，使其实现再平衡。教师工作负担发生的"三元交互论"告诉我们：对教师工作负担的理解绝不能停留在静态、平面、机械、单因归责、线性决定的层面，而必须回归幕后系统，用多因素联动的思维来探寻破解教师负担发生的关节点与病变部位。否则，教师工作负担只可能陷于"头痛医头脚痛医脚"的怪圈，难以从根源上遏制教师负担发生的源头。

（三）教师工作负担源头治理的一般思路

"三元交互论"告诉我们：教师工作负担的发生好似人体病理现象，它源自教师工作系统及其内循环的运转失灵，为其开出医治处方、施加人为干预是为了帮助教师工作系统回归正常运转状态。在这一意义上，对准教师工作负担化的根源予以行政干预、管理干预，才是系统性消解教师工作负担的一般思路。"三元交互论"也告诉我们：教师工作负担化发生的关键部位有三个，即教师素质、工作内容与调节机构，每一次教师工作负担问题的浮现都可能源自这三个要素的病变，故只有采取"三要素协同联动"的治理思维才有可能将之予以根治。基于这一分析不难发现：教师工作负担治理的三大基本思路是教师增能、专业本位与回路调节。

1.教师增能是教师工作减负的首要出路

教师自身既是负担的承受者又是负担的应对者，既是负担的生发源又是负担的终结者，教师主体在破解教师工作负担中是最具能动性的一个要素。进言之，如果教师自身足够强大、坚挺，一切外来负担都会迎刃而解，抓住教师素质提升这一变量加以针对性干预，是破解教师工作负担的首要选项。这就是教师增能，它包括四个方面：其一是增强教师精神能量，提升教师的成就欲、责任心与使命感，扩展教师的心量、视野与格局，培养教师面对工作负担的韧性、耐性与理性，其对外来工作负担的应对力就可能由此增强;其二是增强教师的业务能力,提升教师的专业素养与课改精神,其对过度工作量、超难工作任务的应对力同样会增强;其三是增强教师的角色承载力,提高其对自身"角色丛"的胜任力,以及对角色间矛盾冲突的调和力,其承担工作负担的域限值就会上移;其四是增强教师及其组织的专业自主权,使其获得对非教育教学工作的抵制权,获致面向教师专业问题的决断权,外来工作负担就难以轻易进入教师的本分职责范围。从这些方面来看,教师精神增能、业务提质、角色聚能、专业增权是教师工作减负的本体依托与主体依靠,否则,教师工作负担的治理只会沦落为一场闹剧,退化为教师逃避职责的"避难所"。

2.专业本位是教师工作减负的核心理念

"教师工作"与"教师专业"是截然不同的两个概念:前者是指可替代、可量化的普通事务类型(work),后者则是指不可替代、难以量化的专门业务类型(profession)。将教师专业工作化是教师工作负担滋生的理念始源,将教师工作专业化、回归教师工作的专业属性则是为教师工作深度减负的理念基石。教师专业属性要求教育行业从业者必须要有相应专业精神、专业知识、专业能力、专业权利、专业教育、专业协会等才能胜任,这些要求决定了教师工作职责的界定、教师工作时间的保障、教师工作方式的选择,都应由教师专业协会与个人专业权利来确定,任何外来的非专业性理念、做法、要求都应该被专业协会与专业判断拒之门外。显然,我国教师专业化进程建设缓慢才是导致教师负担超载的主因之一,回归专业本位,按照专业的属性、标准、要求,来优化教师工作的内容、程序、方式、评价,才是源头上教师减负的应有思维。无疑,教师工作是教师行业的范畴,教师行业专业化建设对于教师工作的边界界定、质量标准、流程设计而言至关重要,它就是增强教师对非专业性工作内容与要求抵制力的一把利器。

进言之,要推进教师工作的专业化建设,需要三大组织建设的支持:其一是加快教师专业协会建设,在校外工作内容要求进入学校、进入教师职责之前,必须经过教师专业协会的审议与过滤方具合法性;其二是加快教师行业维权组织建设，为非专业性教师工作负担受害者提供法律援助，让教师行业严格在《中华人民共和国教师法》框架内运行；其三是家校合作协会建设，利用该组织改变"学校教育万能""学校教育责任无限"的社会俗见，引导家长承担首要教育责任，保持对教师行业、教师角色、教师工作的理性期待，支持教师的专业教育行为，防止教师工作职能超载现象发生。我们相信：借助上述组织建设，教师工作职责界定就可能在"专业"理念指导下进行，随意越界、摊派、增删职责事项的现象会持续减少，政府、社会与教育间的清晰教育责任界限才会显现。

3. 回路调节是教师工作减负的枢纽链环

教师工作负担出现是教师工作系统性病变所致，其实质是教师工作循环与回路上出现堵点使然，打通这一回路才是破解教师工作负担问题的基本思路。教师工作循环的三个关节点是：教师、工作与中介调节组织，其中，前两者分别涉及教师主体素质提升与教师工作职责划界问题，后者则是构建"教师主体"与"工作内容"间良性循环与反馈回路的枢纽所在，如何借助政府、学校、专业组织、学术机构的力量来维系教师主体与工作负荷间的互调互适关联，在二者间发挥润滑、调节、平衡器作用，是教师工作减负时应坚持的系统思维与行动理念。值得注意的是，行政、学校、专业组织、学术机构其实既可能是教师工作减负的主力，也可能是教师工作增负的源头：缺乏"教师专业"意识的教育行政机构常常会将自身的工作利用权力之便转嫁给教师、学校，缺乏管理优化技能、专业教育理念、教师关怀意识的学校也会给教师平添许多额外负担，缺乏责任担当意识的专业组织可能成为教师负担加压的帮凶，不了解教师真实发展需要的教育学术机构也会为教师设计出一些无效、过度或错位的教改项目与培训服务。

在这一意义上，加强教育行政部门、中小学校、专业组织、教育研训机构自省意识、服务意识、全局意识的教育引导，开展角色责任、工作能力、关怀精神等方面的特适性培训，对于我国教师工作减负而言意义重大。此外，在教师工作管理上，我国学校与行政部门还存在诸多缺陷，如"管理简单化框框""管理形式化框框""管理官僚化框框""管理运动化框框"① 等问题严重，成为中小学教师工作负担的内源之一。为此，行政部门、中小学校、专业组织与学术机构要彻底摈弃规范式管理思维，放弃治表不治里的工作思维，全面走向治理式管理思维，即秉持"全局、联动、循环"的理念来把脉教师工作系统的病变部位，借助权力杠杆打通教师工作系统的经脉，以此为修复教师工作循环提供精准干预。

三、教师工作负担发生的社会原因考察

教育系统是个复杂的权力系统，其核心体现在各主体利益的表达与获取、权力的分配与运行等方面。在基础教育系统中，学校发展受其背后各相关主体之间利益和权力的影响，是各相关主体之间利益冲突、权力博弈的结果。从这个角度来看，学校与政府、社区、社会之间的关系总是要涉及主体之间的利益调整分配和权力运行机制的问题。当各教育权力主体的利益追逐失衡而导致外部主体权力运行越界时，就会影响学校系统内部权力的运行。

（一）纵向利益错位：主体协同发展的隐性壁垒

教育系统受多元利益主体的牵引，不同利益主体有其不同的权益诉求，各利益主体之间不可避免地会产生利益分化、交织、移位，而多元主体利益诉求的错位则会导致各主体在协同发展机制中出现隐形壁垒。各地政府依靠其行政权力来管理辖区内的公共事务，其目的在于通过权力的运行维护公共稳定和增进公共利益。地方教育行政部门作为各地对教育事业进行直接组织领导和管理的机构，其利益诉求在于引导中小学"积极贯彻中国特色社会主义的教育办学方针，为国家经济、社会发展培养人才"②，推动当地教育持续稳定地发展。街道办事处的利益诉求在于加强城市的居民工作，密切政府和居民的联系。

---

① 王毓珣，王颖.关于中小学教师减负的理性思索[J].湖南师范大学教育科学学报，2013,12(4):56-62.

② 陈良英.多元主体参与背景下的基础教学治理结构构建研究[J].教学与管理，2017(21):29-31.

社区作为由居民自发组织参与的以公益或互益为目的的社会组织形态，其功能在于通过整合社区内外资源，利用社区内外力量来实现社区利益的最大化，办好有关群众切身利益的各项公共事务，保证社区的可持续发展。中小学的发展目标在于"构建中小学的治理结构来改善学校自身的办学条件，提高人才培养质量，形成独树一帜的办学特色，促进中小学又好又快地发展"[1]。在基础教育发展利益上，上述主体间的关系是：政府是教育事业的主办者，学校是教育事业的实施者，社区与社会是教育事业的受益者、支持者，三者协同一体，才能保证教师、学校提供的教育服务在可控有序的格局中运行。

进言之，从利益格局的变化来看，上述各主体未能在中小学优质教育服务培育上走向"利益一体"是导致壁垒产生的主要原因。

首先，不同地区的地方政府及教育行政部门具有竞争关系，为更好地完成自身的工作，政府需不断采取各种策略来促使区域得到最大化发展，教育行政部门需采取各种方式促进区域内教育的发展。在实现自身利益的目的驱动下，政府和教育行政部门会通过任务下达的方式来"增负"，如增加评比考核任务、驻村扶贫任务等，通过安排各项工作以使评比指标达成，从而不断促进区域内教育水平和经济水平的发展。其次，街道社区需要借助学校之力来更好地完成自身工作。街道拥有介入学校的力量，可以将部分行政事务分配到学校内，由学校负责完成。社区同样需要借用学校资源开展各种社区活动，发挥学校的公共性，以实现社区的公共利益。如各项社区建设活动，社区宣传任务等公益性任务的完成，需要社区内学校的参与。最后，学校在社会市场的驱动下，致力于自身水平及名誉的提升，对外注重示范校创建工作，对内关注教师的各种培训、评比工作，通过完成各种形式化的工作以期提升学校的"水平"。各主体利益侧重点的不同，必然导致各方工作的重心不同，由此并未形成促进学校发展与优质

---

[1] 陈良英.多元主体参与背景下的基础教学治理结构构建研究[J].教学与管理,2017(21):29-31.

教育服务的合力，反而产生了阻碍学校发展的隐形壁垒。

（二）权力层级僭越：外部权力的纵向转移

由于共处一个教育空间，政府、社区、学校与教育行政部门之间必然会发生纵向权力转移现象，其实质是各主体通过权力的运行与责任的下放分配来实现各自利益诉求，努力实现权力再平衡的过程。政府具有决策权、执行权和监督权，地方政府运用其行政权力对地方公共事务进行治理。宏观层面，政府通过发布教育政策指令、规划学校布局，推动基础教育的发展；微观层面，还可以通过资金支持、人事调动、检查督导、教学指导等方式来指导基础教育阶段学校的发展。教育行政部门作为中小学校的管理主体，在人事、财政、教学、招生等方面对中小学依法进行领导和管理。受制于政府与教育行政部门的双重制约，中小学校对政府有着很强的依赖性，他们要依据政府的指示来办学，校内的各项事务也要经过政府部门的同意才可开展。除此之外，学校事业不是一般意义上的公共事业，而是当地的公共事业，也就是说，学校是归属于社区之中的学校。学校存在于社区之中，是"社区结构的基本要素"[1]，学校需不断关注与社区之间的互动，社区往往也会利用自身的社会权力、借助学校的资源条件来发展自己，服务社会。因此学校需要承担一定街道、社区内的相关事务，积极协助街道、社区完成各项工作，以满足社区发展的需要。

在理想状态下，教育系统应该是"政府宏观调控，社会广泛参与，市场积极支持，校长自为领导，教师自主发展，学生自由成长"[2]的状态。但当政府及其他主体的权力过度僭越时，这种状态将难以形成。政府"有关部门为了完成某些政治任务或行政任务，会把任务布置到教育局，教育局继续把任务分解到各中小学，最后落到一线教师身上"[3]，给学校教师带来额外的负担。这些负担多是给学校下达的一些与教师教学工作无关

---

[1] 汪莉.多元主体参与视角下公立中小学治理结构之重塑[J].基础教育,2012(4):61-65.

[2] 张天雪.校长权力论:政府、公民社会和学校层面的研究[M].北京:教育科学出版社,2008:2.

[3] 窦春芳.义务教育系统的特权与治理[J].行政与法,2014(7):46-50.

的任务，特别是一些需要教师参与的公共性、公益性任务，如政府的相关部门要进行卫生检查活动，这一本该由卫生行政部门负责的工作，政府则可以利用权力之便，将之转嫁到教育行政部门，再由教育行政部门分解到各学校，各学校的校长再组织老师去代理城市管理员的职务。街道利用其社会管理权力，将部分任务分配到学校；社区利用其社会管理职能，各项带有公益性、服务性的工作也要求学校予以配合。面对这些公共性、公益性任务，学校、教师却没有足够的自主权去"拒绝"，被迫不断完成各种非教学性社会事务。除政府与学校之间的关系并未真正转向"治理"之外，学校与其他社会利益团体也未形成一种可以协商、合作、支持的关系。当各主体的权力运行越界时，由教育系统外部主体权力越界而导致的内部主体权力失衡的现象就会出现（图5-3）。

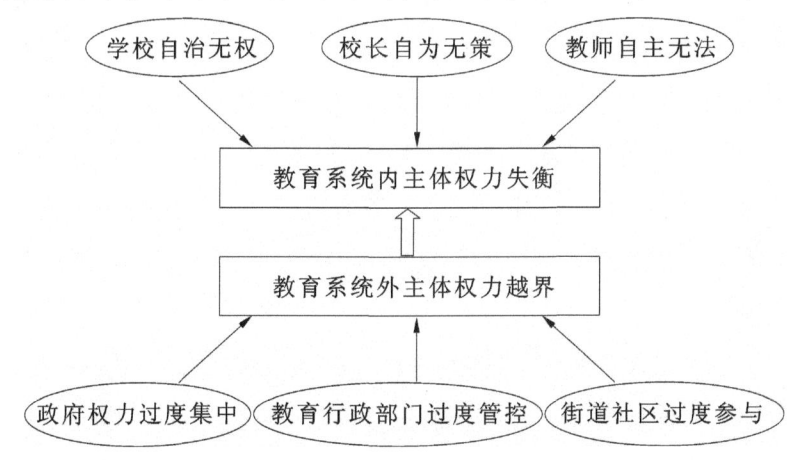

图5-3 外部主体权力影响下教育主体权力的体现

上图表明：政府及其教育行政部门、街道、社区作为教育系统的外部主体，拥有对学校进行管理的行政权力及社会权力。在现实中，各主体"博弈中'重结果，重整体'的简单量化效用分配容易导致工作不讲方式、方法"[1]，由此引发教师负担超载现象：一旦各主体为实现自身利益追求而在博弈中越

---

[1] 葛新斌,叶繁.教师减负的博弈困境及其破解之道[J].教育发展研究,2020,40(20):46-52.

界运行权力，使政府的权力过于集中，教育行政部门对中小学的管控过度，街道、社区对中小学的参与过度，通过权力的运行实现责任的转移，就会引起教育系统内部主体的权利失衡。由此，学校自治、校长自为、教师自主的状态将会被打破，进而呈现出一种学校自治无权、校长自为无策、教师自主无法的局面。这也是导致中小学教师减负问题一直难以解决的真正原因。

（三）唯上行动逻辑：任务完成式的工作指南

中小学实行的校长负责制"是建立在不完善科层统治下的'行政领导下校长负责的体制'，也就是说，权力在政府，责任在学校"[1]。在政府行政权力管理之下的中小学校要接受政府及教育行政部门的领导与监督，接受并完成政府、上级教育行政主管部门下达的各项任务；要协助街道、社区处理各项政治性、公益性事务；要与其他社会团体进行合作。校长作为整个教育权力系统的联结点，其权力的行使受其他相关权力主体的影响。校长需要处理好学校与政府、教育行政部门、街道、社区及其他社会团体之间的关系，在权力的博弈中行使其行政管理权力，做出指导学校发展的决策。在政府及教育行政部门行政权力的调控下，在街道、社区及其他社会团体的管理下，学校的自治权受到限制，校长的行政管理权力受到威胁，形成了一种唯上级命令的行动逻辑。校长以完成上级教育行政部门、政府、街道、社区下发的各项事务为工作目的，并将这些任务分配给学校的教师。

目前基础教育阶段的学校多数为事业单位，"事业单位制度"将教师捆绑在单位体制之内，形成了对学校的绝对依附和完全归属。校长作为学校的首要负责人，享有行政管理权和执行权，其权力在于对学校的人力、财力、物力进行协调和组织安排。这一制度架构意味着教师要受到校长的行政管理和安排，教师作为联系校长与学生的重要纽带，作为教学任务的具体执行者，同样形成了一种任务完成式的唯上行动逻辑。教师进行的教

---

[1] 张天雪.校长权力论：政府、公民社会和学校层面的研究[M].北京：教育科学出版社，2008：86.

学工作是在保障自身权益的基础上实现的,但在教学工作之外,教师往往还需完成校长分配的各项非教学性事务工作,严重影响了教师自身权益的实现,当教师承担的工作超过了其所能负荷的临界点时,便会产生抵触情绪。但教师对负担的抵触并非刚性抵触,而是一种表现在行为态度上的软性抵触,如APP上敷衍操作、培训活动迟到早退等。这样一来,教师的抵触情绪不仅影响正常教学工作,而且还会引发其他多种弊端。

第三节 教师工作负担的现实构成分析[①]

教师是教育的第一资源,承担着为党育人、为国育才、立德树人的重要使命。近年来,中小学教师负担日益加重,不仅需要接受种种教学评比考核,参加各项培训研修活动,完成家校合作中的各项工作,甚至还需参与APP投票点赞、琐屑资料填报、街道社区服务等非教学性社会工作。在种种压力下,教师群体普遍陷入一种身体忙碌、心理茫然、精神疲惫的境地。为中小学教师减负是维护教师权益、促进教师专业成长、推动基础教育高质量发展的重要保障。2019年12月,中共中央办公厅、国务院办公厅印发《关于减轻中小学教师负担 进一步营造教育教学良好环境的若干意见》(以下简称《意见》)。随后,各地相继出台配套减负清单,截至2021年2月24日,已有27个省(市、区)出台了中小学教师减负清单。本节基于对这些教师减负清单的分析,从各主体利益与权力博弈的方向探寻教师负担的生成逻辑及纾解之道。

一、镜像映射:减负清单下潜藏的中小学教师负担问题

所谓"减负清单",就是各省(市、区)印发的用以规范和引导中小

[①] 杨静、蔡婉怡参与了本部分内容的研究与撰写。

学校教师减负工作的准则或指南,其内容多以"禁止""不得"等否定式条项呈现。由于各省(市、区)的省情市情区情不同,教师工作面临的负担问题也不同。在《意见》统领指导下,我国大部分省(市、区)都已出台了关于中小学教师减负的"清单",这些清单既全面体现了中央文件的要求,又结合地方实际情况进行了细化、深化。总而观之,大部分省(市、区)的减负清单以"黑名单"的方式呈现,公布了中小学中有关检查督导、抽调借用、社会事务和报表填写等方面的禁止条项,凡清单所涉事项,教育系统、中小学及教师就有权拒绝,由此为减负工作提供了明确的标尺。

教师减负问题之所以长期难以得到真正解决,源自其背后权力系统运作的复杂性,由此导致教师减负工作犹如一个"黑箱",难以打开隐匿其背后的"无知之幕"。形象地说,以往减负操作者只在箱外进行了简单的"擦拭"工作,难以触及"黑箱"内的教师负担"原核"。进言之,打开"黑箱"的一种可能是对清单的全貌进行透视,通过对所列禁止条项进行深入琢磨,反观条项背后权力主体的运行机制及效力,就有可能彻查教师工作负担过度的终极源头。换一个角度看,"减负清单"以文本禁令的形式出现,成为现实教师负担状况的一种镜像,起码它映射出这一事实:教师负担是教育系统内外主体的利益及权力博弈后综合作用的结果,减负清单能灵敏地感应各决策部门的减负行动重点,间接折射出教师减负工作系统中存在的真实症结与病理根源。因此,减负清单对于揭开教师负担的面纱,打开教师负担问题的"黑箱"具有十分重要的意义。

何为"负"?减何种"负"?这是对教师减负之前首先需要厘清的重要问题。各省(市、区)印发的减负清单多是依据《意见》中提到的相关部门赋予教师的额外工作,例如督查评比、报表填写、社会事务、抽调借用教师等内容而提出的具体减负条例。可以看出,这些具体减负条项中"减"去的是与中小学教师的教育教学本职工作、专业责任相去甚远的一些非必要,甚至是消极的负面负担。也就是说,其中言及的"负"指涉的是教师工作中所承担的非教育教学性工作的综合性负担。中小学校作为公益事业单位，其本身承担的是为国家社会培育合格公民，造就社会主义建设人才的责任。教师作为专业人员，需承担相应的教育教学专业责任；作为职业人员，需承担相应的爱岗敬业、尽职尽责的职业责任；作为公职人员，需承担相应的国家民族教育的社会职责。但现实运行中，学校的部分工作已经偏离了为教育教学工作服务的性质，来自政府和社会的日常杂务悄然充斥了学校职场与教师生活空间，久而久之，教师所承担的非教学性工作远远超过其专业责任、职业责任与社会责任所限定的工作范围。这些非教学性工作于教师正常教学和专业发展几乎无益，成为教师"减负"的利剑所指，中小学教师减负工作迫在眉睫。

二、实然之境：各省（市、区）教师减负清单的文本分析

据统计，截至2021年2月24日，已有27个省（市、区）相继出台了中小学教师减负清单，针对一系列教师负担问题，如基层学校接受的督导检查名目繁多，教师纠缠其中的五花八门非教学任务，随意展开的"进校园"活动等做出了明确规定。各省（市、区）发布的部分教师减负清单如下表所示（表5-1）：

表5-1　各省（市、区）教师减负清单

地区	发布时间	发布机构	政策文本名称
江西省	2020年6月3日	均为本省省委办公厅、省人民政府办公厅联合发布	《江西省减轻中小学教师负担十八条措施》
海南省	2020年8月14日		《海南省中小学教师减负措施清单》
四川省	2020年9月14日		《四川省中小学教师减负清单》
吉林省	2020年9月23日		《吉林省中小学教师减负清单》
黑龙江省	2020年11月4日		《黑龙江省中小学教师减负工作清单》
陕西省	2021年1月6日		《陕西省中小学教师减负清单》
河南省	2021年1月14日		《河南省中小学教师减负清单》
……	……		……

● 新时代教师教育改革与发展

（一）教师减负清单的词频统计

关键词高度凝练了清单的核心内容、关注重点，通过对关键词的词频分析，可以帮助我们更清楚、更直观地了解各省（市、区）所发布清单的重点内容，因此清单关键词的频次统计可作为研究教师负担问题的重要参考，关键词频次越高越能反映构成教师负担的关键因素。通过对27个省（市、区）已发布的减负清单的分析，本节对其关键词的词频进行了统计（表5-2）。

表5-2 教师减负清单高频关键词词频统计表

关键词	词频	关键词	词频	关键词	词频
评比考核	114	教育统计	29	竞赛	18
督查检查	107	教育宣传	28	报表填写	17
培训	85	材料	28	表格	16
数据	53	会议	27	问卷调查	14
扶贫	49	投票	21	编制	9
调研	41	工作群	21	文件	9
抽调借用	39	城市创优评先	19	点赞	6
APP	34	街道社区	19	监考	6

由上表可见，在各省（市、区）减负清单内，"评比考核""督查检查"等关键词的词频排序名列前茅，在减负清单中占有显著位置。针对评比考核和督查检查等事项提出的减负条例在清单论述中占比较大，反映出中小学及政府部门在考核评比、督查检查上普遍存在着亟须解决的问题，评比考核、督查检查等事项名目多、频率高、方式不当，是教师负担来源的一个重要方面。除此之外，"培训""扶贫""街道社区"等关键词的词频同样较高，可以推知，与教师教育教学无关的培训，政府下派的各种专项工作，以及街道社区的管理任务分派也是教师负担来源的重要方面。"数据""调研""教育统计""报表填写""表格"等出现频次较高的关键词侧面反映出针对教师的各类调研统计、信息采集活动繁重。"APP"

"投票""工作群"等关键词的出现，表明教师所承受的负担不再局限于传统的考核和纸质填报工作。在信息化时代，除了在"微信工作群"内进行工作交流外，教师还需要在各种应用程序上完成"投票""点赞""知识竞赛"等与教学无关的事务，微信工作群、政务 APP 以及各种小程序上的任务已经成为教师负担的一个新来源。

（二）教师负担的类型分析

各省（市、区）高度重视教师减负工作，出台教师减负清单标志着我国中小学教师减负工作进入了历史新阶段。从 27 个省（市、区）教师减负清单来看，中小学教师负担构成较为复杂，既有评比考核、备课教研等教育系统内部的负担，又有扶贫任务、城市创优评先等教育系统以外的负担。本研究依据《意见》，将中小学教师负担分为督查检查考核、社会事务进校园、报表填写工作、抽调借用中小学教师事宜、其他负担共五大类，具体化为 27 项负担条目（表5-3）。

表5-3 中小学教师负担类型统计

序号	教师负担的类型	详细负担条目
1	督查检查考核	1. 督查检查评比考核依据 2. 督查检查评比考核事项 3. 督查检查评比考核方式方法
2	社会事务进校园	4. 扶贫任务 5. 专项任务 6. 城市创优评先任务 7. 街道社区事务 8. 教育宣传活动 9. 其他无关事务
3	报表填写工作	10. 各类报表填写 11. 教育统计、调研工作 12. 数据采集信息化水平

续表

序号	教师负担的类型	详细负担条目
4	抽调借用中小学教师事宜	13. 借用中小学教师行为 14. 无关培训活动
5	其他负担	15. 投票、公众号关注等活动 16. 竞赛、征文、演讲比赛等活动 17. 占用学校资源开展无关活动 18. 控辍保学任务 19. 健康体检活动 20. 升学率任务 21. 社会考试和教师监考任务 22. 教师编制问题 23. 政府会议 24. "五唯"负担 25. 家访 26. 学生校外安全监督 27. 大班额、管理水平和效率问题等教学负担

从中小学教师负担类型统计来看，除了教育部规定应减轻的四类负担外，各省（市、区）还根据实际调研情况提出了应为中小学教师减轻减除的其他负担。例如，陕西、河北、贵州等省要求规范竞赛、征文、演讲比赛等其他社会活动，以此减轻教师负担；北京市、河南省提出：要坚决克服在各类考核评价过程中唯分数、唯升学、唯文凭、唯论文、唯帽子的顽瘴痼疾，从根本上解决教育评价指挥棒问题，以实质性减轻教师负担。根据以上五类划分，将各省（市、区）减负清单条目类别分布进行统计（表5-4），该表可以直观看出各省（市、区）发布的中小学教师减负清单条项在五大分类中的具体条目数量，其中对社会事务的规定条数最多，所涉条数大都在四条以上，占总条数比重较大。在督查检查评比考核、报表填写以及抽调借用条数方面，各省（市、区）减负清单差异不大。清单中涉

及其他负担的条数有所差异,是各省(市、区)依据自身实情而做出的具体补充调整。从各类负担所涉条数可以反映出社会事务及督查检查评比考核事项是减负清单中述及的重点减负方向。

表5-4 基于27省(市、区)减负清单的中小学教师减负类别分析

序号	省(市、区)	督查检查评比考核	社会事务	报表填写	抽调借用	其他负担
1	北京	3	4	4	2	4
2	天津	3	5	3	2	0
3	河北	3	6	3	2	1
4	山西	3	7	3	2	4
5	内蒙古	6	8	4	2	5
6	吉林	3	5	3	2	0
7	黑龙江	3	7	3	3	5
8	上海	3	2	2	2	0
9	浙江	2	2	3	1	2
10	福建	3	5	4	3	3
11	江西	4	6	3	2	1
12	山东	5	7	2	2	4
13	河南	3	7	2	2	3
14	湖南	4	6	1	2	0
15	广东	3	7	4	0	0
16	广西	1	9	2	2	3
17	海南	2	6	3	3	2
18	重庆	3	6	2	2	1
19	四川	5	7	2	2	0
20	贵州	1	9	2	2	2
21	云南	4	7	3	4	0
22	西藏	3	7	6	1	1

续表

序号	省（市、区）	督查检查评比考核	社会事务	报表填写	抽调借用	其他负担
23	陕西	4	6	3	2	2
24	甘肃	7	7	4	2	1
25	青海	3	7	1	3	4
26	宁夏	3	4	2	1	0
27	新疆	5	8	3	2	4

在督查检查评比方面，黑龙江、青海、云南等省规定，各地党委和政府要严格控制教师督查检查评比考核事项的总量、规模、层级和频次，不得开展未经相关部门审批报备的涉及中小学校及其教师的督查检查评比考核活动。其中，黑龙江、重庆明确规定：确保对中小学校和教师的督查检查评比事项在现有基础上减少50%以上；云南省提出，在一个工作年度内，同一督查检查评比考核事项开展频次不得多于两次。在规范社会事务进校园方面，江西、湖南、山东等省严格规范文明、卫生、绿色、宜居、旅游等城市创优评先活动，涉及中小学校的由教育部门严格按要求依程序统筹安排，原则上不得安排教师上街执勤或做其他与教师职责无关的工作。在报表填写工作方面，各清单均提到要严格规范涉及中小学教师的报表填写工作，根据实际需要统筹安排，杜绝各种数据重复上报及表格多次填写报送，为教师安心、静心、舒心从教创造良好环境。在规范抽调借用中小学教师事宜方面，云南、甘肃、青海等省严禁随意抽调借用中小学教师，确需抽调借用的，期限不得超过半年。在其他负担方面，黑龙江、福建、江西、山东等省提出，未经县级以上教育行政主管部门同意，不得强制要求中小学教师下载安装、注册与教育教学无关的各类APP，关注微博、微信公众号，参加点赞投票、人物评选、打卡签到等，除国家有明确规定外，不得提出参与率、达标率等硬性要求。

（三）教师负担来源的主体分析

从教师减负清单分析可知，清单背后涉及的责任主体存在多元化特性，这反映出教师负担生产主体的复杂性。整体来看，目前发布的教师减负清单均根据《意见》制定，但各省（市、区）减负清单内容繁简不一，且对减负责任主体的划分不够具体。为此，笔者将各省（市、区）教师减负的责任主体分为明示性主体、暗示性主体以及模糊性主体。例如，重庆市十二条教师减负清单中提到的责任主体均为明示性主体，其明确规定区县党委、政府、市级相关部门、市教委、市扶贫办等责任主体，从政策层面确保教师减负清单落地生效。其余多数省（市、区）减负清单中提到的责任主体多为暗示性主体或模糊性主体，例如河北省发布的减负清单重在明确禁止事项，围绕统筹规范督查检查评比考核事项、社会事务进校园、相关报表填写工作和抽调借用中小学教师等四个方面，提出三个"严禁"、四个"不得"、六个"严格"以及一个"引导"，各条措施简洁明了，未明确规定减负责任主体。总而观之，所有减负清单中所涉责任主体可分为政府部门、学校、街道社区、各类企事业单位等，其责任能级排序依次是：政府、学校、街道社区、企事业单位等；从负担来源的主体统计可以看出，学校、街道社区、企事业单位分别占19%、8%、2%，而政府部门所占比例高达73%。由此可见，政府部门不仅是指导中小学发展的主体，而且是指导中小学教师减负的首要责任主体，政府在教师减负问题中扮演着至关重要的角色。

第四节 教师工作负担监测的工具开发

在上述理论分析的基础上，本节对教师工作负担监测工作进行了开发，以期为本研究后续开展与目标达成提供手段支持。

一、理论框架：基于"教师工作负担"内涵认知的教师工作负担监测框架

本研究认为，对中小学教师工作负担与减负需求调研必须建立在对

教师工作负担内涵理解及其主要构成要素分析的基础上进行。在理论分析与实践分析基础上，本研究认为，教师工作负担监测必须在五个方面着力展开：教师工作量、工作时间、工作职业、能力载荷与工作体验等。其中，前两者侧重的是客观工作量监测，后三者进行的是主观负担体验或减负需求的主观监测，二者有机合成，就形成了教师工作负担监测的理论框架（图5-4）。

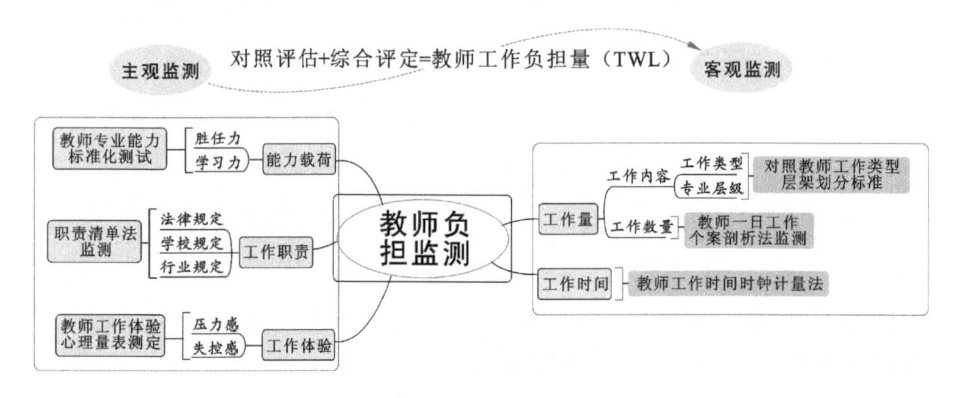

图5-4 教师工作负担监测的理论框架

在上述分析基础上，本研究将教师工作负担监测内容进一步具体化，进而形成"三维度八方面"的系统性教师负担监测实施框架（图5-5）。

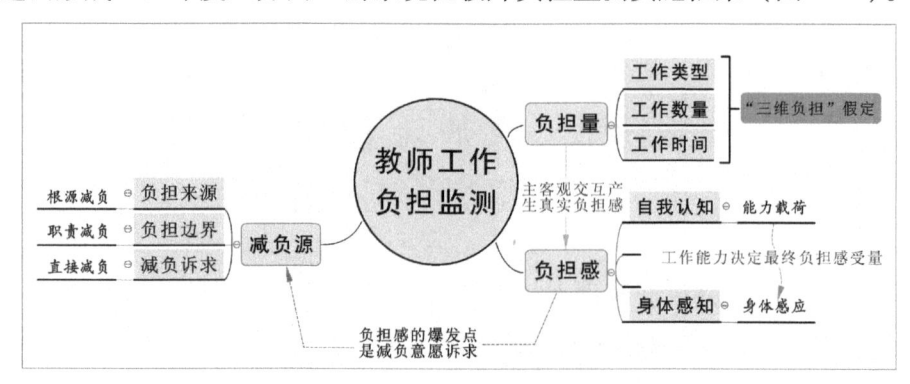

图5-5 教师工作负担监测的具体实施框架

二、指标研制：教师工作负担及其减负需求的指标体系开发

在上述框架指引下，本研究从上述三个维度开展了相应指标体系的开发工作，形成了序列化中小学教师工作负担及减负需求的监测指标体系。在两轮德尔菲专家咨询问询之后，初步形成了以下监测指标体系。

（一）我国中小学教师工作负担和减负需求监测指标体系——负担量监测

该指标体系由"三维度、九标准"组成（表5-5）。

表5-5 中小学教师工作负担量监测指标体系

维度	内容		
	标准	指标	观测点
工作类型	生源性工作	教学工作	备课、教学、辅导、作业批改、课后反思
		管理工作	学生管理、考试、活动组织、心理健康管理
	师源性工作	评比考核	评比、考核
		培训竞赛	培训、听课、技能比赛
		科研工作	课题、教（科）研论文
	校源性工作	督查检查	检查、升学率
		行政工作	报表填写、党政任务、教职工活动
		会议工作	教学会议、培训会议
	社源性工作	扶贫工作	教育扶贫、结对帮困
		专项任务	维护稳定、扫黑除恶、防灾减灾、消防安全、防艾
		社会服务	城市创优评先、街道社区服务、教育宣传
	其他工作	抽调借用	抽调借用教师、教师编制、社会考试监考
		无关社会事务	无关培训活动、投票、庆典、招商、拆迁

续表

维度	标准	指标	观测点
工作数量	社会必要劳动量	社会必要时间量	每天在校工作时间、每周课时
		社会必要工作量	教学工作量:任教班数、班级人数、教学科目 管理工作量:早操、课间、活动 行政组织工作量:会议、报表材料、其他行政事务 科研工作量:课题、论文等
	个别劳动量	个别时间量	工作日下班后工作时间、周末工作时间、假期工作时间
		个别工作量	教学工作量:备课、授课、作业批改 管理与服务工作量:与学生家长沟通 自我发展工作量:阅读、听课、培训、同事交流
工作时间	时间分配内容	教学时间	早读、上课、备课、辅导、批改作业
		教研时间	校内教研会议、校外教研会议
		管理时间	参与学校管理,学生交流、家校交流
		行政任务时间	报表填写、会议
		自我发展时间	读书、听课、培训、与同事交流
		其他时间	校内的临时会议及临时事务所占时间等
	时间分配结构	突破型工作时间	教师的关键资源(能够感知到积极情绪、自我肯定,抵消负面作用,促使个体恢复的资源)的产出与调节资源(完成工作所必需的、调节思维和情绪等的资源)的消耗程度
		补充型工作时间	
		低维持型工作时间	
		耗竭型工作时间	

（二）我国中小学教师工作负担和减负需求监测指标体系——负担体验监测

该指标体系由"两维度、六标准"组成（表5-6）。

表5-6 中小学教师工作负担体验监测指标体系

维度	内容			
	标准	指标	观测点
自我认知	职责认知	育人职责	教师个体对自身职责的认识
		教学职责	
		服务职责	
	能力认知	知识经验	教师个体对于自身能力的知悉程度
		职业技能	
		问题解决	
	发展认知	事业追求	教师个体通过改进与更新,提高应对工作挑战的承载能力(职业进取心助力专业能力提升和职业规划的完善;终身学习意识有利调整学习结构并促进发展良性循环;有效培训指向应对复杂问题的进化)
		学习能力	
		变革意识	
身心感知	疲惫感	疲劳感受	教师个体应对日常工作时的身体感知情况 测评方式:心理测评量表(中小学教师工作压力量表、教师教学效能感量表、教师健康状况问卷)
		效能感失调	
		职业病变	
	焦虑感	躯干化反应	教师个体应对日常工作时的情绪感知情况 测评方式:心理测评量表(中小学教师工作压力量表)
		情绪易感	
		消极心理	
	倦怠感	情绪疲惫	教师个体对长期职业压力的身心反映情况 测评方式:心理测评量表(中小学教师工作压力量表、教师倦怠量表)
		去个性化	
		低成就感	
		离职意愿 （习得性无助）	

(三)我国中小学教师工作负担和减负需求监测指标体系——减负需求监测

该指标体系由"三维度、十二标准"组成(表5-7)。

表5-7 中小学教师工作减负需求监测指标体系

维度	内容		
	标准	指标	观测点
负担来源	角色分散	知识传授者	教师期待自身扮演角色的顺序
		学生引路人	
		教育改革者	
		学校治理者	
		社区工作者	
		家庭核心成员	
	内容繁杂	类型多样化	教师的工作内容
		程度无限化	
	时空无限	时间的无限性	教师在非工作时间和非学校空间的工作负担
		空间的无界性	
	权责失衡	上级部门摊派	教师权力和责任的匹配度
		学校工作分配	
		教师专业自主权	
	岗位不适	非必要的岗位职责	教师个人的岗位适应度
		师资配置不足	
负担边界	基础性负担 (本职的、适量的)	育人职责	教师本职的、适量的教学负担
		教学职责	
	兼顾性负担 (非本职的、适量的)	学生服务	教师非本职的、适量的教学负担
		学校服务	
		社会服务	

续表

维度	内容		
	标准	指标	观测点
负担边界	编制性负担（本职的、超量的）	育人职责	教师本职的、超量的教学负担
		教学职责	
		服务职责	
	非法性负担（非本职的、超量的）	超量的学校管理工作	教师非本职的、超量的教学负担
		超量的社会服务工作	
		教育无关工作	
减负诉求	减负迫切性程度	总体减负迫切度	教师最急需减去的负担
		待减负内容排序	
	减负主体	政府	教师认为的减负主体
		社会	
		学校	
		家长	
		教师个人	
	减负举措	政府部门教育政策督导的加强	教师最急需的减负措施
		社会系统的支援	
		学校管理工作的改善	
		家长的理解	
		教师自身的专业发展	

三、教师工作负担及其减负需求监测问卷开发

为配合上述负担监测的顺利实施，本研究编制出了三套对应性问卷。

（一）教师工作负担量监测问卷

教师工作负担量监测问卷

（教师工作量判定用）

一、基本情况

1. 您的性别是？（　　）

   A. 男　　　B. 女

2. 您所担任的教学科目是？（　　）

   A. 语文　B. 数学　C. 外语　D. 地理　E. 历史　F. 思政　G. 生命科学

   H. 物理　I. 化学　J. 信息技术　K. 劳动技术　L. 艺术　M. 体育

   N. 心理

3. 您目前处于下面哪个年龄段？（　　）

   A. 18~25　B. 26~35　C. 36~45　D. 46~55　E. 55 以上

4. 您的最高学历是？（　　）

   A. 专科以下　　B. 专科　　C. 本科　　D. 硕士及以上

5. 您从教的时间是？（　　）

   A. 5 年及以下　B. 6~10 年　C. 11~15 年　D. 16~20 年

   E. 21~25 年　F. 26 年及以上

6. 您的职称是？（　　）

   A. 未评　B. 小教二级　C. 小教一级　D. 小教高级

   E. 中教二级　F. 中教一级　G. 中教高级

7. 您的身份是？（　　）

   A. 学校中层干部兼教师　B. 班主任兼教师　C. 专任教师

   D. 支教　E. 特岗教师　F. 代课教师

8. 您的兼任职务情况是？（　　）

A. 行政职务（包括党团职务）　　B. 年级组长

C. 教研组长　　D. 学科带头人　　E. 无

9. 您所在学校是？（　　）

A. 教学点　　B. 村完小　　C. 镇中心小学　　D. 其他

10. 您所在学校的教师人数是？（　　）

A. 50 人以下　　B. 50~100 人　　C. 101~200 人　　D. 201~500 人

E. 超过 500 人

11. 您目前每个月工资水平是？（　　）（所有工资福利加总）

A. 不到 3000 元　　B. 3000~5000 元　　C. 5001~8000 元

D. 8001~10000 元　　E. 10001~15000 元　　F. 超过 15000 元

二、教师负担的工作情况

1. 您工作的主要类型包括哪些？（　　）（请选三项）

A. 备课、上课、批改作业　　B. 学生管理　　C. 组织活动

D. 联系家长或家访　　E. 教科研　　F. 行政兼职

G. 参加学校会议　　H. 教工集体活动　　I. 参加教师培训

J. 参与社会服务　　K. 其他＿＿＿＿＿＿

2. 除课堂教学外，您上班时间主要用来做什么？（　　）（请选三项）

A. 备课、批改作业

B. 班主任工作，做好学生管理、家长沟通工作

C. 教育科研，包括教学研讨、教研组活动

D. 参加各项教学比赛、赛课活动

E. 完成各项书面材料，如工作总结、给上级的汇报材料等

F. 参加学校、教育部门的培训

G. 迎接上级部门的检查、评比、接待和验收

H. 开会，包括上级安排的会议和学校的会议

I. 自己安排，看书、学习、与同事交流

J. 其他＿＿＿＿＿＿

3.过去一年,您参与了学校哪些行政方面的工作?(　　)(可多选)

　　A.督查检查评比事项　　B.调研、统计、信息采集活动

　　C.教育宣传活动　　　　D.落实安全稳定、创优评先等工作

　　E.投票、公众号关注工作　F."小手拉大手""××进校园"活动

　　G.参与社会服务工作

　　H.教育扶贫、维护稳定、防灾减灾、消防安全等活动

　　I.其他_____

4.过去一年,您在学校参与过上级部门哪些检查评估?(　　)(可多选)

　　A.教育行政部门的专项检查　　B.教育督导部门的督导评估

　　C.非教育行政部门的检查评估　D.安全工作及校园周边环境检查

　　E.卫生防疫、食品安全卫生检查　F.卫生城市、文明城市评比检查

　　G.信息化工作及档案检查　　　H.其他_____

三、教师工作时间情况

1.在工作日内,您每天平均工作时间是?(　　)

　　A.8小时以下　　　　　　B.8~9小时

　　C.9~10小时　　　　　　D.10小时以上

2.您平均每天下班后在家继续干活的时间是?(　　)

　　A.0.5小时以内　　　　　B.0.5~1小时

　　C.1~1.5小时　　　　　　D.1.5~2小时

　　E.2~2.5小时　　　　　　F.2.5~3小时

　　G.3小时以上

3.您平均每个周末在家继续干活的时间是?(　　)

　　A.周末不工作　　　　　　B.1小时以内

　　C.1~2小时　　　　　　　D.2~3小时

　　E.3~4小时　　　　　　　F.4小时以上

4.您平均每个假期在家继续干活的时间是?(　　)

　　A.假期不工作　　　　　　B.假期的1/5

　　C.假期的1/4　　　　　　D.假期的1/3

　　E.假期的1/2　　　　　　F.假期的3/4以上

5.请分别填入您每天用在以下工作中的时间。(单位:小时。只填数字即可。若无此项工作请填"无",若不足1小时请填写小数)

A.您平均每天用于备课的时间是?_____

B.您平均每天用于上课的时间是?_____

C.您平均每天对学生进行课外辅导的时间是?(如自习课指导、课间答疑、个别辅导等)_____

D.您平均每天批改作业和试卷的时间是?_____

E.您平均每天用于组织活动的时间是?(如组织班会、组织学生参加活动等)_____

F.您平均每天用于和学生交流的时间是?(如个别谈话、解决纠纷、心理辅导等)_____

G.您平均每天用于监督管理学生的时间是?(如卫生检查、课间操管理、课间巡视等)_____

H.您平均每天用于和家长交流的时间是?(如家访、家长来访、电话交流等)_____

I.您平均每天用于处理QQ、微信群工作等花费的时间是?_____

6.请分别填入您每周用在以下工作中的时间。(单位:小时。只填数字即可。若无此项工作请填"无",若不足1小时请填写小数)

A.您平均每周处理学校行政事务的时间是?(如学校处室、年级组、教研组等工作)_____

B.您平均每周参加学校会议的时间是?(如教职工大会、政治学习等)_____

C.您平均每周参加教研活动的时间是?_____

D.您平均每周用于自主学习的时间是?(如读书、听课、写教学反思日记、与同事交流教学经验等)_____

E.您平均每周用于参加学校组织的教学培训的时间是?_____

7.请分别填入您每月用在以下工作中的时间。(单位:小时。只填数字即可。若无此项工作请填"无",若不足1小时请填写小数)

A.您平均每月用来应付各类检查、评比、考核的时间是?_____

B. 您平均每月用于填写表格、听课笔记、计划总结、报表文件等的时间是？_____

C. 您平均每月用于开展科研课题的时间是？（如教育教学研究论文等）_____

D. 您平均每月用于政府专项任务的时间是？（如维护稳定、扫黑除恶、防灾减灾、消防安全、防艾等）_____

E. 您平均每月用于社会服务的时间是？（如城市创优评先、街道社区服务、教育宣传等）_____

F. 您平均每月用于无关社会事务的时间是？（如无关培训、投票、庆典、招商、拆迁等）_____

8. 您所做的工作属于哪一类型？（　　）（依据此项工作在自身资源消耗与得到的产出回报两方面进行选择）

A. 突破型时间（高产出、高消耗）

B. 补充型时间（高产出、低消耗）

C. 低维持型时间（低产出、低消耗）

D. 耗竭型时间（低产出、高消耗）

四、教师工作量情况

1. 本学期您任教班级数量为？（　　）

A. 1 个　　B. 2 个　　C. 3 个　　D. 3 个以上

2. 您每周的课时数为？（　　）

A. 10 节以下　B. 11~15 节　C. 16~20 节

D. 21~25 节　E. 25 节以上

3. 本学期您任教班级的学生人数平均是？（　　）

A. 30 及以下　B. 31~40　C. 41~50　D. 51~60　E. 60 以上

4. 本学期您任教的学科数是？（　　）

A. 1 个　　B. 2 个　　C. 3 个　　D. 4 个及以上

5. 本学期您任教学科中属于非自身所学专业的科目为？（　　）

A. 0 个　　B. 1 个　　C. 2 个　　D. 3 个及以上

6. 您所教科目每学期年级统考的次数为？（　　）

A. 0次　B. 1~2次　C. 3~4次　D. 5~6次　E. 7~8次　F. 8次以上

7. 您平均每学期参加教师培训的次数为？（　　）

A. 从不　B. 1~2次　C. 3~4次　D. 4次以上

8. 您平均每周参加的学校会议次数为？（　　）

A. 没有　B. 1~2次　C. 3~4次　D. 4次以上

9. 您平均每月需要填写的报告、材料等工作的份数为？（　　）

A. 没有　B. 1~2份　C. 3~4份　D. 5~6份　E. 6份以上

10. 您每学期进行家访的次数为？（　　）

A. 2人次及以下　B. 3~10人次　C. 11~15人次

D. 16~20人次　E. 21~25人次　F. 25人次以上

11. 您每学期参与学习组织的社会服务工作次数为？（　　）（如城市创优评先、街道社区服务、教育宣传等）

A. 没有　B. 1~2次　C. 3~4次　D. 5~6次　E. 6次以上

12. 您每学期参加政府教育部门组织的专项工作次数为？（　　）（如维护稳定、扫黑除恶、防灾减灾、消防安全、防艾等）

A. 没有　B. 1~2次　C. 3~4次　D. 5~6次　E. 6次以上

13. 您所在学校每学期开展的检查评估活动次数为？（　　）

A. 没有　B. 1~2次　C. 3~4次　D. 5~6次　E. 6次以上

14. 学校是否常出现加班情况？（　　）

A. 经常　B. 一般　C. 偶尔　D. 从不

15. 您是否获得非教学工作量超额酬金？（　　）

A. 没有　B. 很少　C. 一般　D. 较大　E. 很大

16. 您觉得以下哪些工作较为有难度或较为繁杂？（　　）（可多选）

A. 根据所教学生的个性特点设计生动、有趣的教学方案

B. 激发并维持学生的学习兴趣和动机，并做到因材施教

C. 维持学生纪律，规避掉学生可能会出现的不良行为及安全问题

D. 参与各级各类培训及教研活动

E. 填写各类内容相近的表格,参与各种大小会议

F. 参与完成各级各类的检查评估任务,补写迎检材料及数据

G. 参与学校要求的各类社会服务活动以及专项任务

H. 处理 QQ、微信等工作群内的各项信息

I. 参加各类比赛或主题活动

J. 管理学生中午时间的吃饭、休息及安全问题

K. 其他_____

17. 请从以下选项中选出在本学期中出现频次较高的 5 项非教学工作任务_____。(由多到少,填写序号)

A. 学生管理工作　　　　　B. 与校务有关的会议

C. 报表材料填写　　　　　D. 学校推广及招生

E. 检查教育教学工作　　　F. 撰写报告

G. 领导谈话　　　　　　　H. 教师培训

I. 教育宣传　　　　　　　J. 调研、统计、信息采集活动

K. 落实安全稳定、创优评先工作　　L. 投票、公众号关注工作

M. "小手拉大手""××进校园"活动

N. 参与社会服务工作

O. 教育扶贫、维护稳定、防灾减灾、消防安全等活动

P. 校园安全保障工作　　　Q. 下乡扶贫包保工作

R. 其他_____

(二)教师工作负担感监测问卷

教师工作负担感监测问卷

一、职责认知监测

1. 能够依照教学大纲要求设计教学内容完成教学目标。(　　)

A. 非常满意　　B. 比较满意　　C. 不太满意　　D. 不满意

2. 对学生素质、个人能力及自身特点非常清楚,并以此展开教学,维持

良好师生关系。（　　）

  A. 非常满意　　B. 比较满意　　C. 不太满意　　D. 不满意

3. 热爱教学工作,遵守师德规范。（　　）

  A. 非常满意　　B. 比较满意　　C. 不太满意　　D. 不满意

4. 教学工作外,愿意投身于社会服务行列。（　　）

  A. 非常满意　　B. 比较满意　　C. 不太满意　　D. 不满意

二、能力认知监测

1. 对自己专业素养的评价为?（　　）

  A. 优秀,很自信　　B. 基本称职　　C. 缺乏自信　　D. 较差,需要提高

2. 如何解决教学上的疑难问题?（　　）

  A. 集体研究　B. 个人钻研　C. 向有经验的老师请教　D. 顺其自然

3. 能够选择合适的工具解决问题。（　　）

  A. 非常不符合　　B. 不符合　　C. 一般　　D. 符合　　E. 非常符合

4. 在解决问题过程中,会根据条件不断优化自己的解决方案。（　　）

  A. 非常不符合　　B. 不符合　　C. 一般　　D. 符合　　E. 非常符合

三、发展认知监测

1. 对新生事物感到很好奇。（　　）

  A. 很不同意　　B. 不同意　　C. 一般　　D. 同意　　E. 很同意

2. 有强烈的欲望去学习新的东西。（　　）

  A. 很不同意　　B. 不同意　　C. 一般　　D. 同意　　E. 很同意

3. 积极支持变革并愿意依此行动。（　　）

  A. 很不同意　　B. 不同意　　C. 一般　　D. 同意　　E. 很同意

4. 经常花费一些时间考虑使用新方法解决老问题。（　　）

  A. 很不同意　　B. 不同意　　C. 一般　　D. 同意　　E. 很同意

四、疲惫感监测（1＝没有,5＝非常多。请在括号内填写1～5任一数字）

1. 平均日工作时间太长。（　　）

2. 教学准备、批改作业等工作量太大。（　　）

3. 学校各种形式主义的活动或检查太多。（　　）

4. 每天说话太多、太累。（　　）

5. 能建立起有效的课堂管理模式。（　　）

6. 能制止学生在课堂上的捣乱行为。（　　）

7. 能在授课中向学生提出好的问题。（　　）

8. 能从多元的视角出发,对学生进行评价。（　　）

9. 能在课堂上使用多元化的教学策略。（　　）

五、焦虑感监测（1 = 没有,5 = 非常多。请在括号内填写 1～5 任一数字）

1. 肌肉酸痛或颈椎疼痛。（　　）

2. 肠胃不适。（　　）

3. 有睡眠问题(入睡困难、多梦、早醒、失眠或睡眠过多)。（　　）

4. 有心血管症状(心慌、胸闷、气短、胸痛)。（　　）

5. 注意力很难集中。（　　）

6. 不愉快的事情容易引起情绪激动。（　　）

7. 易迁怒于别人,经常发脾气。（　　）

8. 遇到困难常责怪自己无能而怨恨自己。（　　）

9. 感到难以完成工作任务。（　　）

10. 对所有事物都不感兴趣。（　　）

11. 常感到他人对自己不友好。（　　）

六、倦怠感监测（1 = 没有,5 = 非常多。请在括号内填写 1～5 任一数字）

1. 觉得自己在透支生命。（　　）

2. 觉得教学工作耗尽了自己的情绪和情感。（　　）

3. 从早到晚头脑都有一根弦紧绷着,很难受。（　　）

4. 对学生要求高,近乎苛刻。（　　）

5. 与过去相比,对学生缺少支持和赞赏。（　　）

6. 觉得自己的工作是有价值的。（　　）

7. 可以有效处理学生的问题。（　　）

8. 觉得对他人有积极影响。（　　）

9. 当学生遇到问题时愿意和我交流。（　　）

10. 虽然还有许多事情要处理，但感觉更想休息。（　　）

11. 有过离职的想法。（　　）

（三）教师工作减负需求监测问卷

教师工作减负需求监测问卷

尊敬的老师：

您好！

为深入了解中小学教师负担状况，分析教师减负需求，研判教师减负良策，特请您协助完成本问卷。问卷中所涉信息只用于研究，不会向任何机构或他人泄露，请放心填写。

感谢您对本次调研工作的支持！

×××中小学教师负担调研组

2021年7月

一、基本情况

1. 您的性别为？（　　）

A. 男　　B. 女

2. 您所教授学生的学段为？（　　）

A. 高中　　B. 初中　　C. 小学　　D. 幼儿园

3. 您所教授的科目为？（　　）

A. 语文　　B. 数学　　C. 英语　　D. 其他＿＿＿＿＿＿

4. 任职单位：＿＿＿＿省＿＿＿＿县/区＿＿＿＿＿＿＿＿学校，该学校位于（　　）。

A. 省会城市　B. 地市城市　C. 郊区　D. 农村平川　E. 山区

5.您当前的专业发展状况为?(　　)

A.省级教学名师　　B.省级教学骨干　　C.省级教学能手

D.市级教学名师　　E.市级教学骨干　　F.市级教学能手

6.您的学历是?(　　)

A.研究生　　B.本科生　　C.专科生　　D.中师生

7.您现在的职称是?(　　)

A.正高级　　B.副高级　　C.中级　　D.初级

8.您的工作年限是?(　　)

A.0~5年　　B.6~10年　　C.11~20年

D.20~30年　　E.30年以上

二、问卷题目(如无特别说明,均为单选题)

(一)负担来源

1.您认为您的负担主要来自?(　　)

A.教师角色分散　　B.工作内容繁杂　　C.工作时空无限

D.工作权责失衡　　E.教学岗位不适

2.您认为教师扮演的角色顺序由先到后依次为?(　　)(排序)

A.知识传授者　　B.学生引路者　　C.教育改革者

D.学校治理者　　E.社区工作者　　F.家庭核心成员

3.您认为教师工作内容的最大特点是?(　　)

A.工作类型多样　　B.工作数量繁多

C.工作时间长　　D.工作地点广泛

4.您的工作负担主要来自?(　　)(限选3项)

A.教育教学工作　　B.教师培训　　C.各种会议　　D.报表填写

E.班级管理　　F.学校事务　　G.迎评创卫　　H.评比检查　　I.家长工作

J.报告总结　　K.批改作业　　L.其他_____

5.您认为教师工作的权责匹配度如何?(　　)

A.不匹配　　B.不太匹配　　C.中等　　D.比较匹配　　E.完全匹配

6.您认为教师权力和责任失衡的原因主要是?(　　)

A. 上级部门摊派　B. 学校工作分配　C. 教师专业自主权

7. 您认为您能适应当前的岗位吗？（　　）

A. 不适应　B. 不太适应　C. 中等　D. 比较适应　E. 完全适应

(二)负担边界

1. 您认为教师本职的、适量的负担有哪些？（　　）（限选3项）

A. 备课　B. 教学　C. 科研　D. 培训　E. 课后反思　F. 作业批改

G. 品德教育　F. 思想政治教育　H. 法制教育　I. 心理健康教育

J. 其他_____

2. 您认为教师非本职的、适量的负担有哪些？（　　）（限选3项）

A. 学校管理　　　　B. 考核　　　　C. 街道社区服务

D. 应对上级检查　　E. 党政工作　　F. 教职工活动

G. 教育扶贫　　　　H. 教育宣传　　I. 其他_____

3. 您认为教师本职的、超量的负担有哪些？（　　）（可多选）

A. 一名教师承担多门课程　　　B. 一名教师执教多个班级

C. 一名教师身兼数职

4. 您认为教师非本职的、超量的负担有哪些？（　　）（限选3项）

A. 社会考试监考　B. 无关培训活动　C. 投票　D. 庆典　E. 招商

F. 拆迁　G. 防艾　H. 城市创优评先　I. 防灾减灾　J. 扫黑除恶

K. 其他_____

(三)减负诉求

1. 您认为中小学教师是否需要减负？（　　）

A. 不需要　B. 不太需要　C. 一般需要　D. 比较需要　E. 非常需要

2. 您最期待减掉的工作负担是？（　　）（限选3项）

A. 教育教学工作　B. 教师培训　C. 各种会议　D. 报表填写

E. 班级管理　　　F. 学校事务　G. 迎评创卫　H. 评比检查

I. 家长工作　　　J. 报告总结　K. 批改作业　L. 其他_____

3. 您认为教师待减负内容由急到缓的顺序为？（　　）（排序）

A. 教学工作　B. 评比考核　C. 培训竞赛　D. 学校管理工作

E.学生管理工作　F.社会服务工作

4.您认为教师工作减负的主要责任者是?(　　　)(限选2项)

A.政府　B.社会　C.学校　D.家长　E.教师个人

5.您认为教师工作最好的减负举措是?(　　　)(限选3项)

A.政府出台规定　　　B.学校管理改进　　　C.教师心理健康辅导

D.教师教育培训　　　E.形成社会尊师风尚　F.完善职称评定规则

G.明确岗位职责　　　H.提高教师奖酬水平　I.重视政府自身建设

J.其他_____

第五节　教师工作负担的纾解之道

由教师工作负担形成的"三元交互论"可知,教师工作负担的发生具有多因性、交互性、循环性,"教师负担来源的多元化、多主体性决定了教师减负的复杂性"[①]。因之,教师工作减负必须走精准把脉"病原体"、打通健康负担形成循环、多因素协同综合治理、多主体联动联防的道路,以此真正实现源头减负、精准减负与系统减负。从这一角度出发,找准教师负担"病原体",提供源头根治之策,开展面向教师工作系统的全局性减负,是未来教师工作减负的推进方向。

一、教师工作减负的系统性方案

站在"三元互动论"的系统思维立场上看,诱发教师工作负担发生的四个"病原体"是教师自身、学校管理、政府机构与社会文化,进而形成一个由小到大的教师负担"病原体"链条,成为教师减负系统行动的层递式切入点。与之相应,内生性教师减负、程序性学校减负、支援性政府减负、文化性社会减负构成了系统性教师减负方案的四个重要节点。

---

① 付睿.论中小学教师减负[J].河北师范大学学报(教育科学版),2019,21(2):13-16.

（一）教师工作专业化：内生性减负

教师负担的实质是一种相对量，即教师自身工作能力相对外界学校社会要求而言的工作量与压力量。其中，"工作量"体现为一种绝对量，其实质是物理性工作内容与程序所需耗费的一般社会时间；"压力量"体现为一种主观量，其实质是教师主体在从事预定工作时所产生的一种感受体验。如果这种体验是消极的，如失控感、无助感、挫败感等，就意味着教师工作负担已经形成。从某种角度看，优秀教师的工作负担载荷量大、承受力强、包容度高、域限值高，而一般教师则极易产生负担感，其工作负担发生的域限值较低，需要予以针对性扩容增能来改变。从这一角度看，提高教师工作负担的域限值与承载力是减负工作的根本入手点，增强教师应对工作负担的内生性能量更是一切教师减负行动的基点，不辅以教师负担增容、提限、赋能等举措的教师减负工作势必走进死胡同与不归路。

从教师负担发生的全局全程来看，目前出现的诸种教师减负举措，如政策减负、管理减负、社会减负等，之中如若缺乏教师自身减负举措的配合，这些举措都可能陷入"越减负担越多"或"轻了教师还想轻"的恶性循环，最终背离适度负担与优质教育的初衷。

从教师工作微循环系统运行来看，决定教师工作能力能量强弱的三个要素主要是专业能力、发展能力、承受能力，其中"专业能力"特指教师的教育教学能力，能力高的教师更容易应对复杂超量工作负担的挑战，有效教师培训是提高教师这一负担承载力的有力举措；"发展能力"是指教师面对具体教育教学工作问题的自我更新、自我改进能力，如实施课程改革、开展教学研究等，这都是提高教师应对复杂负担能力的有效举措；"承受能力"是教师面对工作负担的心理承担力，取决于教师的韧性与心量，提高教师心理素质，培养教师乐观心态与责任心、事业心则是教师心量增容、负担感产生域限值提高的必由之路。

基于这一分析，作为教师工作负担系统性治理的首要举措，就是立足教师全面增能的内生性减负，提升教师的业务能力、课改意识、学习具身、心理容量，增强教师面对教育教学工作的主动性、创造力与成就欲，才是系统性教师减负的立基点。

（二）学校管理最优化：程序性减负

学校是教师生存其中的工作环境，是教师工作负担的直接来源。在教师负担形成链条，即"学校—政府—社会"之中，学校是第一外来负担生发源，其他外部社会负担源都必须通过"学校要求"的中介来实现，因此，学校负担治理在教师减负中具有最直接意义。进言之，学校赋予教师工作负担主要出自两点意图：其一是自我发展性需要，即办名校、求质量、创品牌的内生需要；其二是执行上级部门要求的行政性需要。这两种需要向教师工作任务与心理压力转化的结果就是教师负担的形成。

换言之，学校运行与管理好似教师工作负担的整流器，如若将学校发展要求、行政部门要求与教师成长要求合而为一，教师工作负担产生的概率就会下降，否则，种种非法性工作负担可能鱼贯而入，直接侵入教师工作领域，诱发过度超量教师负担的发生。在学校层面，管理机械化、形式化、单一化、统一化是教师工作负担形成的"校源"性原因，优化学校运行方式，推进管理程序最优化，大力实施程序性减负，对于教师负担的系统性减除而言意义重大。

换个角度看，在学校层面教师工作负担形成的主因是：发展性原因，即自我发展要求过高，大搞冒进主义，给教师平添了许多逾越其最近发展区的额外工作要求；主体性原因，即学校缺乏主体发展意识，对不合理行政要求的过滤能力较弱，为不合理工作任务向教师转移充当了"帮凶"角色；专业性原因，学校内部运行程序不科学、不专业，管理素养较差，治理水平较低，瞎指挥、蛮干的做法被迫让教师接单等等，最终导致教师"被动地执行改革，在无形中增加了教师的负担"[①]。

针对这些原因，学校肩负的教师减负工作内容主要是：实施基于学校主体性、专业化发展的管理流程优化工程，努力构筑一条基于学校自身专业化运行的程序性教师减负之路。其具体行动路径是：其一，增强学校规

---

① 张雅静.中小学教师工作负担的来源与排解[J].教育科学论坛,2019(4):59-64.

划、变革与发展能力，探究并形成一条校本型发展之路，据此科学分解发展规划，形成合理的教师负担形成机理；其二，增强学校运行的自主化，在学校、行政与教师之间找到一条平衡发展之路，增强学校对非必要负担的过滤抵制能力；其三，增强学校管理的专业化，组建专业化管理团队，提升学校校长、管理职员的专业素养，用最优化的管理程序来管理学校事务，克服一刀切式管理的"增负效应"发生。

（三）政府管理服务化：支援性减负

在教师工作系统中，政府是实质性教育行政权力拥有者，无论政府教育行政部门或教育相关行政部门，如妇联、卫生、扶贫、安全等部门，都可能成为教师工作负担的生发源与"病原体"，其中教育行政部门最为特殊，其在教师工作负担中肩负着增负者与减负者合二为一的角色，成为教师工作系统性减负链环中关键的角色之一。因之，政府是位于教师与工作间的最关键调节变量，建立一个自治自律的政府组织是教师系统性减负的关键环节。一方面，在教师行业专业化发展水平不足的国家中，政府权力极易失范越界，悄然将自身职责向学校与教师转嫁，甚至会通过教师借调、教师协管、补编不及时等方式使学校隐形减员，教师平均工作负担随之增加。另一方面，政府是学校、教师的坚强后援，一旦政府缺乏对教师工作的关怀意识，其对学校与教师工作的支援力度会减弱，面对教师负担麻木不仁、置若罔闻，最终将教师行业变成负担泛滥的重灾区。所以，转变政府职能，建立服务型政府，强化政府对学校、教师的服务意识、服务能力，大力推进政府层面的支援性减负，是真正从外部给教师减负减压的重要渠道。

鉴于此，政府参与教师减负工作的主要路径有三：其一，支持教师行业专业化发展，借助教师专业职责清单制定、教师专业自主权援助、部分管理权下放、推进行业自律自治等方式，防止教师职责内容随意泛化增量，为教师行业专业化建设提供规范标准与权力支持。其二，足额配给学校发展资源，落实政府作为公立学校举办者责任，确保教师人事编制、奖酬资金、办公条件等达标，必要时为学校配给资源教师、专项工作经费支持，增强对学校工作的保障力度，为教师创造满意、充裕、优质的工作环境，预防教师工作负担的发生。其三，建立教师负担工作监测与问责制度，实时了解教师负担状况，对造成超额教师工作负担的政府部门、学校机构、企事业单位等及时启动问责机制，开展强制整改与追踪反馈，构筑教师负担的综合性防范机制。

(四) 社会期待理性化：文化性减负

在教师与工作间的调节变量中，社会文化及其教师角色期待是教师工作负担的最末端制造者，也是影响教师工作负担内容变化的长效机制所在。就教师工作而言，社会期待是指普通社会公众，尤其是家长对教师工作职责的一般理解与大众性认知，它以社会心态、公众常识、习惯习俗、文化无意识等形式，潜在界定着教师工作的内容、范畴与边界。在教师负担形成中，社会文化生效的一般机理是：其一，社会铭刻机制，即以教师角色理解为核心，以传统教师文化为载体，模糊而又牢固地规定着教师工作的"正统内容"，成为理解与界定其他一切教师工作职责的文化基线。其二，积累进化机制，即通过教师文化的缓慢更新与累积效应，持续推动教师工作内容的微妙改进，最终将之植入社会文化习俗之中，为理性界定教师职责边界提供最有力的牵引。

在这一意义上，教师工作职责内容的最终界定者是社会文化、公众认知，它是教师工作负担是否合理、是否过度的终评者，其他教师职责表达形式，如专业化的理解、政府的规定、学校的要求等，都要借助教师文化的力量将之合理化并固定下来。所以，文化性减负、社会期待减压是教师工作减负的奠基工程，理应列入教师减负工作的战略性规划之中。当前，由于人民群众对优质教育的高度期待，"无限教育功能论""无边界教师职责论"流行，教师工作职责内容无形中被放大，教师角色趋于多重化、普泛化，"家长"与"教师"间的职责界限失守，彼此间的职责异位现象屡屡发生，教师工作负担过度现象由此产生。诚如学者所言，"只有认识到教育的有限性,才能把对学校教育的高期望、对教师的高要求降下来"①。

在这种形势下,引导民众认识到教育功能的有限性,促使其对教育工作与教师工作保持合理的期待范围与水平,让教师角色文化的社会建构趋于理性与适度,就成为当前教师工作负担治理的一项长期社会工程。为了达到这一目标,加大教师工作职责宣传力度,改变公众对教育工作的种种误解,建立教师与家长间的教育合作分工机制,是从根源上为教师工作负担减压的必由之路。

基于上述分析,当代我国教师工作减负的系统性解决方案如图5-6所示。

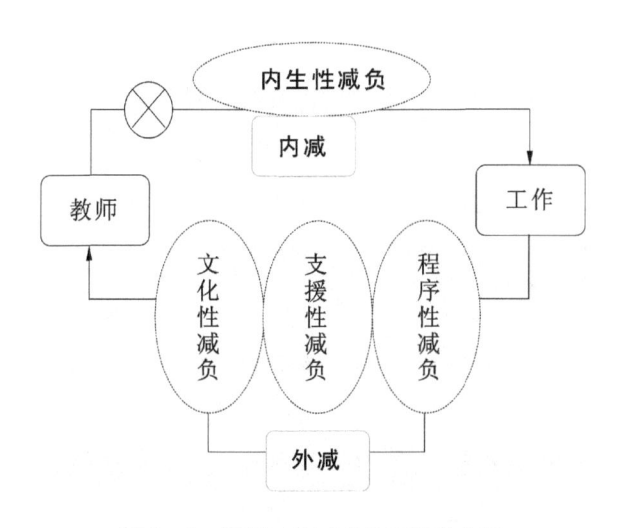

图5-6 教师工作减负的系统性方案

上图表明:教师工作的系统性减负必须着眼于教师与工作间的内循环条理来逐步实现,其目的是要打通教师工作负担的良性形成机制,防止病变环节、负担现象的出现。一旦教师负担形成,其减负手段一般有两类:其一是"内部减负",简称"内减",即教师自身的内生性减负与自我增能,这是其他减负工作的"压舱石",也是减负工作科学化推进的基线。

---

① 李跃雪,赵慧君.中小学教师工作负担异化的生成逻辑与治理思路[J].教师教育研究,2020,32(3):67-72.

其二是"外部减负",简称"外减",即学校的程序性减负、政府的支援性减负与社会的文化性减负,依次构成递进层级关系,逐步达到对教师外部负担源的深层削减与有效根除。可见,教师减负工作不仅需要教师自减自强,还需要学校、政府与社会的协同发力,以此实现对教师工作负担的根源性减除,而非基于所谓"减负清单"的表层缓解。

二、中小学教师负担的纾解之道

中小学教师面临的负担类型多样、来源复杂、涉及主体多元,其形成受制于各种错综复杂的利益与权力关系,这就决定了中小学教师减负工作是一项长期、复杂而又充满挑战性的系统工程,需要沿着"外塑环境、内强素养"两条路径来展开。为此,坚持系统谋篇、综合布局,相关主体智慧联动,还给中小学教师足够的时间、空间和教学自主权,形成稳固的专业资本,才是切实缓解教师的"重负感"的科学之道。

(一)智慧联动:厘清相关主体的权责边界

当前,中小学教师经常面临开不完的会、填不完的表、应付不完的上级检查等问题,说到底,这种现象是由于各主体职责边界模糊不清,社会中各种形式主义作风未能得到有效遏制而造成的。广大教师所面临的种种"忙而无效"的负担是长期存在的"积弊",要想彻底解决,不能一蹴而就,改革效果也未必立竿见影。因此,需要加强政府、教育行政部门、社会、学校和教师之间的沟通协调,厘清各主体的权责边界,建立起一套中小学教师减负治理机制,以此确保减负工作的有效实施。

从政府及教育行政部门层面来看,首先要下发明确的权责清单,界清教育行政部门、街道社区以及学校等主体的权责范围,在权力清单内的事项,教育行政部门可下发给学校完成,街道社区可借助学校之力实现,不在责任清单内的事项,学校也有拒绝的权利。由此,学校和教育行政部门、街道社区之间形成双向权力,即教育行政部门对教师有权力,学校对教育行政部门同样有权力,进而形成学校和其他主体之间相互依赖、相互制约的局面。其次要合理控制检查、考核的频次与方法,实现各部门的智慧联动。在信息技术高速发展的今天,"实现智慧治理要确保信息的真实性和有效性,在治理过程中实现信息共享、数据互通,避免基层治理的内卷化"①。工作总结、绩效管理等材料申报完全可以通过电子台账、电子档案等信息化手段供上级部门调取,实现部门之间的智慧联动,以此把更多时间和精力还给教师,让教师能够安心从教。

从教师层面来看,学校需合理划清教师的教学性任务,简化无关工作,从根源上减少形式主义、官僚之风。学校应采用柔性管理,通过"加减法"措施,给予教师充分的教学自主权和专业发展自主权。一方面,学校要为教师的非教学性工作"做减法",减少非必要的制度性检查或考评,建立教师工作的统筹安排机制,提高学校工作安排的计划性和协调性。另一方面,学校也要为教师的教育教学时间"做加法","为教师备课、批改作业、科研"等教学性工作"设立固定时段"。② 从社会层面来看,需要建立政府、教育行政部门和教师之间的有效沟通机制,以媒体宣传等方式营造尊师重教的氛围,促进教师与社会大众相互理解与信任,为中小学教师减负营造良好的外部环境。对教师个人而言,其职业的特殊性、角色的复杂性是导致负担过重的根源。教师不仅要达到学生、家庭、社会对其角色的期待,而且教师工作的成效往往具有潜在性和长期性等特点,这些都会使教师负担不断增加。因此,教师要辩证地看待负担问题,有效缓解自身压力,提高自我效能感,重塑教师角色意识。

(二)时空留白:切实减轻教师的重负感

各省(市、区)出台教师减负清单,以"清单制"形式将教师负担规划在合理适度的范围内,清单罗列的项目一概拒绝,从而实现制度化管理,推动教师减负政策落地生效,让教育事业真正溯本归源。我们应以教师减负清单的发布为契机,确保教师时间和空间的"留白",以减"重"

---

① 张园园,李萌欣.基层负担周期性发生的生成逻辑及其治理:以"黄宗羲定律"为观察视角[J].社会主义研究,2020(6):151-159.
② 赵钱森,陈禄禄,兰丹.中小学教师工作负担的内涵、类型与减负策略探究[J].教师教育论坛,2020,33(10):28-30.

来减负。

首先,要以时间留白来缓解教师的"重负感",即在保证本职教学工作的前提下,"适度减少形式上的审核、留痕式的考核、作秀式的调研等,为基层人员预留更多自由支配的时间,以适度缓解其劳累感、疲乏感,使其更持久地维系工作热情与激情"[①]。教育主管部门和学校应从法律与制度的层面保障教师的法定休息时间不被侵占,并且要清楚地认识到:时间留白在某种意义上是重要的增效增速方式。这种方式通过宽松的时间管理给予教师更多的自主时间,可有效缓解教师的压力感和负担感,可以更好地规避教师由心理和情感波动所引致的不良情绪,以达到减压、减负的效果。

其次,要以空间留白给予教师更大的自主行动范围,即教育主管部门和学校只需在把控大方向的基础上进行实时监督,无须过多干预教师教育教学工作的具体方式方法,减少事无巨细的管控,甚至肆意僭越教师专业自主权的领地。政府和学校不切实际的"瞎指挥"可能会使教师无所适从,相反,给予教师更大的空间自由,可显著提高教师对于学校工作的参与意识、研究热情与改革要求,进而增强其工作的积极性和热情度,缓解其对烦琐事务的疲乏与厌倦之感。在物理空间层面,不能仅仅把教师的工作场域局限于教室或办公室,应允许教师在完成本职工作的前提下,到图书馆等校外场所不断提高自身专业能力;在精神空间层面,应鼓励教师为学校发展建言献策,强化主人翁意识,不断追求自我发展,实现自我提高。教师减负工作应以减负清单为基础,在时间和空间上给予教师更多的自主权,使其能够积极投身于教学工作,维持身心健康并生成职业幸福感。

(三) 内强素养:呼唤教师主体性回归

"主体性实质上指的是人的自我认识、自我理解、自我确信、自我塑造、自我实现、自我超越的生命运动及其表现出来的种种特性,如自主

---

① 周芳名.基层减负"越减越负"的怪象及其破解之道[J].领导科学,2019(21):15-18.

性、选择性和创造性等等。"① 与之相应，教师的主体性回归就意味着教师具有自主性、选择性和创造性，并且能够通过实践和反思来达到身体与心灵的和谐，走向完美的蝶化发展。现如今，社会公众往往站在道德制高点来要求教师，教师被赋予多种多样的角色，越来越成为家长、学生、教育管理者等多方主体的"诉求承载器"。多方利益主体间的相互博弈使得教师被赋予形形色色的角色要求，进而导致教师负担过重，究其本质是教师主体性地位缺失的表现。因此，减轻教师过重的负担应指向教师主体性回归，使教师在社会和教育系统中能动地、自主地和自为地"发声做事"。

在市场经济逻辑中，要想更好地确立教师的主体性地位，需要不断提高教师的"使用价值"，即教师对社会和教育系统的"有用程度"。而促进教师专业发展是提高教师使用价值的根本途径，即要通过制度设计激发教师提高教学和科研能力的积极性，并不断提高教师的专业化程度。另外，教师可以依靠专业学习共同体成员，"与他人进行频繁、高质量的交流与互动"，从而形成更加稳固的专业资本，"促进教师的专业化"，"使教师成为教学方面的专业人士"。② 对于教师来说，提高自身的专业资本需要他们主动创造与同伴基于某种目标的互动，建立和巩固同伴合作的共识性规范，通过专业学习共同体的助推，形成专业交往过程中基本的信任，构建自身稳固的专业资本，有效抵御其他行政部门制度性缺陷所带来的额外重负，实现教师主体性与"专业人"身份的真正回归。总而言之，中小学教师减负只有沿着"外塑环境、内强素养"两条路径展开，才能真正实现教师的主体性回归，进而在教育系统中形成教师群体强有力的联合，不断提高自身话语权，真正减轻自身负担。

---

① 郭湛.面向实践的反思[M].武汉:武汉大学出版社,2009:232.
② 高振宇.教师专业资本的内涵、要素与建设策略[J].教师发展研究,2017,1(1):72-78.

第六章　新时代中国特色教师教育体系建设

教师是发展教育事业的第一资源、"元资源"[1]，是经济社会发展、创新创造最活跃、最积极的要素。教育家型教师是培育优质教育服务的珍稀资源，建设中国特色教师教育系统，造就数以万计的教育家型教师，是当前我国教育强国事业的战略支撑点。

学者指出，教师教育在创建高质量、现代化教育事业中发挥着"基础性、先导性、牵引性作用"[2]。着力构筑以教育家型教师为教师队伍塔尖的高水平教师教育体系，在中国式现代化建设中发挥"先驱的先驱"功能，助力"中国特色、世界一流"优质教育事业建设，承载着亿万国人的殷切期盼。我们相信：中国特色教育事业的源头是中国特色教师教育体系，这一体系的性能取决于其造就教育家型教师的能力。构筑自主发展、适应时局、结构合理、功能最优的新时代中国特色教师教育体系，是纵深推进教育强国事业、撬动教育改革大业、破解国家科技拔尖人才短板的原点举措。

---

[1] 马永霞,葛于壮,梁晓阳.高校拔尖创新人才培养的价值内涵、实践审视与路径优化[J].西北工业大学学报(社会科学版),2024(2):30-36.

[2] 祝刚,荀渊.以中国式现代化引领我国一流教师教育体系建设[J].上海教育,2023(10):44-45.

第一节　新时代中国特色教师教育体系的意义蕴涵

任何国家的教师教育体系都具有浓郁的时代性、文化性、地域性特征，时代背景、国家体制、教育国情是判定一种教师教育体系优劣的一般标准，是检验国家教师教育体系生存力的重要指标。与新时代中国改革发展需要相契合的教师教育体系绝非因循守旧、机械移植、自然演变的终果，而是中国教师教育改革者因地制宜、因时而变的改革创造作品。照此推理，"新时代中国特色教师教育体系"一定具备三个显著特征，那就是时代性、中国性与体系性。从这三个关键类征出发，探寻中国特色教师教育体系的真意，推进意图端正、中国原创、品质卓异的教师教育体系建设，是撑起我国教师教育体系大厦的理念支点。

一、教师教育体系的原意分析

"体系"是"教师教育体系"的上位概念，明确了"体系"的本意，才可能精准定义"教师教育体系"的内涵，聚力推进真正属于"体系"范畴的教师教育改革，而不至于导致越界、偏题现象发生。研究指出，"体系"是指"若干有关事物或某些意识互相联系而构成的一个整体"[1]，相对而言，"系统"则是指"相互依赖的若干组成部分结合而成的、具有特定功能的有机整体"[2]。可见，"体系"与"系统"间的差异明显：体系具有明显的上位性、组织性、意识性，而系统则具有局部性、构成性、功能性；体系与系统都具有整体性、内联性、功能整合性特征；系统是组成体系的要素，具有较强的自然联动性，而体系是一个更为宏大的人造系

---

[1] 邱煜.浅析近代东北亚国际条约体系[J].商情(科学教育家),2007(12):161-162.
[2] 保尔·萨特勒,钱婷.教学的系统方法[J].外语电化教学,1986(2):44-45.

统，具有更强的意志统摄性与功能可调节性。

由此观之，教师教育体系是一个国家的相关教师教育子系统，如目标系统、招生系统、培养系统、治理系统、组织系统、就业系统等构成的统合体、联合体、功能体，是在造就"又好又多优秀教育人才"这一目标与功能的统摄下，由教师教育机构、教师教育活动、教师教育管理、教师教育资源等构成的教师教育生态。显然，"教师教育体系"也不是"教师教育体制"，后者仅仅指国家教师教育工作的组织架构与配套规则制度，是具有高度自觉性、人为性的教师教育组织形态。从物理构成来看，教师教育体系其实是教师教育体制与教师教育系统耦合而成的一个新整体或功能体；从意识性水平来看，教师教育体系位于"教师教育体制"与"教师教育系统"的中间部位，属于国家教师教育事业的中观系统。

概言之，教师教育体系具有一定的可塑造性、可构建性，体系是"在一定目标任务的驱使之下人为设计产生的，它以实现目标作为最大的驱动力"[1]，能否构建具有理想教师教育功能的教师教育体系，考验着国家教育管理机构的智慧。教师教育体系不仅仅是一个国家教师教育事物的统合体，更是一个功能体、生态体。从功能体角度看，教师教育体系构建具有"目标聚合性""功能统领性"特征，幕后是"目标前驱—主体联动—协同推进—功能统摄"的内在运行机制，它决定了教师教育体系始终具有趋于稳定的"吸引子"（生态学术语）效应；从生态体角度看，教师教育体系一旦逐步定型，便具有类似"生态"的存在样态，内在具有了自我约束、自我发展、自我调适的机制，进而呈现出具有一定超稳定性的向目标状态。

二、中国特色教师教育体系的时代蕴涵

早在1999年，教育部就在《关于师范院校布局结构调整的几点意见》中提出了"逐步形成具有中国特色、时代特征，体现终身教育思想的中小学教师教育新体系"的改革蓝图，由此，整个21世纪的中国都处在探寻

---

[1] 周作宇.大学治理的伦理基础:从善治到至善[J].高等教育研究,2021,42(8):1-19.

时代性、中国性教师教育体系的征程中。任何国家的教师教育体系都生长在本国历史文化土壤之中，都服务于本国教师教师培养目标达成，并受制于本国现行教育文化体制的制约。与之相应，我国教师教育体系具有"中国特色"既有其必然性，又有其现实性。

进言之，"中国特色"教师教育体系形成必将经历三个阶段：一是"中国的"，二是"中国特有的"，三是"中国式的"。在中国既有教师教育体系基础上改革创新、升级迭代，持续丰富其中国内涵、中国底色、中国创造，最终孕育出教师教育体系建设的"中国范式""中国范例""中国品牌"，标志着中国特色教师教育体系建设的最终完成。因之，在中国式现代化背景下，我国教师教育现代化发展的目标是建成"中国式教师教育"，中国式现代化赋予"中国特色教师教育体系"以具体、丰盈、鲜活的时代蕴涵。

一方面，中国特色教师教育体系一定是以"党的领导、中国本位、造就人民教师"为核心内涵。这是因为：其一，中国共产党的领导是中国特色社会主义的根本特征，在党的领导下致力构建中国特色社会主义教师教育体系，培养能够担当起"为党育人、为国育才"重任的人民教师，是"中国特色"的首要蕴涵。其二，中国特色教师教育体系一定是坚持"中国本位"的教师教育体系，"中国本位"的三重含义是：植根中国教育文化、面向中国教育国情、服务中国强国需要，这是我国教师教育体系具有"中国特色"的实体构成。其三，"造就人民教师"是中国特色教师教育体系的功能聚合点，服务于中国超大规模的人口现代化，人民满意教育事业的创办、国人民主民生民心民富的夙愿实现，是中国特色教师教育建设的终极目标。

另一方面，中国特色教师教育体系一定是立足中国教师教育范式、中国教师需求结构与中国教育开放发展要求的教师教育体系。长期以来，我国形成了独具中国范式的教师教育形态，其集中体现是：强调"人师与经师培养相统一""中国精神与师魂塑造相结合""修德、修道、修行"三统一，这些范式具有鲜明的地域文化性。现实地讲，一定时期内存在东西部、城乡间差异的现实国情，决定了当前中国需要各层次优秀教师，教师教育体系建设必须预先定义好"优秀教师"的情境性内涵，确立"优质、均衡、异质"的教师教育发展理念，让教师教育体系构建工作更具有本土适应性。此外，我国教师教育体系建设还要善于在"中国特色"与"世界一流"之间找到平衡点与共生点，实现二者间的良性互动，持续提升中国教师教育的世界化水平。

一句话，中国特色教师教育体系在目标、理念、功能、制度等维度上具有自身的特殊性。在目标定向上强调培养造福于民的人民教师，在理念确立上强调协同均衡、优质发展，在功能定位上强调服务于中国教育现代化建设，在制度设计上强调优先发展教师教育事业。所以，中国特色教师教育体系建设一定要有自己的规划、思路与格局，努力走出一条中国特适、中国自创、中国范式的教师教育体系建设之路。

三、中国特色教师教育体系的内在架构

我国教师教育体系是为造就中国需要、中国规格、中国标准的优秀教师而搭建的一个教师教育功能体、统合体，是教师教育改革者持续探索、长期磨合、多轮升级的产物。自近代师范教育诞生至今，我国历经了百余年的教师教育体系探索工作，最终形成了当前这一体系状态与架构。要对这一体系进行剖析，不同学者有不同的分析视角，如将之区分为治理体系、职前体系、职后体系、学术体系，区分为课程体系、学科体系、实践体系、质保体系、治理体系、供给体系等[1]，均具有一定的参考价值，但其所依循的体系分解标准还需要深究细琢。

笔者认为，作为一个具有明确意识性、建构性、组织性的教师教育整体物，教师教育体系的核心构成要素一定是：活动、治理、组织、目标，符合亚里士多德的"四因说"假说。亚里士多德认为，事物存在发展的四个关键因素构成是形式因、质料因、动力因、目的因，其中，质料因是

---

[1] 赵英,朱旭东.论高质量教师教育体系建构[J].中国高教研究,2021(10):52-57.

"在事物内部始终存在着的那东西",对应于教师教育体系中的教师培养活动;"动力因"是"那个使被动者运动的事物,引起变化者变化的事物",对应于教师教育体系中的控制治理活动;"形式因"是"在事物身上所体现出来的模式或结构",对应于教师教育体系中的组织形式、规则标准,是按照教师发展实质性需要搭建起来的机构网络;"目的因"是指事物"最善的终结",意指"引导过程的目标或目的",对应于教师教育体系中的教师培养目标系统。[①]

从这一意义上看,中国特色教师教育体系的基本构成是:教师培养目标系统、教师培养活动系统、教师培养组织系统与教师培养治理系统。其中,教师培养目标是教师教育体系的定向航舵,教师培养活动是教师教育体系的主体构成,教师培养组织是教师教育体系的存在样式,教师培养治理是教师教育体系运转的内驱力源。与之相应,教师培养目标定位、教师培养培训活动、教师培养机构网络、教师教育治理制度构成了教师教育体系的四个基本构成要素,中国特色教师教育体系的有效运转有赖于上述四要素的协同行动。对当代中国而言,建立适应中国教育国情的多层级优秀教师培养目标,深入推进教师培养活动的高端化、一体化、终身化、综合化、融合化、协同化进程,搭建灵活、开放、联动、协同的教师教育组织架构,实现多元共治、民主共享的多驱力耦合型教师教育治理结构,正是当代中国特色教师教育体系建设的具体内容。

第二节 中国特色教师教育体系的建设逻辑

杨国荣的"即体成势"哲学原理表明:"'势'非空无依托,而是实有其'体'";"'体'在赋予'势'以现实品格的同时,也使其作为实践

[①] 亚里士多德.形而上学[M].吴寿彭,译.北京:商务印书馆,1997:21-30.

背景的综合形态得到了具体的落实。"① 这一原理表明：事物的存在总是"体"与"势"的有机合成过程，其实存之"体"与可能之"势"共同决定着事物发展的轨迹与存在的样态。显然，链接事物发展之"体"与"势"的内线正是其发展背后潜藏的"逻辑"，中国特色教师教育体系也必须循着其内在逻辑去理解、去构建，也只有基于该逻辑去建设的教师教育体系，才符合中国教师教育改革的现实要求。中国特色教师教育体系的形成无疑具有历史性、国家性、专业性，这一体系的形成是自身渐进演变史、国家现代化要求与追求专业化建制三因素合力作用的产物，历史逻辑、国家逻辑、专业逻辑是决定我国教师教育体系演变的三重幕后力量。

一、历史逻辑：教师教育现代化的中西范式交融

我国现有教师教育体系深深植根于教师教育发展史沃土之中，经历了一个"移植—借鉴—创新"的自然演化进程，中国特色教师教育现代化建设是在这一历史形态基础上的自我革命、自我创进、自我升级过程，中西范式对话交融是潜藏在其背后的一条隐线。

首先是移植借鉴国外教师教育体系阶段。早在1904年，我国颁布并实施首个以日本学制为蓝本的现代学制——癸卯学制，在"中体西用"理念指引下建成了最原初的教师教育体系形貌。该学制要求独立设置师范学堂，颁布了专门的师范学堂章程《奏定优级师范学堂章程》《奏定实业教员讲习所章程》《学部订定优级师范选科简章》，师范生依次修习公共科、分类科、加习科（主要为教育类课程）的课程，标志着我国最早的教师教育体系诞生。1922年，中华民国北洋政府颁布了效仿美国的"壬戌学制"，开始了高师并入大学、中师并入中学的改革，开始了最早期的教师教育综合化改革，师范教育进入衰退期。

其次是教师教育体系中国化探索阶段。新中国成立后，我国开始在苏联师范教育制度基础上着手本土化改造工作，建立起了封闭、独立的师范

---

① 杨国荣.人类行动与实践智慧[M].北京:生活·读书·新知三联书店,2013:143.

教师教育体系，教师培养以"老三门"教师教育课程为主，"双专业知识学习＋教育专业实习"成为正统教师养成流程，尤其是在1952年高校院系调整中，综合性大学锐减，师范大学、师范院校剧增，最终形成了中国味浓厚的"中师—师专—师大"旧三级教师教育体系。

最后是中国特色教师教育体系探索阶段。改革开放以后，在教师教育专业化、一体化、大学化、标准化、终身化等思潮推动下，我国进入中国特色教师教育体系探索阶段，建立"一主多元、联动开放"体系，即"以师范院校为主体，综合大学、中小学与教师发展机构多元参与，多主体间联通开放协同"的中国特色教师教育体系。以2018年中共中央、国务院颁布《关于全面深化新时代教师队伍建设改革的意见》为标志，我国教师教育体系进入深度改革期、全面自主期，在中国式现代化背景下建设高质量、现代化、中国式的新型教师教育体系成为时代的必然。

回顾我国教师教育体系演进的历史逻辑发现，对三对矛盾关系的处置方式是决定改革成败的关键：

一是中西关系问题。我国教师教育体系建设中"比较缺乏独特的'本土基因'"，"依附借鉴"模式较为明显[1]，因之，优质教师教育体系建设需要借鉴国外经验，尤其是教育发达国家、文化相似国家的体系建设经验，以及国外的教师行业建设思想，如专业化、终身化、标准化、综合化等，同时还必须对之加以创造性转化、本土化重构、因地制宜式变通，并据此自主建立特色化体系理论，否则，这种"借鉴"很可能成为限制本国教师教育体系调适的"套子"。

二是独立体系与外向开放的关系问题。师范院校独立设置是教师培养专业性的制度保障，是巩固教师培养"特区、专区、强区"地位的重要举措，但不将之向高水平综合大学、高水平教师发展机构、高质量中小学校开放，不充分利用综合大学的学科优势、教师发展机构的实践优势、中小

---

[1] 蔡国春.改革在路上：中国特色教师教育体系建设之省思[J].江苏高教,2019(12)：30－40.

学基地的现场优势，其办学模式极易陷入僵化状态。因之，师范院校与高水平大学、机构、学校间的融合发展是中国特色教师教育体系建设的内在要求。

三是历史传统与时代背景间的关系问题。每一种教师教育体系都是在其国家民族教育史册中生长起来的，并不可避免地带有自身的主体性、生态性与文化惯性。同时，不同教育时代面临的教师发展问题具有其特殊性，如近代时期的教师专门培养问题、新中国建立初期的教师培养需求侧问题、进入21世纪后的教师培养供给侧问题、新时代必须面对的高素质教师培养问题等，都决定着不同时代教师教育体系建设的特殊要求，处理好教师教育体系的主体性与变通性、历史性与时代性关系问题至关重要。

可见，上述三个关系问题的处理是中国特色教师教育体系建设的历史逻辑使然，对于当代中国教师教育体系建设而言，厘清其内在演变线索意义明显。

二、国家逻辑：教育强国与人才强国的公共支撑点

中国特色教师教育体系建设是立足于国家发展大局而做出的一个国家性战略决策，国家需要、国家支持、国家立场是其明显特征，面向教育强国、教育福民、科教兴国是其直接指向。党的二十大报告指出："教育、科技、人才是全面建设社会主义现代化国家的基础性、战略性支撑。"就其内在关系而言，在中华民族复兴大业中，科技是第一生产力、人才是第一资源、创新是第一动力，创新人才培养是三者的立交桥、转换口与关节点，走教育强国、科技强国、人才强国三位一体、融合发展之路，是中国式现代化的必然轨迹，中国特色教师教育体系建设无疑是三者的公共支撑点。

显然，在"教育、人才、科技"三者之间存在着一种"逻辑扩延"关系，即教育事业首先改变的是人才质量，其次才是国家科技水平，与我国教师教育体系建设具有直接亲缘互动关系的是教育强国与人才强国大

业，中国特色教师教育体系建设就是教育强国与人才强国两大战略的交合点与公共支点：没有最优秀教师的造就，就不可能完成培养高素质国民与拔尖创新人才这两大教育重任。因之，优质教师教育体系建设能够直接带动国家教育事业走强，加速现代化进程，进而满足当代中国高质量发展急缺的高素质人才需求。正是如此，只有站在"教师教育振兴—教育强国战略—人才强国目标"这一理论传动轴上，才可能真正理解我国教师教育体系建设的内在理路，党的二十大报告将"实施科教兴国战略、强化现代化建设人才支撑"作为专章呈现也正是此意。

一方面，教育强国战略规定了中国特色教师教育体系建设的总体方位。习近平总书记指出："建设教育强国，是全面建成社会主义现代化强国的战略先导，是实现高水平科技自立自强的重要支撑，是促进全体人民共同富裕的有效途径，是以中国式现代化全面推进中华民族伟大复兴的基础工程。"① 从这一角度看，教育强国事业具有"先导性、支撑性、基础性"三大关键特征，要实现教育强国战略，就必须强调教师作为教育事业的第一资源，正所谓"百年大计，教育为本；教育大计，教师为本"。建设中国特色教师教育体系是建设教育强国的奠基工程、优先工程、希望工程，该体系如何去谋划、如何去定位、如何去构架，都必须服从于教育强国战略的国家总体发展布局。

另一方面，教育强国战略决定了中国特色教育体系建设的核心任务。习近平总书记指出："我们要建设的教育强国，是中国特色社会主义教育强国。"② 其显著特征是：坚持党对教育事业的全面领导，落实立德树人根本任务，坚持为党育人、为国育才根本目标，服务中华民族伟大复兴，努力办好人民满意的教育。这一特征决定了中国特色教师教育体系建设的核心任务是造就"四有"好老师、"四个引路人"、大先生与教育家，其关键素质是：教育报国的理想信念、高尚敬业的道德情操、甘于奉献的仁爱

---

① 习近平.扎实推动教育强国建设[J].求是,2023(18):4-9.
② 同①.

之心、胸怀天下的弘道追求；是高素质、专业化、创新型的教育人才，其显著特征是：胸怀国家民族、思想政治素质过硬、立德立身立教育、师德师风首位。怀揣中华民族伟大复兴的职业理想，在关键时刻能够经得住国家考验，在教书育人事业上心系人民福祉，这正是中国特色教师教育体系的目标功能统摄点。

也正是在国家逻辑的引控下，党的十八大以来，我国出台了一系列教师教育振兴计划，如强师计划、优师计划、国优计划、协同提质计划，深入推进公费师范生教育、卓越教师培养、乡村教师支持计划等，逐步厘清了中国特色教师教育体系的基本轮廓，助力教育强国大业的深入推进。

三、专业逻辑：学科性与师范性的辩证法

在国家教师教育体系建设中，无论是目标确定、流程选择还是组织设计、结构治理，都需要在自身逻辑、本体本性轨道上进行。对中国特色教师教育体系而言，这一本然逻辑就是专业逻辑，即提升自身不可替代性、独特培养性能、自主化创造能量的逻辑，它要求我国教师教育体系建设必须严格遵循教师专业成长规律、教师教育发展规律，坚持走现代化、高质量、专业化的体系建设之路。进言之，教师教育事业的专业性源自其内部特殊构架，即以学科教师教育为融通点体现出来的双专业复合性——学科专业性与师范专业性的有机耦合。严格意义上看，每一个教师都从属于某一门具体任教学科或领域（如学前教育），他首先必须是本门学科领域的学科专家，其次才是教育教学领域的教育专家，教师教育体系的专业性就体现在双专业的复合性、内融性水平上，体现在"学科学术"与"教育学术""学术教学"与"教学学术"间的兼顾兼容上。因之，中国特色教师教育体系建设的专业运转逻辑决定了我国教师教育体系建设必然走在"教师专业标准制定—教师资格制度实施—师范专业认证—教师教育专业治理"这一专业化轨道上。

从某种意义上说，教师专业化是舶来货，源自西方"专业话语"体系的引介，尤为关注专业知识技能培养、教师资格制度建设是其鲜明特点。

但在我国，教师"专业性"远远超出了这一原本蕴涵，其中国化表达应该是"师范性"，即造就可以"以知为师、以身为范"的人师经师合一型大先生，"师者，人之楷范也"正是此意。在中国传统文化生态中，教师必须成为世人"可以师法的模范"，"师范性"的蕴涵远远比"专业性"厚实得多，中国特色教师教育体系建设的专业逻辑理应"首倡师范性，后提专业性"，科学处理好"学科性"与"师范性"之间的辩证法，方能引导我国特色教师教育体系建设的健康推进。就二者关系来看，专业性素养获得是教师之所以身为人范的物质前提，一个有知识、会教书、善育人的教师才可能成为中国学生知识学习、人格塑造、行端修炼的楷模范本，而一个具有高尚人格、爱国精神、卓异品格的范本型教师才能激起学生学习的热情、追梦的行动、奋斗的意志；中国教师专业性的本土化表达是师范性，师范性是教师及其行业之所以难以被替代的实质与缘由。

在中国教育文化境遇中，中国教师教育体系建设更应突出"师范专业性"，即构筑师范教育体系、造就高端师范人才的属性，而不应简单地强调提升教师教育事业的知识专门性、技能专属性。一句话，凸显师范性理应成为中国特色教师教育体系建设的灵魂。无论是倡导师范院校主体还是鼓励综合大学参与，对师范生培养是采取分段培养还是一体化培养，对教师培训采取师范院校本位还是中小学本位，都应该贯穿凸显"师范性"这一主线，将教师专业性培养寓于师范性铸就之中。

第三节　面向教育家造就的中国特色教师教育体系建设行动

中国特色教师教育体系建设行走在赓续中国文化、服务强国战略、凸显师范品性的逻辑轨道上，就当前教育改革形势而言，造就教育家型教师是其三重逻辑的时代交汇点，是中国教师教育体系高质量、现代化建设的着力点与聚合点。习近平总书记指出，教育家精神的基本蕴涵是：高尚的人格品质，即"心有大我、至诚报国的理想信念""胸怀天下、以文化人的弘道追求"；卓越的育人启智意识，即"言为士则、行为世范的道德情操""启智润心、因材施教的育人智慧""乐教爱生、甘于奉献的仁爱之心"；执着的变革创新意志，即"勤学笃行、求是创新的躬耕态度"。营造教育家辈出的教师成长环境，涵育每一位教师的教育家精神，正是当代中国特色教师教育体系建设的时代要义。

就当下而言，我国教师教育体系面临的现实挑战是：师范性有所弱化，综合大学参与不力，研究性教师培养能力不强，优质均衡发展任务艰巨，地方教师培训机构专业化水平不高，现代化教师教育治理体系建设缓慢，等等。为此，面向教育家造就的中国特色教师教育体系建设理应"不断引领我国教师教育体系真正迈向现代化、专业化、高端化、融合化和协同化"[①]，从以下四个方面积极行动，力促中国特色、世界一流、现代品质的教师教育体系尽快形成并走向成熟。

一、确立层类齐全、高端定位的培养目标体系

如上所言，教师教育体系的四个子系统是：目标体系、培养体系、组织体系与治理体系，它赋予当代我国特色教师教育体系建设的三级目标：直接目标，即造就高素质专业化创新型师范人才；中间目标，即完成中国特色教师培养体系、治理体系的建设；终端目标，即完成中国式现代化期待的教育强国目标，发挥中国特色教师教育体系建设的应有功能。在这一建设目标体系中，直接目标对我国当代教师教育体系建设具有直接决定性，能否根据我国教育事业高质量发展具体需要设计出"层类齐全、高端定位"的教师培养目标体系，事关这一体系建设行动的顺利完成。

总而言之，当代我国教育事业发展已经真正步入优质化时代，各类教育事业提质发展需要的是精英型教师、高素质教师、教育教学名师。诚如

---

① 祝刚,荀渊.以中国式现代化引领我国一流教师教育体系建设[J].上海教育,2023(10):44-45.

《关于实施卓越教师培养计划2.0的意见》所言,"到2035年,师范生的综合素质、专业化水平和创新能力显著提升,为培养造就数以百万计的骨干教师、数以十万计的卓越教师、数以万计的教育家型教师奠定坚实基础"。与之相应,中国特色教师培养目标对象一定是由优秀骨干教师、卓越教师、教育家型教师构成,理应是三层级教师进阶发展、全生命周期发展的全新目标体系。深而究之,这三个层次教师在培养目标上具有根本差异:优秀骨干教师的根本素养构成是师德高尚、情怀深厚、专业扎实、善于育人、创新发展,能够胜任复杂教育情境中的高难度教育教学工作需要;卓越教师的核心素养是"学高为师、身正为范",即"专业突出、底蕴深厚",也是习近平总书记所言的具有理想信念、道德情操、扎实学识、仁爱之心的"四有"好老师,这一点在《关于实施卓越教师培养计划2.0的意见》中可以看出;教育家型教师的关键素养是"教育家精神",即报国之志、世范之德、育人之智、创新之行、仁爱之心、化人之道,是崇高教育理想信念情操、创新育人启智本领、怀揣人间大爱梦想的大国良师与中国教育事业扛鼎者。按照师范人才成长规律、教师教育发展规律来构建中国特色教师教育体系,让每一名中国教师专业水准持续攀升、迈向教育家目标,成就他们教育家的梦想,是中国教师教育现代化的本质要求。

在此,必须强调的是,当代强国教师培养目标体系建设不仅要强调层级性、进阶性,还要强调类型性、领域性,坚持分类建设、体现类型差异是中国特色教师培养目标体系建设的又一考虑。尤其在当代,优质教育事业发展要求我国更加关注分类培养教师这一任务,真正克服同质化、单一化教师培养目标体系的内在缺陷。在当前,我国最为缺乏的是高素质职业教育师资、小学科教师师资、跨学科综合教学师资,尤其是科学教育师资、劳动教育师资、综合实践教育师资等,堪为我国教师培养供给侧的奇缺类型。因之,从教师培养目标体系构建中给这些特殊师资类型予以目标定位起点上的保障更具有现实意义。

由上可见,新时代中国特色教师培养目标体系势必具有高端性、类型性、层次性、网络性等显著特征。根据我国各级各类教育事业发展要求来优化、升级教师培养目标体系，适时提升中国教师培养体系的重心，积极适应我国教育事业数字化、优质化、国际化转型升级发展要求，是当代我国教师教育事业改革发展面临的现实形势。也只有面向中国特需、刚需、急需来重构教师培养目标体系，从始发点上凸显中国特色教师教育体系建设的"向中国"属性，才能带领我国教师教育体系建设真正走出一条实事求是、务本求实之路。

二、构建纵横交错、精准匹配的培养服务体系

培养体系是教师教育体系的主体构成，中国特色教师培养体系建设回答的主要问题是：如何在终身发展、全面发展、专业发展的视野下有效培养预备教师的教育家精神，针对性培养在职教师的卓越资质，最终造就出一批批教育家型教师？简言之，教师培养体系是站在教师个体成长角度来思考教师培养服务体系建设问题，而教师培养组织体系则是站在教师群体发展角度来思考教师培养组织整体架构问题的，它上承培养目标体系，下联培养组织体系，是教师教育体系的枢纽链环。

就我国而言，一名教育家型教师的形成一定是纵横交错的教师培养服务网络助力的结果：从纵向上看，教师需要接受职前师范教育、入职指导训练、职后创新发展三个主要环节，需要接受来自师范院校、入职学校与教师专业发展中心提供的教师培养服务，将之在教育家型教师目标统摄下整合起来，准确投放到教师终身发展的每一个链环上去，是教师教育体系一体化建设要考虑的事情；从横向上看，教师成长需要接受全方位的专业训练、实践体验、反思实践，具体包括来自高校的教育知识技能学习、来自社会实践的师德实践体验、来自中小学的教育实践能力训练、来自自我研究的教师自主发展能力提升、来自同学同事的研究实践合作等等，将这些教育侧面加以立体化多元整合，实现在具体教师身上的教育力合成，是教师教育体系建设需要关注的又一重要问题。

鉴于此，中国特色教师培养体系建设的主要内容就是：面向教育家型教师塑造这一中心目标，从横向纵向两个维度，系统整合教师培养要素与

力量，搭建助力教育家型教师成长的纵横交错、精准匹配的培养服务体系，实现对教师专业成长全程化、立体化的呵护支持，整体提升中国特色教师培养体系的教育力或育师能力，有力支撑中国教育事业的高质量、现代化发展要求。从纵向上看，该服务体系包括职前培养服务，譬如师范专业报考服务、师范生课程服务、师范生教学服务、师范生实训服务、师范生就业服务；教师入职指导服务，譬如教师发展规划指导服务、教师课堂常规培训服务、教师育人指导服务等；教师职后发展指导或教师培训服务，譬如教师教学研究服务、教师教学改革服务、教师职业理念更新服务、自主发展指导服务等。从横向来看，教师培养服务体系包括师德发展服务、专业知识学习服务、专业训练提升服务、专业精神涵养服务、专业情感升华服务、技术赋能教育教学服务等。可以说，中国特色教师培养服务建设的核心内容是：不仅要加大上述服务形态的优质、足量、持续供给，更重要的是，还要将这些培养服务精准匹配到具体的教师专业发展阶段、个体化专业发展需要的点位上去。这就需要建立多路径的"教师—服务"匹配系统，及时实现教师培养服务的供需平衡，有力支持教育家型教师的顺利成长。

三、完善协同联动、师范主导的培养组织体系

教师培养目标系统隐藏在教师教育体系的幕后，教学培养服务体系是教师教育体系的前台呈现，而教师培养组织体系才是催生、调动、组配、调控教师培养服务的中坚力量，是国家宏观教师教育体系建设中最具能动性、可塑性的子系统，把控着国家教师教育事业发展的大局与走向。正是如此，在国家重大教师教育改革文件中，很显眼的内容之一就是对教师培养组织体系的规定，以至于社会上常常将"教师培养组织体系"等同于"教师教育体系"，无意中缩小了教师教育体系的意义容量。其实，教师培养组织体系是指国家教师教育主体或机构构成及其间的内部关联、作用方式、运行规则，是以可提供教师培养服务为基础，以特定教师培养目标为核心，在对相关教师教育主体进行分工组织基础上形成的教师教育运行体

系。从这一角度看，教师培养组织体系建设的内核是建立健全全教师培养环节、全教师培养要素参与的高质量教师培养链、支撑链[①]、机构网。进言之，这一体系包括两个重要元素：一是机构参与，二是机构协作。前者规定了教师培养组织体系的责任主体，后者规定了这些主体的责任分工与协作模式。

对我国而言，中国特色教师培养组织体系的参与主体一定是师范院校、综合大学、地方教师发展中心与中小学，其中第一责任主体是师范院校，承担着教师培养的主责主业，在组织体系中发挥"压舱石""旗舰"[②]作用；第二责任主体是中小学校，它们是教师的需求方，代表教师行业参与教师培养工作，在组织体系中发挥"关键""质检"作用；第三责任主体是综合大学与教师发展中心，它们是教师教育体系的协助者，在组织体系中发挥"助跑""角力"作用。其中，综合大学协助对象是师范院校，教师发展中心的协助对象是中小学，由此构成了一个三级教师培养协作体。同时，中国特色教师培养组织体系的协作规则一定是协同联动、开放联动，共谋教育家型教师培养这一教育大业，这一协作规则有双重含义：一是基于主责、辅责分工的责任匹配机制，在上述培养组织体系中，师范院校承担主责，理应承担起协调、组织其他三大责任主体参与教育家型教师培养的任务，承担对师范生跟踪服务、终身保养的服务，因而对国家教师队伍整体质量承担主要责任。二是基于联动要求的教师培养共同体建设工作，它要求我国必须大力建设以师范院校为统领的区域性、专业性教师培养联合体或综合性教师培养基地，在参与教师培养机构之间开展跨学校、跨学科、跨地域、跨领域的教师培养经验共享、智慧共生、优势叠加活动，真正将联动、协同、共通的运转机制贯彻到底。无疑，就目前来看，大力推进各主体间的协作，是推进实质性教师培养协作组织的迫切需要。譬如，加大师范院校与高水平综合大学的教师培养合作力度，深化教

---

① 赵英,朱旭东.论高质量教师教育体系建构[J].中国高教研究,2021(10):52-57.
② 饶从满.高水平教师教育体系建设的意蕴与课题[J].西北师大学报(社会科学版),2023,60(3):54-60.

师与中小学间的实习实训实验合作,加大师范院校与地方教师发展中心的培养培训经验共享,等等,正是我国深入推进教师培养合作体建设的关键链环,是推进教师培养组织体系现代化、信息化、网络化的历史性任务。

四、建设一主多元、共建共治的培养治理体系

在教师培养体系建设中,培养组织取代不了体系治理活动,前者仅仅提供了各教师培养参与方的勾连方式与组织架构,无法提供组织运转必需的动力与能量,后者才是将教师培养组织激活起来,使之高效运转、定向生长、逼近目标,真正将教师培养组织体系转变成为一个生命体、有机体与功能体。与之相应,教师培养组织架构的构成要素是教师培养参与方,而教师培养治理体系的构成要素是政党政府、培养机构、民主民意、整合平台,其中政党政府、培养机构(包括教师及其组织)是教师培养治理主体,民主民意是教师培养治理对象,整合平台(包括主体共商组织、市场博弈平台、互动交流规则制度等)是教师培养治理机制,三者共同构成了教师培养治理体系。

就我国而言,党的领导、政府管理、机构参与,形成党领导下的"多主体参与、共建共享共谋"的中国特色治理主体结构是时代的必然。在教师培养决策全过程民主理念指引下,搭建多元参与教师培养体系治理的对话平台、协作平台、代表商议平台,系统广泛收集、回应教师培养体系建设的民意建议,激发社会参与治理热情,引入多方治理力量,促进教师教育体系建设共识达成,是中国特色教师培养治理体系的运行结构。在党和政府主导下,建设多元参与的教师培养治理系统,积极推进三类主导治理力量——教育行政驱动力、教师专业促动力、教育行业能动力间的治理力量正向整合,全面克服"行为主体过分倚重过去的成功经验或方法,而忽视具体情境的变化,以致无法有效适应新环境、解决新问题"[①]的纯行政

---

① 杨晓奇.从"制度优势"到"治理效能":教师队伍的国家主义"善治"及其现代化提升[J].国家教育行政学院学报,2020(11):42-49.

管理弊端，走出政府治理的"能力陷阱"，是中国特色教师培养治理的动力结构。

基于上述分析，搭建"一主多元、共建共治"的中国特色教师培养治理体系，在教师培养治理领域实现国家主义的"善治"，克服以往单中心治理体系的弊端，充分发挥国家具有"更高的政治理性和政治德行"的优势，力促国家治理能量、教师群治能量与专家专业治理能量的交汇与聚合，是当前我国教师培养治理体系的建设重点。在这一治理框架下，提升各级各类教师培养治理主体的治理能力，针对国家教师教育体系问题开展精准治理，提高教师培养治理实践的充分性与效能性，为教师及其机构主体性、能动性、专业性的显现提供治理保障，必然有助于教育家型教师成长环境的营建。

参 考 文 献

[1] 习近平.习近平谈治国理政:第一卷[M].2版.北京:外文出版社,2018.
[2] 习近平.习近平谈治国理政:第二卷[M].北京:外文出版社,2017.
[3] 习近平.习近平谈治国理政:第三卷[M].北京:外文出版社,2020.
[4] 习近平.习近平谈治国理政:第四卷[M].北京:外文出版社,2022.
[5] 习近平.习近平著作选读:第一卷[M].北京:人民出版社,2023.
[6] 习近平.习近平著作选读:第二卷[M].北京:人民出版社,2023.
[7] 中共中央文献研究室.毛泽东书信选集[M].北京:人民出版社,2003.
[8] 江泽民.江泽民文选:第一卷[M].北京:人民出版社,2006.
[9] 江泽民.江泽民文选:第二卷[M].北京:人民出版社,2006.
[10] 陶行知.陶行知全集:第一卷[M].成都:四川教育出版社,1991.
[11] 圣吉.第五项修炼:学习型组织的艺术与实务[M].郭进隆,译.2版.上海:上海三联书店,1998.
[12] 布迪厄.实践感[M].蒋梓骅,译.南京:译林出版社,2003.
[13] 胡惠闵.校本管理[M].成都:四川教育出版社,2005.
[14] 第斯多惠.德国教师培养指南[M].袁一安,译.上海:华东师范大学出版社,2006.
[15] 杜威.杜威教育名篇[M].赵祥麟,王承绪,编译.北京:教育科学出版社,2006.
[16] 舍恩.培养反映的实践者[M].郝彩虹,张玉荣,雷月梅,等译.北京:教育科学出版社,2008.
[17] 赫尔巴特.普通教育学[M].李其龙,译.北京:人民教育出版社,2015.
[18] 龙宝新.中国教师教育综合化研究[M].北京:中国社会科学出版社,2022.

[19] MEZIROW J. Fostering critical reflection in adulthood: a guide to transformative and emancipatory learning[M]. San Francisco: Jossey-Bass,1990.

[20] 钟启泉.教师的"教学能力"与"自我教育力"[J].上海教育科研,1998(9):15-18.

[21] 申继亮,王凯荣.论教师的教学能力[J].北京师范大学学报(人文社会科学版),2000(1):64-71.

[22] 刘捷.建构与整合:论教师专业化的知识基础[J].课程·教材·教法,2003,23(4):60-64.

[23] 张永.刍议"学科育人价值"[J].上海教育科研,2005(1):14.

[24] 杨彩霞.教师学科教学知识:本质、特征与结构[J].教育科学,2006,22(1):60-63.

[25] 卢乃桂,陈峥.赋权予教师:教师专业发展中的教师领导[J].教师教育研究,2007(4):1-5.

[26] 张学民,林崇德,申继亮.论教师教学专长的发展与教师教育[J].中国教育学刊,2007(5):69-74.

[27] 陈向明.理论在教师专业发展中的作用[J].北京大学教育评论,2008,6(1):39-50.

[28] 王治民,薛勇民,南海."教师教学能力"概念辨析:对"中职学校专业教师教学能力标准"概念的解读[J].中国职业技术教育,2008(18):8-10.

[29] 宁虹.教师教育:教师专业意识品质的养成:教师发展学校的理论建设[J].教育研究,2009,30(7):74-80.

[30] 叶浩生.具身认知:认知心理学的新取向[J].心理科学进展,2010,18(5):705-710.

[31] 汪明帅.从"被发展"到自主发展:教师专业发展的现实挑战与可能对策[J].教师教育研究,2011,23(4):1-6.

[32] 杜萍.当代中小学教师基本教学能力标准的研制与反思[J].课程·教材·教法,2011,31(8):95-100.

[33] 孙二军."情境"中的教师及其专业发展[J].教育学术月刊,2011(5):82-84.

[34] 李金辉."身体"体现:一种触觉现象学的反思[J].江海学刊,2012

(1):63-67.

[35] 赵培举.加强师德师风建设培养高素质教师队伍[J].中国高等教育,2013(13):66-68.

[36] 王毓珣,王颖.关于中小学教师减负的理性思索[J].湖南师范大学教育科学学报,2013,12(4):56-62.

[37] 张良.论具身认知理论的课程与教学意蕴[J].全球教育展望,2013,42(4):27-32.

[38] 李庆丰.大学新教师教学能力发展研究:核心概念与基本问题[J].中国高教研究,2014(3):68-75.

[39] 柳夕浪.从"素质"到"核心素养":关于"培养什么样的人"的进一步追问[J].教育科学研究,2014(3):5-11.

[40] 王国明,郑新蓉.农村教师补充困境的政策与社会学考察[J].教师教育研究,2014,26(4):41-45.

[41] 姚建欣,郭玉英.为学生认知发展建模:学习进阶十年研究回顾及展望[J].教育学报,2014,10(5):35-42.

[42] 郑曼瑶,张军朋."学习进阶"的研究及其在物理教学中的应用[J].物理通报,2014(12):2-6.

[43] 孙影,毕华林.科学教育中学习进阶的开发模式研究述评:以ChemQuery 评价系统为例[J].全球教育展望,2015,44(8):104-113.

[44] 宋明江,胡守敏,杨正强.论教师教学能力发展的特征、支点与趋势[J].教育研究与实验,2015(2):49-52.

[45] 翟小铭,郭玉英,李敏.构建学习进阶:本质问题与教学实践策略[J].教育科学,2015,31(2):47-51.

[46] 陈良雨.教育治理现代化视阈下政府能力陷阱研究[J].教育发展研究,2015,35(12):11-15.

[47] 叶浩生.身体与学习:具身认知及其对传统教育观的挑战[J].教育研究,2015,36(4):104-114.

[48] 叶澜."新基础教育"内生力的深度解读[J].人民教育,2016(Z1):33-42.

[49] 余文森.从三维目标走向核心素养[J].华东师范大学学报(教育科学版),2016,34(1):11-13.

[50] 李新翠.中小学教师工作量的超负荷与有效调适[J].中国教育学

刊,2016(2):56-60.

[51] 赖配根.找到核心素养落地的"力量"[J].人民教育,2016(Z1):116-117.

[52] 郭玉英,姚建欣.基于核心素养学习进阶的科学教学设计[J].课程·教材·教法,2016,36(11):64-70.

[53] 魏锐,刘晟,师曼,等.21世纪核心素养教育的支持体系[J].华东师范大学学报(教育科学版),2016,34(3):46-51.

[54] 张华.核心素养与我国基础教育课程改革"再出发"[J].华东师范大学学报(教育科学版),2016,34(1):7-9.

[55] 张铭凯,靳玉乐.基于核心素养的课程创新动因、本质与路向[J].中国教育学刊,2016(5):71-75.

[56] 张松祥.本土化:我国乡村教师队伍培养的必由之路[J].中国教育学刊,2016(12):62-68.

[57] 张建桥.培养学生核心素养亟待教学转型[J].中国教育学刊,2017(2):6-12.

[58] 杨子舟,史雪琳,荀关玉.从无身走向有身:具身学习探析[J].教育理论与实践,2017,37(5):3-6.

[59] 赵明仁.培养反思性与研究型卓越教师:新师范教育的内涵与体系建构[J].西北师大学报(社会科学版),2018,55(5):79-86.

[60] 胡钦太."新师范"建设的时代定位与路径选择[J].华南师范大学学报(社会科学版),2018(6):60-65.

[61] 蔡其勇,郑鸿颖,李学容.新时代乡村教师队伍建设策略[J].中国教育学刊,2018(12):81-86.

[62] 刘善槐.新时代乡村教师队伍建设的多维目标与改革方向[J].教育发展研究,2018,38(20):3.

[63] 柳夕浪.回归学科育人原点的现实追问[J].教育科学论坛,2019(5):3-7.

[64] 毕亚莉,张永飞.教师专业学习的身体性路径研究[J].当代教育科学,2019(3):47-51.

[65] 成尚荣.学科育人:教学改革的指南针和准绳[J].课程·教材·教法,2019,39(10):82-89.

[66] 李政涛.深度开发与转化学科教学的"育人价值"[J].课程·教材·

教法,2019,39(3):55-61.

[67] 王艳玲,陈向明.回归乡土:我国乡村教师队伍建设的路径选择[J].教育发展研究,2019,39(20):29-36.

[68] 郑旭东,王美倩,饶景阳.论具身学习及其设计:基于具身认知的视角[J].电化教育研究,2019,40(1):25-32.

[69] 周芳名.基层减负"越减越负"的怪象及其破解之道[J].领导科学,2019(21):15-18.

[70] 张伟,李帆.现代化卓越教师队伍建设的目标、任务与评价[J].中国高等教育,2019(21):48-50.

[71] 张伟坤,熊建文,林天伦.新时代与新师范:背景、理念及举措[J].高教探索,2019(1):32-36.

[72] 徐金雷,顾建军.从知识到素养:教师适应性专长构成及发展:基于对技术教育教师的考察[J].教育发展研究,2020,40(12):53-59.

[73] 杨晓奇.从"制度优势"到"治理效能":教师队伍的国家主义"善治"及其现代化提升[J].国家教育行政学院学报,2020(11):42-49.

[74] 葛新斌,叶繁.教师减负的博弈困境及其破解之道[J].教育发展研究,2020,40(20):46-52.

[75] 黄启兵,田晓明."新文科"的来源、特性及建设路径[J].苏州大学学报(教育科学版),2020,8(2):75-83.

[76] 李跃雪,赵慧君.中小学教师工作负担异化的生成逻辑与治理思路[J].教师教育研究,2020,32(3):67-72.

[77] 李政涛.中国教育公平的新阶段:公平与质量的互释互构[J].中国教育学刊,2020(10):47-52.

[78] 桑锦龙.高水平教育现代化视野中的北京市教师队伍建设[J].教师发展研究,2020,4(1):61-67.

[79] 寒世琼,蔡其勇,赵庆来,等.教育治理现代化语境下乡村教师队伍建设的内生性发展研究[J].中国教育科学,2021,4(3):51-58.

[80] 高峻峡,于淼.教师课堂学习自适应机制与实践张力:培训话语体系的创新维度[J].教书育人,2021(36):66-69.

[81] 龙宝新.中小学学业负担的增生机理与根治之道:兼论"双减"政策的限度与增能[J].南京社会科学,2021(10):146-155.

[82] 赵健.技术时代的教师负担:理解教育数字化转型的一个新视角[J].教育研究,2021,42(11):151-159.

[83]赵英,朱旭东.论高质量教师教育体系建构[J].中国高教研究,2021(10):52-57.

[84]周作宇.大学治理的伦理基础:从善治到至善[J].高等教育研究,2021,42(8):1-19.

[85]苗逢春.教育数字化转型的跨维层辨析与实施[J].上海教育,2022(36):14.

[86]臧峰宇.马克思的现代性思想与中国式现代化的实践逻辑[J].中国社会科学,2022(7):39-55.

[87]祝智庭,胡姣.教育数字化转型的本质探析与研究展望[J].中国电化教育,2022(4):1-8.

[88]祝智庭,胡姣.教育数字化转型的理论框架[J].中国教育学刊,2022(4):41-49.

[89]祝智庭,胡姣.教育数字化转型的实践逻辑与发展机遇[J].电化教育研究,2022,43(1):5-15.

[90]欧阳康.中国式现代化视域中的国家制度和国家治理现代化[J].中国社会科学,2023(4):48-62.

[91]饶从满.高水平教师教育体系建设的意蕴与课题[J].西北师大学报(社会科学版),2023,60(3):54-60.

[92]桑新民.教育数字化转型:热点中的"冷思考"[J].现代教育技术,2023,33(1):5-16.

[93]石连海,李护君.中国式教育现代化的价值意蕴、现实阻隔及路径优化[J].教育学报,2023,19(2):57-69.

[94]祝刚,苟渊.以中国式现代化引领我国一流教师教育体系建设[J].上海教育,2023(10):44-45.

[95]赵义良.中国式现代化与中国道路的现代性特征[J].中国社会科学,2023(3):47-59.

[96]马永霞,葛于壮,梁晓阳.高校拔尖创新人才培养的价值内涵、实践审视与路径优化[J].西北工业大学学报(社会科学版),2024(2):30-36.

[97]SHULMAN L S. Those who understand:knowledge growth in teaching[J]. Educational researcher,1986(2):4-14.

[98]CLARK A. An embodied cognitive science? [J]. Trends in cognitive sciences,1999,3(9):345-351.

后　　记

　　进入中国特色社会主义新时代，我国人民群众对优质教育服务需求与日俱增，作为优质教育事业的"第一资源"，教师及其教育培养事业进入飞速发展期！尤其是当前，中国式现代化的深入推进，要求我国教师教育事业要大力推进数字化、现代化、专业化建设，要大力推进新师范、新培训建设，要大力提升教师的课程思政素养、立德树人能力、数智教育素养，要大力推进面向教育家培养的中国特色社会主义现代化教师教育体系建设……针对这些改革要求，推进新时代教师教育体制、机制、体系改革，为中国式教育现代化提供强有力的高素质现代化创新型教师队伍支持，就显得尤为迫切。也正是基于上述考虑，近年来本人聚焦新时代教师教育改革主题，开展了我国五个重要领域的研究，这就是高质量教师队伍建设、教师素养提升、教师学习方式转变、教师教育体系改革、教师工作负担应对等。这些研究领域之间既呈现出一定交叠关系，也呈现出环环紧扣的逻辑关联。

　　首先，中国特色社会主义现代化教师教育体系建设的内核是高质量教师队伍建设，是一个个教师专业素质素养的提升问题。教师队伍是教育事业的中坚力量，是教育事业提质增效的根本依托，是判断我国教师教育体系效能与品质的根本尺度。从某种意义上看，中国特色的教师教育体系之所以"有特色"，就是因为其既具备中国文化的韵味，更具有加速我国教师队伍建设的特殊功能。进言之，"中国特色"的教师教育体系一定是中国人、中国教师教育者自己创造出来的，一定是中国人在解决中国特有教师教育问题中练就出来的。提升我国教师队伍质量，让每一个中国教师变得更加优秀，是中国特色社会主义现代化教师教育体系建设的初心使命所在。

其次，高质量教师队伍建设需要教师学习方式的创新。教师素质提升一定是教师自主、自觉学习的结果，教师学习是教师专业素养提升的日常路径，一切教师专业发展实践都可以视为教师学习的不同形态。因之，当代我国教师队伍建设的重要入手点之一，就是提升教师专业学习的品质，推进教师学习方式创新，用具身学习理念、数字化学习理念来更新教师学习方式，是中国式现代化背景下我国教师队伍建设的必然要求。大力推进新师范建设，持续推进教师培训形态优化升级，带动教师专业学习方式的创新与迭代，对于最终落实教师队伍建设工作而言意义明显。

最后，教师学习方式转变的前提条件之一是落实教师减负政策，让教师走上一条低负高效的教师专业发展之路。教师工作是一项专业性极强的实践工作，它需要教师腾出一定时间来学习、来思考、来研究、来揣摩……过重的教师工作负担不利于教师创新工作方式、提升工作品质，持续增强专业应变力、职业胜任力与教育教学创造力。就当前来看，教师工作负担不仅仅是工作时间超额问题，更是教师工作体验、工作状态不佳的问题。系统性推进教师减负工作是促使我国教师行业健康发展的现实要求，教师工作的减负与提质在我国教师教育改革事业中互为一体两面的关系。

总之，教师教育改革事业是一项系统工程，教师教育改革者只有多角度考虑、全方位推进，才能引领这一改革事业深入顺利开展。新时代教师教育改革大业一定是事关我国基础教育高质量发展大局的关键问题，一定是我国各项教育改革事业的领头工程。深入研究新时代教师教育改革问题，为新时代教师教育改革实践提供理论参考，正是本书出版的应有之意。由于研究视野所限，书中还有许多观点不够成熟，欢迎广大教师与研究者批评指正。

2023 年 12 月